THE PARTY OF DEMOCRATIC SOCIALISM IN GERMANY

MODERN POST-COMMUNISM OR NOSTALGIC POPULISM?

GERMAN MONITOR No. 42
General Editor: Ian Wallace

THE PARTY OF DEMOCRATIC SOCIALISM IN GERMANY

MODERN POST-COMMUNISM OR NOSTALGIC POPULISM?

Edited by

Peter Barker

Amsterdam - Atlanta, GA 1998

♾ The paper on which this book is printed meets the requirements of "ISO 9706:1994, Information and documentation - Paper for documents - Requirements for permanence".

ISBN: 90-420-0360-X (bound)
ISBN: 90-420-0350-2 (paper)
©Editions Rodopi B.V., Amsterdam - Atlanta, GA 1998
Printed in The Netherlands

Table of Contents

Preface

The papers in this volume were, with two exceptions, presented at a conference on the PDS, organised by the Centre for East German Studies at the University of Reading UK, in conjunction with the Institute for German Studies at the University of Birmingham, in September 1997. The conference represented an attempt to examine the development of the PDS since 1990 and to focus on its present position in the German political landscape. In this respect we were fortunate to have representatives from the two political parties who are seen as rivals to the PDS for the left-of-centre vote in eastern Germany in the forthcoming elections in 1998 and 1999, since one of the major points of interest is the PDS's relations with other political parties, and their willingness, or otherwise, to enter into political alliances with a party which is still ostracised at federal level, while being increasingly seen as a potential partner at state and local levels. Another focus of the conference was the strength of the PDS at local levels in the New Federal States, and it is for this reason that it was decided to include two further contributions, not presented at the conference: one by Beatrice Harper, given at the Annual Post-Graduate Conference of the Association for the Study of German Politics at Birmingham University in April 1997, which concentrates in particular on the relationship between the PDS and Bündnis 90/Die Grünen in Brandenburg; the other by Nicholas Hubble arises from his on-going research on political culture in Erfurt.

The University of Reading would like to thank all those bodies who made the organisation of the conference possible: the German Academic Exchange Service; the Konrad-Adenauer-Stiftung; the executive boards of the PDS, SPD and Bündnis 90/Die Grünen. The editor would like to thank in particular Professor John Sandford for his meticulous assistance in the editing of this volume, Professor Ian Wallace for his help and encouragement as General Editor of *German Monitor*, and Professor William Paterson for his help and encouragement in the organisation of the original conference.

Peter Barker

FROM THE SED TO THE PDS:
CONTINUITY OR RENEWAL?

For the purposes of this investigation the period of transition from the SED to the PDS goes from December 1989, when the SED was forced to renounce its position as the 'Staatspartei' of the GDR, to March 1990, when the Partei des Demokratischen Sozialismus—the renaming dates from 4 February 1990—became a party of opposition after the first and only free elections to the Volkskammer. The main aim will be to establish continuities between the old and the 'new' party, and to attempt to answer the question as to whether the PDS that emerged in 1990 could be regarded as a new party. The main focus will be on party structures and programmes, in as far as they reflected changes in ideological positions, and the composition of the membership and the leadership. Ultimately there are no final answers on some of the questions under consideration, since the PDS, like other political parties in the GDR, was during this period in a state of constant flux—and in some senses still is—but it is possible to point to some of the important changes which took place in this early period which had a decisive influence on the course of the PDS's subsequent development.

The first question confronting the SED in December 1989 and January 1990 was that of its possible dissolution. The rejection of that path by the new leadership subsequently led to the constant use of the term 'SED-Nachfolgepartei' by the PDS's political opponents, and it still remains one of the most contentious issues.[1] From a legal point of view there can be no dispute about the use of the term 'SED-Nachfolgepartei' to describe the PDS. When the SED relinquished its position as the exclusive ruling party at the beginning of December 1989, after the expunging of the party's leading role from the GDR constitution on 1 December and the dissolution of the SED's Central Committee (ZK) and Politbüro two days later, the party itself was not dissolved, despite the fact that there was evidence of strong support for radical change within the SED, with some members demanding dissolution and reformation. It was after all the grassroots of the SED by means of two major demonstrations in Berlin, one in front of the ZK building on the 8 November 1989, and a larger one two days later in the Lustgarten, which forced the Central Committee during its Tenth Tagung to convene a special Parteitag (Sonderparteitag) in December, rather than a Parteikonferenz.[2] The forces for dissolution were represented above all by the first platform created within the SED on 30 November, the 'Plattform WF', named after the place of its creation, the 'Werk für Fernsehelektronik' in Berlin, which called for the creation of a new socialist party; it presented a resolution on 8 December to that effect to the 'Sonderparteitag' which was not voted on. According to Thomas Falkner,[3] one of the initiators of the resolution, the 'Plattform WF' was initially denied access to the working group (Arbeitsausschuß) which had provisionally taken over the running of the SED on 3 December and was preparing a new programme and statute for the Sonderparteitag. It was however given representation on the group the following day, after the appointment of the reformist First Secretary of the Erfurt SED, Herbert Kroker, as chairman of the Arbeitsausschuß. But when it came to the Sonderparteitag, the WF was unable to persuade the leadership to give serious consideration to dissolution, what it called 'eine faktische Neugründung'.[4] Falkner accused the leading triumvirate of the party at that time, Hans Modrow, Gregor Gysi and the former mayor of Dresden, Wolfgang Berghofer, of blocking moves towards dissolution despite there being in his view strong support in the party for dissolution.

In Gysi's speech to the Sonderparteitag on 8 December he made it clear that he regarded a possible dissolution as a catastrophe and gave the official reasons for renaming rather than dissolution: it would render the people working for the party unemployed and would endanger the livelihoods of others working in party enterprises and institutions; the party's property would become 'herrenlos', and if a number of successor parties were founded, there would be disputes about legal entitlement to the SED's property.[5] Gysi stressed the importance of renewal, but it was clear that by arguing strongly against dissolution he rightly assessed the mood of large groups at the Parteitag and in the party as a whole which had been psychologically and emotionally disturbed by the turbulent events of the previous months and needed the continued existence of the SED for support:

> All jene, die sich in den letzten Wochen im ganzen Land so engagiert haben für die Erneuerung ihrer Partei, würden wir enttäuschen, sie wollen doch unsere und nicht irgendwelche Partei retten. Mit welchem Recht sollten wir uns alle einer politischen Heimat berauben. Außerdem entstünde in unserem Land ein politisches Vakuum, das niemand ausfüllen kann und das die Krise mit unabsehbaren Folgen verschärfen würde.[6]

By referring here to the political vacuum which would be created if the SED were to dissolve itself, it is clear that the leadership saw a reformed SED as still playing a dominant role, whether in a GDR government or through the Round Table which had been set up the previous day. In a closed night-sitting of the Parteitag from 8 to 9 December, to which Falkner was not invited, the decision was taken not to dissolve the SED, but to rename it. During the continuation of the Sonderparteitag the following weekend, Gysi proposed the provisional name, SED-PDS, to avoid a split, which even Falkner admits probably represented fairly accurately the views of the remaining members of the SED, namely a party somewhere between the SED and a new socialist party.

> Zieht man die Gesamtsituation der SED in der ersten Dezemberhälfte in Betracht, so war wohl die Entscheidung des Parteitages über den Parteinamen der Beschluß, der am meisten mit der realen Situation harmonisierte. Denn was die Basisrevolte und der Kongreß selbst letzten Endes hervorgebracht hatten, das war eine Partei zwischen SED und PDS.[7]

An opinion poll of grassroots members of the SED conducted in six districts (Bezirke) of the GDR shortly before the Parteitag showed that 83,5% 'erwarten vom außerordentlichen Parteitag..., bei der Erneuerung der Partei deren Einheit zu wahren'. In the same survey 30.1% wanted a 'marxistische Massenpartei', 28.1% a 'sozialististische Volkspartei', 25.1% a 'kommunistische Partei' and 23% a 'marxistische Arbeiterpartei'.[8]

But the decision not to dissolve the SED represented a compromise on the part of the reformers in the party, including the provisional leadership, who were prepared to accommodate those members of the SED's apparatus who had not been expelled and who still wanted to be in the party, but who had little enthusiasm for real reform. What united the different groups was the view that the SED could still remain as the most important centre of power while a reformed GDR continued to exist. The motives of the leadership in setting their faces against dissolution have however never been made entirely clear, and Berghofer indicated in an interview published in *Der Spiegel* between the two parts of the Parteitag that there were differing views in the leadership,[9] but the question of the renamed party still having access to the SED's financial resources and property, as Gysi had indicated in his speech, must have played a major role. Gysi prefers to stress, as he has done recently in a TV interview, the decisive effect on him, shortly after he became leader, of his telephone discussion with Gorbachev, in which the latter stressed the importance of the continued existence of the SED for the survival of the GDR and the Soviet Union.

So the SED, now SED-PDS, survived the first attempt to force it to dissolve. A further attempt was made in mid-January 1990 against the background of the deepening crisis of the Modrow government, still dominated by SED-PDS ministers. Strong anti-SED feeling in the country, fuelled by suspicion of Modrow's relationship with former Stasi and SED structures, led to demands for renewal or dissolution by several of the platforms which now existed in the party. Criticism was expressed at a meeting of the platforms on 18 January of the party's unwillingness to reform itself and the continued influence of the old SED apparatus within the SED-PDS. If the party was incapable of radical reform, then dissolution and the formation of new parties was for many reformers the only solution, thus effectively splitting the reformers from the forces for restoration. At the end of the meeting a vote in favour of dissolution, if the process of renewal was not accelerated, was passed; only the 'Kommunistische Plattform' voted against. This vote caused a furious reaction on the part of the party grassroots against dissolution which led to the formation throughout the GDR of 'Initiativgruppen PDS' to campaign for the continued existence of the party as the PDS, i.e. as a reformed party. At the meeting of the executive committee (Vorstand) two days later the leadership of the SED-PDS was able to organise a vote against dissolution by putting forward a concrete plan for renewal of the party, including the expulsion of members compromised by their pasts, which duly happened the following day to a large group from the old SED, including Krenz and Schabowski, and the handing over to the government of a number of properties and assets. It was also decided to recommend that the party should be called the PDS, provided the steps to renewal had been taken by the next Parteitag due at the end of February. In fact the party was renamed earlier by the Vorstand on the 4 February, after Gysi had been given the go-ahead in a meeting with Gorbachev.

This was the last time that strong calls for the dissolution of the party were made, and they had only been averted by the reformers agreeing to compromise with a membership which, although it totalled one million fewer in February 1990 than in October 1989, still contained significant groups who were resistant to reform. It is this compromise which still provides one of the major lines of conflict in the PDS today. A significant group of reformers, including Wolfgang Berghofer, left the party at this point, convinced that it was unreformable, but the leadership was able to concentrate the minds of the majority of the membership on the coming elections and prevent further calls for dissolution. It could now concentrate on establishing the fundamental programmatic principles of the party, which had been largely ignored in the fight for survival, but which were necessary to fight the Volkskammer election in March. In these elections the PDS established through its surprisingly large vote (16.4%) that it could survive in the short term as a political party. Calls for dissolution had been successfully countered, but at the expense of being seen by other parties as a continuation of the SED, and as a result it found itself ostracised in the political process right from the start.

As a party therefore the PDS represented continuity from the SED. But the PDS was quite clearly no longer a continuation of the SED in terms of its function as an institution within the political system. It had lost its leading role and the support of the Block parties at the beginning of December, and after March 1990 it was operating in a GDR whose political representatives were democratically elected. Counter forces had emerged, such as the Round Table on 7 December 1989, and the former Block parties and citizens' groups, with the exception of Neues Forum, were starting to reorganise themselves as competing parties and link up with their West German equivalents. Within the space of four months the PDS had gone from being the dominant political force to one which had been pushed to the sidelines, despite being the third largest party in electoral terms, and the largest in terms of membership. It had also been forced to slim down the party apparatus drastically, by two-thirds to 14,000 by the end of February 1990. This process was presented as part of the renewal of the party, but it is also clear that the party could no longer afford such a large apparatus. After its loss of power in the GDR the PDS became a party of opposition, opposed to unification in principle, but forced to accept grudgingly its inevitability; it is only since 1994 that it has contemplated involvement in government at Land level.

As regards the leadership of the PDS, there was both continuity and change compared with the leadership of the SED. The leaders of the PDS did not for the most part come from the top power elite of the old SED. Although all the leaders in the early period were in the SED, only Modrow, who had been First Secretary of the SED in Dresden, came from the first ranks, although he was excluded from the Politbüro until the demise of Honecker. There were several others who had had middle-ranking positions in the state structure, such as Dietmar Keller, a Staatssekretär in the Ministry of Culture from 1988. The other leading figures had mostly been active at middle-ranking levels in GDR institutions, especially in education, as well as those who had been grassroots members. But it is important to ask from which parts of the SED the PDS membership had developed and which members of the SED deserted it. Taking those who stayed first, there is a difference between those who play an active role in the PDS at a national level and those who are largely inactive, or who confine their active involvement to the local sphere. In the initial phase, when the idea of a reformed GDR was still regarded as feasible, and desirable, the reformers, as we have seen in the discussions concerning the dissolution of the SED, played an important part, although the emergence of such groups as the Kommunistische Plattform with more traditional marxist-leninist views provided a strong counterbalance. However, a significant proportion of the membership, 98% of whom in the first part of 1990 had been SED members, represented more traditional views concerning party discipline, ideological questions, attitudes to West Germany etc. But in the theoretical discussions it has been largely the reformers who have set the agenda, although not necessarily being able to put that agenda into practice. This trend has continued to the present day.

It is important here to remember that by 1986 at the latest the SED was no longer a monolithic party, if it ever had been one. The reformers had been strengthened by the arrival of Gorbachev as party leader in the Soviet Union, but they remained a small minority, mostly confined to discussions in academic circles. The top decision-making bodies in the party and state were dominated by marxist-leninist orthodoxy. The SED experienced none of the transformations in the direction of reform such as those seen in the Czechoslovak party in the 1960s and the Hungarian party in the 1980s, for example. When SED members, such as Wolfgang Harich, Robert Havemann or Rudolf Bahro had attempted at earlier points in the GDR's history to criticise the monolithic nature of the SED and to move it in different directions, they were ostracised, persecuted and in Harich's and Bahro's cases jailed. SED reformers were by their own admission extremely timid in challenging the attitudes of the leadership, even after Gorbachev had come to power in the Soviet Union, a reflection of the strong discipline within the SED and fear of the consequences of stepping out of line. Yet at the same time the gap between the grassroots membership of the SED and the leadership was becoming ever greater, symbolised by the increase in expulsions and resignations from the SED after 1987, as a result of the increasingly hardline attitudes of the leadership towards Gorbachev and his reform policies, typified by the banning of the Soviet German-language journal *Sputnik* in November 1988 and Hager's 'Wallpaper' reference in his interview in *Stern* in 1987.[10] In 1988 there were over 11,000 resignations and over 4,000 expulsions from the SED, steep rises compared with 1987. In 1989 over 66,000 members had been excluded or had resigned by 8 November.

The first open, collective act of revolt on the part of the grassroots SED membership did not come until over 10,000 members demonstrated outside the Tenth Tagung of the Central Committee on 8 November, 1989. The potential for reform discussions was there, but the insecurity of the leadership which suppressed internal discussion, coupled with the reformers' fear of contravening party discipline, meant that it is difficult to talk of an active reform movement before November 1989. The discussions in academic circles, in particular at the Humboldt University in Berlin in relation to its 'Sozialismustheorie-Projekt', in which a number of academics, such as Michael Brie and Dieter Klein, were involved who later were important in providing theoretical inputs when the PDS evolved, never really penetrated to the upper reaches of the SED. The impact at the time was limited to a small number of groups, such as writers and intellectuals, and was overshadowed by the dramatic events of 1989.

The SED leadership only allowed one sign of a possible change at a high level when it permitted a group of SED intellectuals to be involved from 1984 in discussions with the West German SPD which resulted in the joint SED-SPD paper 'Der Streit der Ideologien und die gemeinsame Sicherheit' published in 1987. From the GDR side the fact that certain reform-minded SED intellectuals, such as Rolf Reißig, were allowed to enter into limited dialogue with representatives of the SPD, was seen as a significant step forward towards more open dialogue within the SED. In a recent article on the tenth anniversary of the joint paper Reissig called this dialogue 'ein Katalysator für den gesellschaftlichen Wandel in der DDR'[11] and stressed the importance of these discussions for the development of more open discussion within the party. But again the influence of the discussions had been limited, and had been driven by the desire of the GDR leadership to engineer a visit for Honecker to Bonn. It was soon to be countered by more repressive steps against independent groups outside the SED from the end of 1987, such as the closing down of the environmental library in the Zionskirche in Berlin and the arrest of some marchers at the official Rosa Luxemburg demonstration in January 1988.

The SED reformers were therefore important not for the influence that they had in the final period of the GDR before its collapse, but because a number of people involved in the discussions chose to stay with the PDS and have provided the main theoretical inputs into the reform discussions since 1989, which in many ways were a direct continuation of their earlier discussions in the late 1980s, namely the attempt to find a 'Third Way' between state socialism and capitalism. The document put together by several reformers, including André Brie and Dieter Klein, 'Für eine neue sozialistische Partei der DDR',[12] represented a significant summary of the reformers' views and was followed up by Dieter Klein's presentation of its main ideas in his speech to the Sonderparteitag in December 1989, 'Neuformierung einer modernen sozialistischen Partei', in which he laid out the concept of a party of the Third Way which would draw on a whole range of influences from the European Left. Whether these reformers still represent the most important group within the PDS is as yet unresolved, despite some evidence of progress at the 1997 Parteitag, but reform-minded theoreticians, such as André and Michael Brie, Dieter Klein, and Michael Schumann do represent a line of continuity from a particular group within the SED. As the present head of the PDS's electoral campaign for 1998 André Brie belongs to the top leadership of the PDS, and Dieter Klein was elected to the Bundesvorstand in January 1997 for the first time.

As regards the members of the SED who deserted the PDS, they are significant because of the sheer size of their numbers. This early period is dominated by a rapid loss of members, down to 350,000 by June 1990, i.e. a sixth of its strength a year earlier. It can be seen from the social status of members that a relatively larger proportion of workers left the party compared with 'Angestellte' and the 'Intelligenz'. Bearing in mind that the definition 'worker' in the GDR was distorted by the fact that a large number of SED members working in the party and state apparatus were classified as 'workers', the adjusted figure of workers in the SED of

43% in 1989 fell to 25% in the PDS in 1990. The proportion of 'Angestellte' rose from 22% to 38% and the 'Intelligenz' from 26% to 32%. These figures include people who have retired, or in the case of the figures for 1990, had become unemployed.[13] It has also to be borne in mind that by the late 1980s over 70% of the SED membership had functions in the state and economic structure of the GDR.[14] A large proportion of these members left the SED in the last three months of 1989, but it still left a significant group in the PDS, as shown by the above figures for 'Angestellte' and the 'Intelligenz. The relativities between the different groups have continued as the membership numbers have carried on declining, although the rapid fall of 1989/90 has slowed from 1991. This fall has been accompanied by a rise in the age of members. In the SED in 1989 56% were under 50; in the PDS the figure had fallen to 39% by 1991.[15] The PDS is not a working-class party in terms of its membership, although it did increase its proportion of working-class voters in 1994, compared with 1990.[16] It is one which essentially reflects the high educational qualifications of its members, the highest of all the parties; it contains a high proportion of unemployed and retired people, many of whom were previously employed in the state or educational apparatus of the GDR. So despite the fact that more than 90% (98% in 1990) of members were in the SED, it is only certain parts of the SED that have decided to stay in the PDS, especially from the party and state adminstration, and the intelligentsia, with very few new members, under 2,000 in the first part of 1990. Here we have strong elements of continuity between the SED and the PDS, but not in the sense that the present membership of the PDS was at the core of the decision-making processes in the SED, and many of them were critical of its leadership.

The most central question must be the sense in which the PDS, as it developed in the period from the Sonderparteitag of 1989 to March 1990, can be seen as structurally and ideologically different from the SED. A comparison of the provisional SED-PDS statute of December 1989 and the first statute and election programme of the PDS of 25 February 1990, passed at the electoral conference (Wahlparteitag), with the last SED statute of 1976 provides a guide to this development. The structural question was the most pressing in December 1989 at the Sonderparteitag, after the question of dissolution had been resolved. Urgent ideological questions had to be put off to a later date, but since the Parteitag had taken the decision not to dissolve the SED, a reformed structure had to be put into place immediately to replace the dissolved structures of the party. The last SED statute of 1976 was abolished. In place of the Central Committee, a new Parteivorstand of 101 members, of whom only four had been in the old ZK, was elected, while a Präsidium of ten members replaced the Politbüro. 'Kommissionen' were set up to replace the departments of the ZK, and their heads represented the bulk of the Präsidium along with Gysi and his deputies. The 'Zentrale Revisionskommission' and the 'Parteikontrollkommission', responsible for discipline within the SED, were abolished and replaced by a 'Schiedskommission', which reverted to the more neutral role of arbitrating in internal disputes, thus removing the structures which oversaw the maintenance of the principles of democratic centralism within the party, enshrined in the 1976 statute.[17]

In essence, the party was attempting to return to the principles of a mass marxist party, throwing off the old structures of the 'Partei neuen Typus' with its strict hierarchy and insistence on absolute party discipline, but it was still one in which authority was invested in the leadership, although that authority could now be challenged openly in a way which had not been possible in the SED. The new provisional statute of the SED-PDS allowed for the plurality of expression through the creation of interest groups, platforms and working groups: the 'Kommunistische Plattform', founded on 30 December 1989, to combat moves within the party towards social democracy; the 'Sozialdemokratische Plattform' created on 9 January 1990, in which Berghofer was a leading figure; and the 'Plattform "3. Weg"' which contained a number of reformers from the now dissolved WF. But the Präsidium, a small group of ten people, dominated by Gysi, represented the real power in the party. The structure of the PDS was still centralist; it was only with the reintroduction of the Länder in October 1990 and the development of strong regional forces in the Land groups, particularly since 1994, that we start to see counterbalances to the dominance of the party leadership in Berlin. It controlled the finances, the party press and the structural machine of the party.

The position of individual members was strengthened in the new provisional statute of December 1989. It contained a provision which stated explicitly that a member was entitled, 'Kritik an Beschlüssen zu üben und seinen Standpunkt zu vertreten',[18] a direct attempt to counter the notion that the principles of democratic centralism, as enshrined in the

1976 statute, still had some influence in the party. It is difficult however to evaluate how this new freedom to criticise party decisions worked in practice, since 'einheitliches Handeln für die Verwirklichung mehrheitlich gefaßter Beschlüsse'[19] was also required from the individual member, who could be expelled from the party by a two-thirds majority of the party group, 'wenn es den Anforderungen an ein Parteimitglied nicht mehr entspricht'.[20] Also, in view of the rapidly changing situation in the party overall, with the continuation of mass resignations and the dissolution of party groups at grassroots level, it is difficult to get a clear picture of how this new statute worked. But overall it would be impossible to equate the party of January 1990 with that of October 1989, purely on the basis of the evidence of fierce internal debate which was often carried out in the media, for example in the readers' letters in *Neues Deutschland*. What is clearly visible by the beginning of 1990 is a wide range of opinion in the party from traditional marxist-leninist orthodoxy to social democracy, which reflected the structural and ideological plurality of the party. What is unclear is how much this wide range of opinion influenced decisions taken at the centre in the party.

The provisional statute was replaced in February 1990 by the first statute of the PDS at the first Parteitag and Wahlparteitag on 24/25 February.[21] The main features of the provisional statute were maintained concerning the position of the individual member, as well as the position of 'Interessen- und Arbeitsgemeinschaften', giving them the right to object to resolutions. But in the case of expulsions of members from the party the emphasis was now on the misuse of functions within the party or serious breaches of the statute. In the organisational structure of the party, the name of party groups was changed from 'Grundorganisationen' to 'Basisorganisationen', a move designed to emphasise the more democratic nature of the party structure. Priority was given to organising party groups along territorial lines as the 'bestimmende Organisationsform der Partei',[22] whereas in the provisional statute, the territorial and workplace groups had been given equal standing. The 'Betriebsparteiorganisationen' had already been abolished on 4 January, but it was still left open for members to organise themselves at the workplace as an 'Aktiv' or a party group. The principle of party groups nominating their delegates directly to the Parteitag, which remained the highest organ of the party, was also strengthened in the new statute. A major development was the introduction of a rule that extraordinary meetings of the Parteivorstand could now be called if a quarter of its membership, or of the executive committees at Bezirk/Land or Kreis level, demanded it;[23] a move which was designed to counter criticism of growing domination by the upper echelons of the party structure. Overall the new statute represented an attempt to show that the PDS intended to liberalise its structures, a reaction to the crises of mid-January, and to adapt to the strong shift in mood within the GDR towards unification. Also by strengthening the role of individuals and working groups representing particular shades of opinion in the party, the PDS was attempting to show that it not only wanted to operate as a traditional party, but intended to incorporate elements which preferred to see the party as a movement, working outside parliamentary political structures. The question as to whether the PDS is primarily a political party or a movement is one which is still in contention today. Finally, in the new statute the PDS was now described as 'eine sozialistische Partei auf deutschem Boden',[24] thus recognizing the inevitablity of unification and leading the way to organising itself beyond the frontiers of the GDR.

By the middle of 1990 the PDS was a party with a much changed structure compared with the SED, but these changes had been forced on it both by the need to adapt to a rapidly changing external political environment, as well as to emphasise the desire of a significant part of the membership to move away from the stifling uniformity of the SED. However it has to be said that some members were unhappy with these changes. Examination of the readers' pages in *Neues Deutschland* in the early part of 1990 provides clear evidence that some of the more traditional members could not cope with the plurality of views expressed by the different platforms and yearned for the oldstyle imposition of one view from an authoritarian leadership.[25]

These structural changes reflected developments in the ideological principles underpinning the two statutes and the first party programme of February 1990. In the provisional statute of December 1989 the PDS is described as a 'marxistische sozialistische Partei',[26] in which the main influences are described as being Marx, but above all Lenin. By dropping the term 'marxistisch-leninistisch' however there is a distancing from the usual elements of party organisation associated with Lenin. It is stated quite simply that the 'theoretische Grundlage der Partei ist der Marxismus', although there is also reference to other 'geistige und politische Strömungen, die der Entfaltung der Persönlichkeit in der sozialistischen Gesellschaft...dienen',[27] which left the way open for the development of different strains of thought within the party. But the particular emphasis on Lenin indicated that the leadership recognised that there were still large groups in the party for which the marxist-leninist tradition was important. In a sense the provisional statute was leaving open the possibility for different avenues of development, once the party had survived the Sonderparteitag. The intensification of the calls for renewal in January led in the first statute of the PDS in February to the dropping of any reference to Lenin, although he is mentioned in the election programme, and marxist thought was put on an equal basis with humanist and pacifist strains. There is a specific call to attract 'Sympathisanten'[28] which foreshadows the decision in 1993 to encourage people to stand for election to the Bundestag who were not members of the party. The policy of 'offene Listen' was to become particularly important in the 1994 election. But the wide range of socialist models, from Bernstein to Lenin, mentioned in the new party programme adopted at the same time as the statute shows that the leadership was conscious of the need to include all possible socialist variants within the party, although there is no clue given as to how practicable this might be.[29]

It is significant that in both statutes and programme a thorough-going analysis of the party's relationship to its SED past is avoided. There were references in both to a rejection of bureaucratic centralism, but a common feature of this early period is that the initial rejection of what was described as the deformation of socialism as represented by the SED is not followed up by detailed analysis. Michael Schumann's attempt at the Sonderparteitag to start the process of addressing the SED's past in his paper, 'Zur Krise in der Gesellschaft und zu ihren Ursachen, zur Verantwortung der SED', was not discussed in any detail at the Sonderparteitag. Although the party had apologised for the mistakes of the SED and pointed to its responsibility for the crisis in the GDR, Modrow specifically absolved individual grassroots members of the SED of direct responsibility for the failings of the leadership in his address to the conference.

> Vergessen wir nicht, die Würde eines jeden Menschen muß geschützt werden, vergessen wir nicht, alle Mitglieder der SED, die eine reine Weste haben, und das sind die meisten unserer Genossen, können von sich sagen, auch wir sind das Volk![30]

The party was not yet ready for what could be a devastating self-analysis of its relationship to the SED, including a discussion of the Stasi, a topic which was hardly mentioned, except by Gysi who insisted that not all former members of the MfS, some of whom were now working for the 'Amt für nationale Sicherheit', should be condemned out of hand.

> Wir wissen aber, daß viele Genossen dieses Ministeriums stets pflichtbewußt und ehrlich die ihnen erteilten Aufträge, die sie sich nicht aussuchen konnten, erfüllt haben. Wir wenden uns deshalb entschieden gegen pauschale Abqualifizierungen...[31]

The prominence of more pressing, practical matters meant that this transitional period was dominated by pragmatism in order to ensure the survival of the party. When it came to the Wahlparteitag in February 1990 the concentration on producing a programme for the election meant that there was again no time or desire for a thorough-going debate. But the lack of an open debate on the party's past has continued to provide a point of conflict in the PDS between the reformers and the traditionalists, and is still unresolved today, as can be seen by the continuing problems of how to react to Stasi involvement by its members, and by the differing reactions within the PDS to the verdict against Egon Krenz in August 1997.

The Wahlparteitag brought to an end the first phase in the development of the PDS. After the Volkskammer elections of March 1990 the PDS found itself caught in the swift flow of events leading to unification and the first all-German elections. The energies of the leadership were taken up with developing an all-German strategy and attempting to establish links with groups in West Germany, which in the end proved unnecessary at this point because of the decision of the Constitutional Court to treat the two parts of Germany as separate electoral entities. The party in general was taken up with preparations for the Land and Federal elections, and discussions concerning ideology, and organisational structures took a back seat until 1991. Furthermore, the PDS's decision to take over legal responsibility for the SED's assets caught up with it in October 1990 when the scandal concerning the illegal transfer of 107 million DM into a Soviet front organisation, Putnik, was uncovered, thereby turning the financial advantages of the SED's assets into a political liability. The revelations surrounding the scandal produced a further wave of resignations which contributed to the party's weaker performance in the federal election in December 1990 compared with the Volkskammer elections in March. But it had survived, helped by West German institutions, and this was perhaps the major achievement of this first year of its existence. It is clear that it was also a changed party both structurally and ideologically, but it was not a new party. Despite a more differentiated attitude towards capitalism in the first Parteiprogramm, in which its economic efficiency was recognised, it still was described as being incapable of providing overall solutions to the world's problems.[32] The anti-capitalist strain was to become stronger after 1992 with the failure of the unification process to cope with the social and economic problems of the eastern German population, and the reluctance to accept the legitimacy of unification combined with the predominance of West German structures meant that the PDS was bound to attract those GDR citizens, both as members and voters, who were suspicious of the new all-German reality. It was prepared to work within parliamentry political structures, but it was also working for a change to those structures. Also the party had not yet proved that it had radically changed in the way it operated internal party democracy. A number of crucial ideological and organisational questions were still unresolved and were to provide the battleground for future internal party battles. But in terms of what might be expected of a party such as the SED, it had gone through a process of dramatic change in the space of four months and had survived. The process of renewal was bound to be a long-term project, one which is as yet uncompleted.

Notes

1   See the recent interview between Richard Dewes and Richard Schröder: Schröder: 'Es wäre alles viel einfacher heute, wenn die SED sich 1990 aufgelöst und einen echten Neuanfang gewagt hätte.' *Der Spiegel*, 49/1 December 1997, p. 58.

2   Under the 1976 Statute of the SED a Parteikonferenz had more limited powers to change policy than a Parteitag, and only a third of the Central Committee was required to stand for reelection.

3   See Thomas Falkner, 'Von der SED zur PDS. Weitere Gedanken eines Beteiligten', *Deutschland Archiv*, 1(1991), 30-51. For this early transitional period of the PDS see also, Heinrich Bortfeldt, *Von der SED zur PDS. Wandlung zur Demokratie?*, Bonn/Berlin 1992; Manfred Behrendt and Helmut Maier, *Der schwere Weg der Erneuerung—von der SED zur PDS*. Eine Dokumentation, Berlin 1990; Manfred Gerner, *Partei ohne Zukunft? Von der SED zur PDS*, Munich 1994; Christian Welzel, *Von der SED zur PDS*, Frankfurt a. M. 1992.

4   Ibid., 32.

5   Gregor Gysi, 'Wenn wir für die neue Partei streiken, wird sie stark bleiben!', *Neues Deutschland*, 9/10 December 1989.

6   Ibid.

7 Falkner, op. cit., 38.

8 'Bei der Erneuerung Einheit der Partei bewahren. Meinungsumfrage an SED-Basis in sechs Bezirken der DDR.' In: *Neues Deutschland* (Beilage), 9/10 December 1989.

9 See the interview with Berghofer in *Der Spiegel*, 50/11 December 1989, p. 38.

10 *Stern*, 9 April 1987, republished in *Neues Deutschland* the following day. 'Würden Sie, nebenbei gesagt, wenn Ihr Nachbar seine Wohnung neu tapeziert, sich verpflichtet fühlen, Ihre Wohnung neu zu tapezieren?'

11 See *Frankfurter Rundschau*, 26 August 1997.

12 Published in *Neues Deutschland*, 12 December 1989.

13 Figures taken from Dietmar Wittich, 'Mitglieder und Wähler der PDS', in Michael Brie, Martin Herzig, Thomas Koch (eds.), *Die PDS. Empirische Befunde & kontroverse Analysen*, Cologne 1995, Tabelle 2, p. 62.

14 Ibid., Diagramm 2, p.64.

15 Ibid., Tabelle 1, p. 61.

16 Ibid., Tabelle 12, p. 78.

17 See 'Statut der SED-PDS' in 'Dokumentation. Der Außerordentliche Parteitag der SED im Dezember 1989', *Deutschland Archiv*, 2 (1990), esp. 311-2.

18 Ibid., 310.

19 Ibid.

20 Ibid.

21 The draft of the new statute was published in *Neues Deutschland* on 17/18 February 1990. The final version accepted at the Parteitag contained only minor changes.

22 See the final version in Gregor Gysi (ed.), *Wir brauchen einen dritten Weg*, Hamburg 1990, p. 153.

23 Ibid., p. 155.

24 There was here a slight change from the draft version, which had in its preamble, 'Die Partei des Demokratischen Sozialismus ist eine deutsche sozialistische Partei.' See the final version in Gregor Gysi (ed.), op. cit., p. 151.

25 See, for example, the letter from Gerhard Jensch, 'Mitglieder durch Plattformen verunsichern?', in: *Neues Deutschland*, 24 January 1990, p. 5.

26 'Statut der SED-PDS', op.cit., 309.

27 Ibid.

28 See the final version in Gysi (ed.), op.cit., p. 152.

29 See 'Parteiprogramm der Partei des Demokratischen Sozialismus' in Gysi (ed.), op.cit., p. 160.

30 Hans. Modrow, 'Souveräne DDR muß ein solider Baustein für europäisches Haus sein,' *Neues Deutschland*, 9/10 December 1989.

31 Gysi, op. cit.

32 Ibid., p. 158.

Oskar Niedermayer

DIE STELLUNG DER PDS IM OSTDEUTSCHEN PARTEIENSYSTEM

1. Einleitung

Das zentrale Kennzeichen der Entwicklung des ostdeutschen Parteiensystems ist die Revitalisierung der PDS. Nach der Wende in der ehemaligen DDR schien die Partei noch dem Untergang geweiht: Sie mußte auf der Strecke von der DDR-Volkskammerwahl im März 1990 über die Kommunalwahlen im Mai und die Landtagswahlen im Oktober bis hin zur ersten gemeinsamen Bundestagswahl im Dezember 1990 absolut gesehen nahezu eine Halbierung ihrer Wählerschaft hinnehmen und verlor bis Ende 1991 noch weiter an Resonanz in der Bevölkerung. Dem Niedergang folgte jedoch ab 1992 ein erst allmählicher, dann recht rasanter Wiederaufstieg, der sich auch in den Wahlergebnissen bei den Berliner und Brandenburger Kommunalwahlen 1992/93 und insbesondere im Verlauf des Superwahljahrs 1994 dokumentierte. In diesem Jahr konnte die Partei bei den ostdeutschen Landtagswahlen ihre Stimmenanteile gegenüber 1990 um vierzig bis siebzig Prozent steigern, und sowohl bei der Europawahl als auch bei der Bundestagswahl gaben ihr etwa ein Fünftel der ostdeutschen Wähler ihre Stimme. Durch ihren erneuten Einzug in den Bundestag ist die PDS auch auf der Bundesebene weiterhin parlamentarisch präsent, und in den regionalen Parteiensystemen der fünf neuen Bundesländer hat sie sich mittlerweile als eine der drei großen Parteien fest etabliert. Damit beeinflußt sie in Ostdeutschland wesentlich diejenigen Strukturcharakteristika, die seit jeher die Grundstruktur des deutschen Parteiensystems definieren: die Fragmentierung, Polarisierung und Segmentierung. Dies soll im folgenden zunächst gezeigt werden. Danach wird nach den Ursachen des PDS-Erfolgs gefragt, wobei sowohl auf die institutionellen Rahmenbedingungen in Gestalt der Parteien- und Wahlgesetze als auch auf die Angebots- und Nachfrageseite des politischen Wettbewerbs—also auf den Ressourceneinsatz und das politische Verhalten der Parteien einerseits und die gesellschaftliche Konflikt- und Problemstruktur andererseits—eingegangen wird. Die Ergebnisse der Analyse bilden die Basis für eine abschließende Einschätzung der Entwicklungschancen der PDS.

2. 'Weimarer Verhältnisse' durch die Wiedervereinigung?

In Westdeutschland führte der Konsolidierungsprozeß der fünfziger Jahre auf der Bundesebene zu einem über die nächsten beiden Jahrzehnte relativ stabilen 'Zweieinhalbparteiensystem' vom Typ des gemäßigten Pluralismus, dessen Grundstruktur sich wie folgt beschreiben läßt:

- geringe Fragmentierung durch die Existenz zweier großer, von der Wählerstimmenverteilung her dominierender Parteien;
- geringe Polarisierung durch eine nicht allzu große ideologisch-programmatische Distanz der relevanten Parteien zueinander, eine gemäßigte ideologische Wettbewerbssituation und die Abwesenheit von bipolarer Opposition, also von einflußreichen linken und rechten fundamental- bzw. teiloppositionellen Parteien;
- keine Segmentierung, da die relevanten Parteien prinzipiell allseitig koalitionsfähig waren.[1]

In den achtziger Jahren zeigten sich—bedingt vor allem durch die zunehmenden Mobilisierungs-, Integrations- und Organisationsschwächen der beiden Großparteien CDU und SPD und das Aufkommen der Grünen—Erosionserscheinungen dieser Grundstruktur in Form zunehmender Fragmentierungs- und Polarisierungstendenzen. Das Hinzukommen des DDR-Parteiensystems 1990 verstärkte diese Entwicklung zunächst, da dort noch eine weitaus stärkere Zersplitterung herrschte und mit der PDS eine am äußersten linken Rand des ideologischen Spektrums angesiedelte Partei die gesamtdeutsche Bühne betrat. Durch die Vereinigung gewannen daher Befürchtungen einer Wiederkehr von 'Weimarer Verhältnissen', also eines Übergangs vom moderaten zum extremen Pluralismus mit einer Zerfaserung der Parteienlandschaft und erstarkenden Flügelparteien mit all den daraus folgenden 'politisch desintegrierenden und ideologisch radikalisierenden Effekten'[2] an Bedeutung.

Bonn—bzw. Berlin—ist jedoch nicht Weimar. Das Parteiensystem der Weimarer Republik war extrem fragmentiert und machte erst in der Endphase 1932/33 mit dem zunehmenden Erfolg der Nationalsozialisten einen rapiden Konzentrationsprozeß durch. Selbst 1933 jedoch war das Weimarer Parteiensystem noch deutlich zersplitterter als das gesamtdeutsche 1990. Zudem nahm die Fragmentierung des ostdeutschen Teilsystems nach 1990 weiter ab, so daß sich die Zersplitterung des gesamtdeutschen Parteiensystems nicht weiter erhöhte. Von einer wesentlichen Erstarkung der Flügelparteien am

rechten und linken Rand kann auf der Bundesebene ebenso keine Rede
sein. Durch die Entwicklung im Umfeld der staatlichen Vereinigung
wurde die in Westdeutschland Mitte der achtziger Jahre in Gestalt der
Partei 'Die Republikaner' einsetzende dritte Welle des parteiförmig
organisierten Rechtsextremismus 1990 gestoppt, und bei der
Bundestagswahl 1994 konnten die Republikaner ihr schwaches Ergebnis
von 1990 noch nicht einmal halten. Nimmt man die andere Seite des
ideologischen Spektrums hinzu, so hat sich durch die PDS und die
Republikaner der Stimmenanteil von fundamental- bzw.
teiloppositionellen Parteien bei Bundestagswahlen gegenüber den
siebziger und achtziger Jahren zwar durchaus erhöht, er betrug jedoch
1994 insgesamt nur 6,3 Prozent. Durch die Verschmelzung des
Parteiensystems der alten Bundesrepublik mit dem der ehemaligen DDR
ist somit ein gesamtdeutsches Parteiensystem entstanden, das auf der
Bundesebene in seiner Grundstruktur dem der alten Bundesrepublik
gleicht, also weiterhin zum Typus des gemäßigten Pluralismus mit
relativ geringer Fragmentierung und Polarisierung gezählt werden
kann.

Allerdings wurde die in der alten Bundesrepublik aufgrund des
föderativen Regierungssystems schon existierende regionale
Ausdifferenzierung des Parteiensystems durch eine weitere
Dimension—die Ost/West-Dimension—wesentlich verstärkt. Die
Trennungslinie zwischen West und Ost wird markiert durch die Stellung
der PDS als im Westen marginaler und im Osten drittstärkster—und
damit die Grundstruktur der ostdeutschen regionalen Parteiensysteme
wesentlich bestimmender—Partei.

Die Parteiensysteme der fünf neuen Länder haben sich in den
Jahren ihres Bestehens wesentlich gewandelt.[3] Das Ausmaß des Wandels
zeigt der Volatilitätsindex,[4] der zwischen 11,1 und 22,0 liegt. Die CDU
mußte—mit Ausnahme von Sachsen—generell Verluste hinnehmen und
die SPD konnte überall—z.T. beträchtlich—zulegen, insbesondere in
Brandenburg, wo sie die absolute Mehrheit erringen konnte. Die
Stimmenanteile der FDP gingen dramatisch—um ein Drittel bis fast drei
Viertel—zurück und auch die Bürgerbewegungsorganisationen verloren
zum Teil deutlich an Wählerresonanz, während die PDS ihre
Stimmenanteile um vierzig bis siebzig Prozent steigern konnte (vgl.
Tabelle 1).

Tabelle 1: Veränderung der Parteiensystemstruktur in Ostdeutschland 1990/94

	Br	MV	Sa	SA	Th
Volatilität	22,0	11,1	12,4	18,2	15,2
Prozentuale Veränderung der Wahlergebnisse					
CDU	-36,4	-1,6	+8,0	-11,8	-6,2
SPD	+41,6	+9,3	+13,1	+30,8	+29,8
PDS	+39,6	+44,6	+61,8	+65,8	+71,1
FDP	-66,7	-30,9	-67,9	-73,3	-65,6
Bürgerbewegungen	-54,3	-42,2	-14,3	-3,8	-22,2
Fragmentierung					
1990	3,8	4,0	2,9	3,9	3,6
1994	2,7	3,5	2,5	3,6	3,3
Stimmenanteil fundamental-teiloppos. Parteien					
1990	14,6	16,8	10,9	12,7	10,7
1994	19,8	23,8	17,8	21,3	17,9

Für die Verschlechterung der CDU-Position in Ostdeutschland nach ihrem guten Abschneiden 1990 lassen sich Gründe sowohl auf der Angebots- als auch auf der Nachfrageseite des Parteienwettbewerbs finden. Die Partei war in vielen ihrer Gliederungen jahrelang durch heftige innerparteiliche Konflikte zwischen ehemaligen Block-CDU-Mitgliedern und nach der Wende beigetretenen Erneuerern geprägt. Hinzu kam eine Reihe von Skandalen und Affären, die zum Rücktritt von mehreren Ministerpräsidenten und Ministern führten. Wesentlichen Einfluß hatte aber auch die Veränderung der gesellschaftlichen Problemstruktur. Während die Volkskammerwahl durch die Frage nach dem Tempo und den Modalitäten der Vereinigung geprägt wurde und die Vereinigung auch die Bundestagswahl 1990 inhaltlich dominierte,[5] war die Problemstruktur in Ostdeutschland nach dem Abklingen der Vereinigungseuphorie primär durch ökonomische Probleme bestimmt. Die sich deutlich verschlechternde Wahrnehmung der ökonomischen Entwicklung und die zunehmende Unzufriedenheit mit dem Verlauf des Einigungsprozesses führten in den Jahren 1991 bis 1993 zu einem dramatischen Sympathieverfall der von der Bevölkerung für die Probleme verantwortlich gemachten Regierungsparteien, von dem— nachdem sie anfangs davon profitieren konnte—schließlich auch die SPD mitgerissen wurde, während die PDS ihre Sympathiewerte deutlich steigern konnte. Vor allem aufgrund eines deutlichen Stimmungsumschwungs in der Bevölkerung in bezug auf die Perzeption der ökonomischen Entwicklung im Frühsommer 1994 kehrte sich die negative Entwicklung wieder um. Allerdings konnten die

Regierungsparteien—im Gegensatz zur SPD—ihre früheren Popularitätswerte bei weitem nicht mehr erreichen (vgl. das Schaubild).[6]

Schaubild: Parteisympathien 1990 - 1994

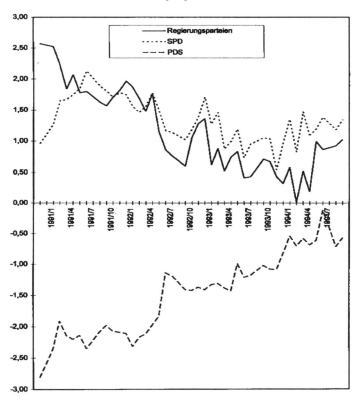

Besonders hart traf der Wandel der ostdeutschen Wählergunst den kleineren Koalitionspartner: die FDP. Im Wahljahr 1994 erlebte sie ein Debakel, das sie bei der Bundestagswahl fast drei Viertel ihres ostdeutschen Wählerstimmenanteils kostete und in allen fünf neuen Bundesländern an der Fünfprozenthürde scheitern ließ. Dieser Niedergang spiegelte zunächst den gesamtdeutschen Abwärtstrend der

Partei in diesem Zeitraum wider, dessen Ursachen im personellen wie inhaltlichen Politikangebot der FDP zu suchen waren: Zum einen fehlten ihr die herausragenden politischen Führungspersönlichkeiten, die das Image der Partei nachhaltig und positiv prägen konnten. Zum anderen hatte sie von den beiden Funktionen, auf denen ihre strategische Stellung im Parteiensystem basiert, nämlich der Rolle der Mehrheitsbeschafferin und des liberalen Korrektivs, letztere jahrelang sträflich vernachlässigt. Die immer stärker rein machtpolitische und immer weniger auch inhaltliche Positionsbestimmung führte dazu, daß sie zunehmend als bloßes Anhängsel der Union und nicht als eigenständige Kraft mit inhaltlichem Profil perzipiert wurde. In Ostdeutschland schlug zudem gerade für die FDP als Partei mit besonderem wirtschaftspolitischen Kompetenzanspruch die Enttäuschung der ökonomischen Erwartungen der Bevölkerung gravierend zu Buche.

Das zur Bundestagswahl 1990 in der Listenvereinigung Bündnis 90/Grüne-BürgerInnenbewegungen organisierte und bei den Landtagswahlen in unterschiedlichen Formationen antretende DDR-Bürgerbewegungsspektrum vereinigte sich im März 1993 mit ihrem westdeutschen Pendant, den Grünen. Im westdeutschen Parteiensystem sind die Grünen mittlerweile fest verankert, was sich darauf zurückführen läßt, daß sie (1) über eine hohe Kompetenzzuschreibung in einem die gesellschaftliche Problemstruktur wesentlich mitbestimmenden Thema—der Ökologie—verfügen, (2) einem Imagewandel unterliegen, seit ihre öffentliche Wahrnehmung nicht mehr so stark von erbitterten innerparteilichen Flügelkämpfen verdüstert wird, (3) politischer Ausdruck kultureller Umbrüche in der westdeutschen Gesellschaft sind und (4) von dem partiellen Rückzug der SPD von der Konkurrenz um die sie unterstützenden Wählermilieus profitieren.[7] In Ostdeutschland, das durch eine andere Sozialstruktur, andere kulturelle Verständigungsmuster, eine anders gelagerte Parteienlandschaft und eine von wirtschaftlichen und sozialen Themen geprägte Problemlage gekennzeichnet ist, sind diese Milieus jedoch wesentlich schwächer ausgebildet. Die Partei leidet daher unter deutlichen Mitglieder- und Organisationsschwächen und geringer Wählerresonanz.

Die elektorale Marginalisierung der FDP und der Bündnisgrünen einerseits und das Wiedererstarken der PDS andererseits haben in allen ostdeutschen Parteiensystemen zu einer deutlichen Konzentration, d.h.

einer abnehmenden Fragmentierung, geführt, wie die in Tabelle 1 wiedergegebenen Werte der 'effective number of parties' zeigen. Einen ebenso großen Einfluß auf die Struktur der ostdeutschen regionalen Parteiensysteme hat die PDS in bezug auf die Polarisierung: Sie ist von ihrer Programmatik und dem politischen Verhalten ihrer Eliten her zumindest als teiloppositionelle Partei zu kennzeichnen. Da rechtsextreme Parteien bei den Landtagswahlen in Ostdeutschland bisher keine Rolle spielen,[8] ist der hohe Stimmenanteil fundamental- bzw. teiloppositioneller Parteien in den Parteiensystemen der neuen Länder — 1994 immerhin zwischen einem knappen Fünftel und einem knappen Viertel der Wählerstimmen (vgl. Tabelle 1)[9] — nahezu allein auf die PDS zurückzuführen. Eine weitaus größere Rolle spielt die Existenz und elektorale Potenz der PDS jedoch noch bei der dritten Systemeigenschaft, die zur Charakterisierung der Grundstruktur des deutschen Parteiensystems herangezogen werden muß: der Segmentierung.

3. Von der Segmentierung zur neuen Koalitionsarithmetik?
Der ideologische Standort einer Partei, das Ausmaß, in dem Ideologie und Programmatik ihr Handeln als kollektiver Akteur bestimmen sowie taktische Handlungsimperative in bezug auf den Machterwerb bzw. Machterhalt determinieren ihre Koalitionsfähigkeit. Auf der Systemebene manifestiert sich diese Einzelparteieneigenschaft in einem unterschiedlichen Ausmaß an Segmentierung des Parteiensystems. Extrem segmentierte Parteiensysteme sind durch eine deutliche Abschottung der Parteien gegeneinander gekennzeichnet, während in nicht segmentierten Systemen alle Parteien untereinander prinzipiell koalitionsfähig sind. Abschottungsstrategien werden häufig gegenüber Parteien an den beiden Polen des ideologischen Spektrums angewendet, etwa wenn gemäßigte Parteien unter Hinweis auf die 'Gemeinsamkeit der Demokraten gegenüber extremistischen Parteien' eine Zusammenarbeit mit diesen Parteien ablehnen.

Analysiert man die Entwicklung des ostdeutschen Parteiensystems im Hinblick auf seine Segmentierung, so wird der zentrale Stellenwert deutlich, den die PDS Mitte der neunziger Jahre gewonnen hat. In der Vereinigungsphase 1990 war dies noch nicht der Fall: Bei den damaligen Landtagswahlen bildete sich in Ostdeutschland — mit

Ausnahme von Mecklenburg-Vorpommern—ein Fünfparteiensystem aus
CDU, SPD, PDS, FDP und Bürgerbewegungen heraus (vgl. Tabelle 2).

Tabelle 2: Landtags- und Regierungsparteien 1990/94

	Landtags-parteien		Regierungsparteien	
	90	94	1990	1994
Brandenburg	5	3	SPD/FDP/B90	SPD
Mecklenburg-Vorpommern	4	3	CDU/FDP	CDU/SPD
Sachsen	5	3	CDU	CDU
Sachsen-Anhalt	5	4	CDU/FDP	SPD/GRÜNE
Thüringen	5	3	CDU/FDP	CDU/SPD

Zwar reduzierte die Tatsache, daß die PDS von den anderen in den
Landtagen vertretenen Parteien als nicht koalitionsfähig angesehen
wurde, die Zahl der politisch möglichen Koalitionsoptionen, es blieb
jedoch noch genügend Spielraum für Koalitionsbildungsprozesse, die in
Mecklenburg-Vorpommern, Sachsen-Anhalt und Thüringen in eine
bürgerliche Koalition aus CDU und FDP mündeten und in Brandenburg
zu einer Ampelkoalition aus SPD, FDP und Bündnis 90 führten. In
Sachsen stellte sich das Problem nicht, da die CDU mit Kurt Biedenkopf
an der Spitze die absolute Mehrheit erreicht hatte.

Die im Abschnitt 2 geschilderten Konzentrationsprozesse führten
jedoch bei den Landtagswahlen von 1994—mit Ausnahme von Sachsen-
Anhalt—zur Herausbildung eines Dreiparteiensystems aus CDU, SPD
und PDS. In Mecklenburg-Vorpommern und Thüringen wurden die
bisherigen CDU/FDP-Regierungen durch Große Koalitionen, in
Sachsen-Anhalt durch eine rot/grüne Minderheitsregierung unter
Duldung der PDS abgelöst. In Brandenburg führte der Wahlerfolg der
SPD zu einer SPD-Alleinregierung, und in Sachsen konnte die CDU-
Alleinregierung ihren Vorsprung noch ausbauen. In vier der fünf neuen
Bundesländer fand somit ein Regierungswechsel statt, der allerdings mit
Ausnahme von Brandenburg eher wählerinduziert war, da der bisherige
Koalitionspartner der CDU an der Fünfprozenthürde scheiterte. In
Brandenburg zerbrach die Ampelkoalition aus SPD, FDP und Bündnis
90 durch den Auszug des Bündnisses im Zuge der Diskussion um die
Stasikontakte von Ministerpräsident Manfred Stolpe schon vor den

Wahlen, so daß das Land seit März 1994 von einer SPD/FDP-Minderheitsregierung regiert wurde.

Daß in vier der fünf ostdeutschen Länderparlamenten mittlerweile nur noch die CDU, SPD und PDS vertreten sind, impliziert eine deutliche Reduktion der theoretisch möglichen Koalitionsoptionen. Wenn eine Alleinregierung nicht möglich ist, verbleiben nur noch drei Möglichkeiten, und solange die PDS als nicht koalitionsfähig angesehen wird, reduzieren sich die politisch möglichen Optionen auf eine Große Koalition.

In einem derart hochsegmentierten Parteiensystem bestehen große machtstrategische Anreize zur Erweiterung bestehender Koalitionsoptionen, so daß die Diskussion in der SPD um ihr Verhältnis zur PDS aus dieser Sicht heraus verständlich ist. Durch Spekulationen des SPD-Vorsitzenden Oskar Lafontaine über eine Mehrheit für das 'linke Lager' und durch die schwere Krise der Großen Koalition in Mecklenburg-Vorpommern im Frühjahr 1996, in deren Verlauf die Option einer SPD/PDS-Koalition durchaus Gestalt gewann, hat diese Diskussion neue Nahrung bekommen. Insgesamt zeigen sich die ostdeutschen Landesverbände der SPD einerseits argumentativ mehrheitlich eher ablehnend, signalisieren aber andererseits in konkreten politischen Situationen Kooperationsbereitschaft mit der PDS bzw. ihren Mandatsträgern in den kommunalen und Landesparlamenten. Das Verhältnis der SPD zur PDS unterscheidet sich damit deutlich auf den verschiedenen Ebenen: Während die Bundespartei immer noch eine ablehnende Haltung vertritt, ist die Situation auf Landesebene differenzierter und wird auf der kommunalen Ebene noch stärker von pragmatischen als von ideologischen Gesichtspunkten bestimmt. Die Strategie der PDS gegenüber der SPD läßt sich allgemein als Mischung aus kooperativen und konfrontativen Elementen kennzeichnen, die auch in der parteiinternen Diskussion um die allgemeine Haltung gegenüber Regierungsbeteiligungen wurzelt.

Auch in der CDU wurde—angestoßen durch ein 'Streitpapier' des CDU-Fraktionsvorsitzenden im Landtag von Mecklenburg-Vorpommern, Eckhard Rehberg—in neuerer Zeit über das Verhältnis zur PDS, insbesondere zu deren Wählern, diskutiert.[10] Das Rehberg-Papier benannte nicht nur Repräsentations-, Identitäts- und Integrationsdefizite, die das Ost-West-Zusammenwachsen der Partei erschweren, sondern verdeutlichte auch wahlarithmetische und machtstrategische Kalküle, die die veränderte parteipolitische Konstellation in Ostdeutschland reflektierten. Mit einer möglichen Formierung des 'linken Lagers' wird die Regierungsfähigkeit der CDU als gefährdet angesehen. Zu deren Sicherung müsse die Partei auf absolute Mehrheiten hinarbeiten, was die Mobilisierung von Nichtwählern und die zielgerichtete Gewinnung von Stimmen aus dem PDS-Lager einschließe, wobei hier ein bestimmtes Potential an Wählern ausgemacht wird, die von ihrer Grundeinstellung und Mentalität her eigentlich eher dem konservativen Lager zuzurechnen sind. Der Kampf um diese Wähler setze allerdings eine Veränderung der Auseinandersetzung mit der PDS voraus, d.h. die Aufgabe der Politik der verhärteten Fronten und der Stigmatisierung der PDS als verfassungsfeindlich.

4. Ursachen des PDS-Erfolgs

Warum ist die PDS als ehemalige Staatspartei mit dem Untergang ihres Staates nicht auch in die politische Bedeutungslosigkeit versunken, sondern erlebte im Gegenteil in neuerer Zeit sogar eine Revitalisierung, die ihr eine starke Stellung in den Parteiensystemen der ostdeutschen Länder verschaffte? Um diese Frage zu beantworten, ist es notwendig, in einer systematischen und umfassenden Weise diejenigen Faktoren zu identifizieren, die die Stellung einer Partei im pluralistischen Parteienwettbewerb beeinflussen.

Jedes Parteiensystem bildet einen wesentlichen Teil des sogenannten intermediären Systems, also der Mesoebene, in der Vermittlungsleistungen zwischen der Mikroebene der Bürgerschaft und der Makroebene des Regierungssystems erbracht werden. Versteht man den Wettbewerb in diesem Teilsystem in Analogie zum ökonomischen Marktmodell, so stehen sich auch auf dem politischen Markt Angebot und Nachfrage gegenüber, und der Wettbewerb erfolgt unter Beachtung gewisser Spielregeln. Die Marktstellung eines Anbieters wird damit von ihm selbst, seinen Mitanbietern, der Nachfragestruktur und den marktregulierenden Rahmenbedingungen beeinflußt. In das Mehrebenenmodell übersetzt, bedeutet dies, daß eine erste Gruppe von Beeinflussungsfaktoren auf der Makroebene, also auf der Ebene des Regierungssystems, angesiedelt ist. Hier werden Handlungsrestriktionen, -opportunitäten und -anreize gesetzt, denen der Parteienwettbewerb unterliegt. Zu diesen institutionellen Rahmenbedingungen zählen insbesondere die Regelungen zum Wahlrecht sowie zur Rollendefinition, zur Finanzierung und zum Verbot von Parteien. Auf der Mesoebene, der Ebene des intermediären Systems, wird unter diesen Bedingungen das politische Angebot definiert. Unter dem Angebotsblickwinkel hängt die Stellung einer Partei von den personellen, organisatorischen und materiellen Ressourcen sowie den Politikangeboten ab, die von ihr selbst und ihren Mitanbietern im Wettbewerb eingesetzt werden. Die Mikroebene, die Ebene des sozialen Systems, bildet die Nachfrageseite, die zum einen durch die Konfliktstruktur—also die längerfristig wirksamen, sozialstrukturell verankerten gesellschaftlichen Hauptspannungslinien—und zum anderen durch die Problemstruktur— also die aktuellen politischen Sachfragen und parteispezifischen Zuweisungen von Problemlösungskompetenzen—bestimmt wird. Die jeweilige Problemstruktur kann dabei die unterliegende Konfliktstruktur aktualisieren—aber auch überdecken—und neu auftretende gesellschaftliche Probleme können durch sozialstrukturelle Verankerung, Bewußtwerdung kollektiver Identitäten und politische Organisation zu einer Veränderung der Konfliktstruktur führen.

Wichtig ist, daß die Beziehungsstrukturen im Rahmen dieses Modells nicht als jeweils nur in eine Richtung verlaufende Kausalbeziehungen zu interpretieren sind, sondern als komplexes Netzwerk mit Rückkopplungseffekten. Insbesondere ist zwar einerseits durch die jeweilige Konstellation von sozialen und politischen Umfeldbedingungen, denen sich eine Partei zu einem bestimmten Zeitpunkt gegenüber sieht, ein bestimmter Handlungsraum mit einer begrenzten Anzahl wählbarer Handlungsalternativen vorgezeichnet, andererseits kann dieser Handlungsraum durch aktive Beeinflussung der Umfeldbedingungen durch die Partei selbst auch verändert werden.

Betrachtet man die drei Gruppen von Determinanten der Stellung einer Partei im Parteienwettbewerb im Hinblick auf die PDS, so läßt sich zeigen, daß die Revitalisierung dieser Partei sowohl auf die institutionellen Rahmenbedingungen als auch auf Faktoren der Nachfrage- und der Angebotsseite des Parteienwettbewerbs zurückzuführen ist.[11]

Die im Rahmen der Wende in der ehemaligen DDR und des Wiedervereinigungsprozesses geschaffenen gesetzlichen Rahmenbedingungen haben der PDS das Überstehen dieses Prozesses nicht erschwert, sondern eher erleichtert. Nach dem im Februar 1990

noch in der ehemaligen DDR verabschiedeten Parteiengesetz waren
zwar rechtsradikale Parteien verboten, die PDS war von einem
Parteienverbot jedoch nie bedroht und konnte daher ihre Kontinuität
wahren. Im Rahmen der Vereinigung hatte dann das im September 1990
beschlossene Bundeswahlgesetz für die gemeinsame Bundestagswahl
zunächst ein einheitliches Wahlgebiet mit einer 5%-Sperrklausel
vorgesehen. Gegen diese Regelung erhoben die Grünen, PDS und
Republikaner Klage beim Bundesverfassungsgericht. Das Gericht
erklärte die Bestimmung für rechtswidrig und gab dem Gesetzgeber auf,
die Sperrklausel getrennt auf die alten und neuen Bundesländer
anzuwenden. Da die Republikaner und die Grünen im Westen an der
Fünfprozenthürde scheiterten, war die PDS (mit 2,4% insgesamt aber
11,1% im Wahlgebiet Ost) der alleinige Nutznießer dieser
Entscheidung. Sicherte ihr die getrennte Anwendung der Sperrklausel
1990 den Einzug in den Bundestag, so ist auch ihr erneuter Einzug 1994
auf eine Besonderheit des deutschen Wahlsystems zurückzuführen: Sie
konnte zwar insgesamt nur 4,4 Prozent der Stimmen erreichen, gewann
jedoch in Ostberlin vier Direktmandate und zog deshalb—gemäß ihrem
Zweitstimmenanteil—mit dreißig Abgeordneten in den Bundestag ein.

Auf der Nachfrageseite werden die Entwicklungsmöglichkeiten
der PDS von der spezifischen Konflikt- und Problemstruktur in
Ostdeutschland und deren Wandel beeinflußt. Zu DDR-Zeiten wurde—
im Gegensatz zur Selbstideologie des Systems—der Klassenkonflikt
keineswegs obsolet, sondern es entstanden neue soziale Hierarchien in
Form einer bürokratisch verfaßten sozialistischen Ständegesellschaft. An
deren Spitze standen die Führungskader in Partei, Wirtschaft und
Verwaltung, die nach der Wende die Kernwählerschaft der PDS
bildeten,[12] auf die die Partei zunächst zunehmend reduziert wurde, so
daß ihre Wählerresonanz sich immer mehr verringerte.

Nach dem Abklingen der von einem großen Zukunftsoptimismus
geprägten Vereinigungseuphorie in der ostdeutschen Bevölkerung
profitierte die Partei jedoch immer stärker von einer anderen
Entwicklung, nämlich den Ansätzen zur Herausbildung einer
innerdeutschen Konfliktstruktur, die man als neue Form von Zentrum-
Peripherie-Konflikt kennzeichnen kann. Auf der Basis realer
ökonomischer Probleme und sozialer Verwerfungen bildete sich bei
einem Teil der ostdeutschen Bürger (insbesondere—aber nicht nur—bei
der ehemaligen DDR-Elite) ein Einstellungsmuster heraus, dessen Kern

durch Benachteiligungs-, Ausgrenzungs- und Kolonialisierungsgefühle, nostalgische Verklärungen der DDR-Vergangenheit, geringe Akzeptanz des westdeutschen Demokratiemodells, Mißtrauen gegenüber den Parteien und Regierungsinstitutionen, Identifikation mit sozialistischen Normen und Werten und Bejahung sozialistischer Kernaussagen gekennzeichnet ist. Diese mentale Prägung geht einher mit einer pessimistischen Weltsicht und einer negativen Einschätzung der ökonomischen Entwicklung. Ein solches antiwestlich und linksideologisch geprägtes Einstellungsmuster prädestiniert geradezu zur Wahl der PDS als einer genuin ostdeutschen und sozialistischen Partei, wie empirische Analysen zeigen.[13]

Die PDS-Wählerschaft ist daher überwiegend durch politische Einstellungen gekennzeichnet, die dem beschriebenen Muster folgen und sich von den Orientierungen der ostdeutschen Gesamtbevölkerung deutlich unterscheiden (vgl. Tabelle 3). Im Vergleich zur Gesamtbevölkerung zeichnet sich die PDS-Wählerschaft durch folgende Orientierungen aus:

- eine geringere Zukunftszuversicht und häufigere Klagen über den katastrophalen Zustand der Gesellschaft, die ungerechte Gesellschaftsordnung, die ungerechte Behandlung durch die Gesellschaft und die schlechtere heutige gesellschaftliche Lebenslage im Vergleich zur Situation vor der Vereinigung;
- eine schlechtere Einschätzung der heutigen bzw. zukünftigen allgemeinen und persönlichen wirtschaftlichen Lage;
- eine stärkere Bejahung eines Schlußstrichs unter die Aufarbeitung der DDR-Vergangenheit;
- eine größere Unzufriedenheit mit dem Funktionieren der westlichen Demokratie und ein geringeres Vertrauen in politische Institutionen wie Parlamente, Parteien und Regierungen;
- eine deutlich 'linkere' Selbsteinschätzung sowie eine weitaus stärkere Bejahung sozialistischer Kernaussagen und der Idee des Sozialismus insgesamt.

Auch wenn ein kleines Wählersegment der PDS als reine Protestwählerschaft gekennzeichnet werden kann, die den anderen Parteien durch die PDS-Wahl einen Denkzettel verpassen will, ohne sich mit der Partei zu identifizieren, führt die Einbindung in das beschriebene Milieu durch das damit bestehende eindimensionale Sozialisationsumfeld bei dem überwiegenden Teil der PDS-Wähler- und

Mitgliedschaft zu einer relativ intensiven und gefühlsmäßig sowie ideologisch begründeten Parteiverbundenheit (vgl. Tabelle 3).

Tabelle 3: Politische Einstellungen der PDS-Wähler 1994/95
(nur Ostdeutschland; Angaben in Prozent)

	Bevöl-kerung	PDS-Wähler
Zukunftsangst	36	53
Schwere gesellschaftliche Krise/Katastrophe	42	64
Verschlechterung der gesellschaftlichen Lebenslage im Vergleich zur Situation vor der Vereinigung	37	61
Schlechte allgemeine wirtschaftliche Lage	14	25
Unzufriedenheit mit der Demokratie in Deutschland	38	68
Vertrauen in Parlamente	26	11
Vertrauen in Parteien	17	8
Vertrauen in Regierungen	25	4
Zustimmung zur Idee des Sozialismus (1994)	30	72
Starke politische Involviertheit	51	68
Ideologische Selbsteinschätzung (Mittelwerte einer Skala von -5 = rechts bis +5 = links)	0,81	2,45
	Wähler anderer Parteien	PDS-Wähler
Gefühlsmäßige Parteiverbundenheit	41	55
Starke Parteiidentifikation	45	63

Quellen: Zukunftsangst, wirtschaftliche Lage, Demokratiezufriedenheit, Lebenslage und Institutionenvertrauen: Viola Neu (vgl. Fußnote 13), S. 180ff. (Daten der Konrad-Adenauer-Stiftung). Zustand der Gesellschaft, Idee des Sozialismus, ideologische Selbsteinschätzung, gefühlsmäßige Parteiverbundenheit und Parteiidentifikation: eigene Berechnungen. (Daten der Forschungsgruppe Wahlen; ZA Nr. 2559).

Regional konzentriert sich die PDS-Wählerschaft in Großstädten bzw. den Verwaltungszentren der ehemaligen DDR, wo der hohe Anteil an mit dem politischen System der ehemaligen DDR Verbundenen die Entstehung eines sozialen Milieus der mentalen Einheitsskeptiker bzw. -verweigerer begünstigt. Organisiert die PDS die eine Seite des Konfliktes zwischen ostdeutscher Peripherie und westdeutsch geprägtem Zentrum, so bildet die ostdeutsche CDU-Anhängerschaft den politischen Gegenpol. Wie aus einer 1995 durchgeführten Analyse der Einheitsmentalität der Ostberliner Wählerschaft deutlich wird, konzentrieren sich die Einheitsskeptiker und -verweigerer in der PDS-

Wählerschaft, die Einheitsbefürworter bzw. -enthusiasten dagegen in der CDU-Wählerschaft, die Wähler der SPD und der Bündnisgrünen nehmen eine Zwischenstellung ein (vgl. Tabelle 4).[14]

Tabelle 4: Einheitsmentalität: Ostberlin 1995

	ges.	Parteipräferenz			
		CDU	GRÜNE	SPD	PDS
Einheitsverweigerer	6	0	4	4	16
Einheitsskeptiker	42	23	33	43	67
Unentschiedene	14	11	16	16	9
Einheitsbefürworter	32	46	41	34	8
Einheitsenthusiasten	7	20	6	3	0

Quelle: eigene Berechnungen auf der Basis von Daten des Berlin-Bus 1995

Die Herkunft eines Großteils der PDS-Wählerschaft aus der Elite und dem Verwaltungsapparat der ehemaligen DDR drückt sich auch in einem hohen Grad an politischer Involviertheit und Beteiligung—und damit in einer guten politischen Mobilisierbarkeit—aus und führt zu einem spezifischen sozialstrukturellen Profil, das sich folgendermaßen kennzeichnen läßt (vgl. Tabelle 5):

- deutlich überdurchschnittliche Bildung (was eine wesentliche Ursache für politische Involviertheit und Partizipation darstellt);
- mindestens durchschnittliches Einkommen, was noch einmal deutlich macht, daß die PDS-Wählerschaft nicht aus den objektiven (materiellen) Einigungsverlierern, sondern den subjektiven (mentalen) Einigungsskeptikern bzw. -verweigerern besteht;
- Schwerpunkte bei den Angestellten/Beamten (viele Wähler aus den Verwaltungsapparaten der ehemaligen DDR), unterdurchschnittlicher Anteil an Arbeitern;
- deutlich überdurchschnittlicher Anteil an Konfessionslosen (in Übereinstimmung mit Ideologie und Politik der DDR-Elite).

Im Vergleich zur Wählerschaft weist die PDS-Mitgliedschaft noch einige sozialstrukturelle Besonderheiten auf:

- während die Wählerschaft durchaus auch ein beachtenswertes Segment junger Wähler aufweist, ist die Mitgliedschaft durch eine extreme Überalterung gekennzeichnet, wobei die Verschiebung der Altersstruktur sehr schnell nach der Wende einsetzte. Der hohe

Anteil an älteren, nicht mehr erwerbstätigen Mitgliedern erklärt auch die im Vergleich zur Wählerschaft ungünstigere Einkommensstruktur.

- von ihrer Mitgliedschaft her ist die Nachfolgerin der systemtragenden Partei des Arbeiter und Bauernstaates noch viel weniger eine Arbeiterpartei als von ihrer Wählerschaft her, wobei die Arbeiter die Partei sehr schnell nach der Wende verlassen haben.

Tabelle 5: Sozialstruktur der PDS-Wähler und Mitglieder 1994 (nur Ostdeutschland; Angaben in Prozent)

	Bevöl-kerung	PDS-Wähler	PDS-Mitgl.
Männer	43	50	53
Frauen	57	50	47
18-30 Jahre	13	15	2
31-40 Jahre	21	21	12
41-50 Jahre	18	18	10
51-60 Jahre	23	22	21
älter als 60 Jahre	25	23	56
Erwerbstätige, darunter:	53	50	24
Arbeiter	21	16	9
Angestellte	61	65	68
Beamte	3	3	0
Selbständige	15	16	23
Einkommen bis 3500 DM	67	65	80
Einkommen 3501- 5500 DM	27	27	15
Einkommen über 5500 DM	7	8	5
Bildung			
Niedrige Bildung	27	17	21
Mittlere Bildung	53	49	40
Hohe Bildung	20	35	40
Konfession			
Katholiken	7	2	-
Protestanten	25	9	-
Keine Religion	67	89	-

Quelle: Richard Stöss, *Parteimitglieder und Wähler im 'Superwahljahr' 1994*, Berlin: FU Berlin, 2. Aufl. 1996; Konfession: eigene Berechnungen mit Politbarometerdaten der Forschungsgruppe Wahlen (ZA Nr. 2559).

Zudem ist die PDS-Mitgliedschaft sowohl im Vergleich zur PDS-Wählerschaft als auch zur Mitgliedschaft anderer Parteien sehr stark politisch involviert, was der Partei durch hohe Mobilisierungsfähigkeit Wettbewerbsvorteile verschafft.

Daß der innerdeutsche Zentrum-Peripherie-Konflikt in der PDS seinen parteiorganisatorischen Ausdruck gefunden hat, liegt auch an dem politischen Angebot der Partei selbst, die das geschilderte Einstellungsmuster populistisch aufgreift und artikuliert: Sie pflegt in ihrer politischen Außendarstellung Reminiszenzen an die guten Seiten des DDR-Sozialismus und konzentriert sich auf die populistische Vermarktung sozialpolitischer Politikfelder mit engem Bezug zu den Alltagsbedürfnissen der ostdeutschen Bürger.

Dabei hilft ihr wesentlich ihre—im Vergleich zu den anderen ostdeutschen Parteien—hervorragende personelle und organisatorische Ressourcenausstattung. Trotz des extremen Aderlasses zur Wendezeit und weiterer Verluste in den Folgejahren verfügt die PDS in Ostdeutschland immer noch über die mit Abstand höchste Mitgliederzahl aller Parteien[15] sowie einen in allen neuen Bundesländern gleichmäßig hohen Organisationsgrad (vgl. Tabelle 6). Sie ist zudem auf der regionalen und lokalen Ebene weitaus am besten durch Organisationseinheiten flächendeckend repräsentiert (Ende 1994: 6500 Basisorganisationen).

Tabelle 6: Organisationsgrad der Parteien 1994

	SPD	CDU	FDP	GRÜNE	PDS
Brandenburg	0,35	0,49	0,20	0,02	0,94
Mecklenburg-Vorpommern	0,25	0,74	0,23	0,03	1,03
Sachsen	0,15	0,64	0,18	0,03	0,91
Sachsen-Anhalt	0,29	0,72	0,27	0,02	0,85
Thüringen	0,31	1,01	0,31	0,02	0,83

Quelle: Oscar W. Gabriel und Oskar Niedermayer (Fußnote 15), S. 282.

5. Fazit

Faßt man die Überlegungen zur PDS-Entwicklung zusammen, so läßt sich feststellen, daß die PDS weder als Protestpartei noch als ostdeutsche Volkspartei gelten kann. Sie ist eine regionale Milieupartei mit einer überwiegend durch ein spezifisches politisches Einstellungsmuster, eine starke, emotional-ideologisch begründete Parteibindung sowie ein hohes Maß an politischer Involviertheit bzw. Partizipation und damit an Mobilisierbarkeit gekennzeichneten Anhängerschaft von mentalen Einheitsskeptikern und -verweigerern, einer zwar überalterten aber politisch motivierten Mitgliedschaft, einer vergleichsweise guten Ressourcenausstattung und einem marktgerechten Politikangebot. Ihre Stellung im ostdeutschen Parteiensystem scheint dadurch mittelfristig gesichert, jedoch wohl nicht weiter ausbaubar, da es ihr bisher nicht gelungen ist, nennenswert in milieufremde Wählerschichten einzudringen.

Längerfristig sind im ideologisch gebundenen PDS-Milieu wohl auch gewisse Abschmelzungsprozesse zu erwarten Dies beruht einerseits auf der extremen Überalterung der PDS-Mitgliedschaft und andererseits auf der Tatsache, daß sich die ostdeutsche Gesellschaft in einem Prozeß raschen sozialen Wandels befindet, der das PDS-Milieu durch soziale Diffusionsprozesse angreifen könnte, also durch Wanderungen in unterschiedliche, der sozialen Differenzierung der neuen Gesellschaft entsprechende Erwerbslagen und Statusgruppen mit dem Verlust gemeinsamer Erfahrungen und Lebensweisen.

Als Strategie zur längerfristigen Konsolidierung der Partei bietet sich der von Teilen der Parteielite betriebene Wandel von der ostdeutschen Milieupartei zur gesamtdeutschen linken Reformpartei an. Da jedoch durch ideologische Abgrenzungen nach links außen und die Aufgabe rein ostdeutscher Interessenvertretung zwar einerseits die gravierenden westdeutschen Akzeptanzprobleme verringert, die gerade geschilderten Abschmelzungsprozesse im Osten jedoch eher verstärkt werden, ist dies allerdings keine leichte Aufgabe.

Anmerkungen

1   Zum Konzept des gemäßigten Pluralismus vgl. Giovanni Sartori, *Parties and Party Systems. A Framework for Analysis*, Cambridge 1976, S. 173ff. Die Fragmentierung eines Parteiensystems läßt sich anhand der 'effektiven' Parteienanzahl operationalisieren, einer Maßzahl, die sowohl die Anzahl als auch die Größenverhältnisse der Parteien berücksichtigt. Vgl. hierzu Markku Laakso und Rein Taagepera, ‚'"Effective" Number of Parties. A Measure with Application to West Europe', *Comparative Political Studies,* 12 (1979), 3-27. Zum Konzept der fundamental- bzw. teiloppositionelle Parteien, das hier statt des oft gebrauchten Typus der Antisystemparteien benutzt wird, vgl. Alf Mintzel, 'Die Zukunft der Volksparteien nach der Krise', in: Dietrich Thränhardt (Hrsg.), *Japan und*

Deutschland in der Welt nach dem Kalten Krieg, Münster 1996, S. 187-226. Unter Segmentierung versteht man den Grad an Abschottung der Parteien untereinander in bezug auf Koalitionen. Diese Parteiensystemeigenschaft läßt sich anhand des Anteils der politisch nicht möglichen an den theoretisch möglichen Koalitionen messen.

2   Hans-Joachim Veen, 'Zwischen Rekonzentration und neuer Diversifizierung. Tendenzen der Parteienentwicklung fünf Jahre nach der deutschen Einheit', in: Winand Gellner und Hans-Joachim Veen (Hrsg.), *Umbruch und Wandel in westeuropäischen Parteiensystemen*, Frankfurt a.M. 1995, S. 117.

3   Oskar Niedermayer, 'Das intermediäre System', in: Max Kaase, Andreas Eisen, Oscar W. Gabriel, Oskar Niedermayer und Hellmut Wollmann, *Politisches System*, Opladen 1996, S. 176ff.

4   Als Volatilität eines Parteiensystems wird das Ausmaß an Veränderungen der Größenverhältnisse zwischen den Parteien im Vergleich zweier aufeinanderfolgender Wahlen bezeichnet. Der Volatilitätsindex gibt letztendlich nichts anderes als den jeweiligen kumulierten Stimmengewinn aller im Vergleich zur Vorwahl erfolgreichen Parteien in Prozentpunkten wieder.

5   Dieter Roth, 'Die Wahlen zur Volkskammer in der DDR. Der Versuch einer Erklärung', 31 (1990), 369-393; Wolfgang Gibowski und Max Kaase, 'Auf dem Weg zum politischen Alltag. Eine Analyse der ersten gesamtdeutschen Bundestagswahl vom 2. Dezember 1990', *Aus Politik und Zeitgeschichte*, B11-12 (1991), 3-20.

6   Das Schaubild gibt die Mittelwerte einer Sympathieskala von -5 (= halte gar nichts von der Partei) bis +5 (= halte sehr viel von der Partei) wieder. Die Daten wurden dem Verfasser freundlicherweise von der Forschungsgruppe Wahlen zur Verfügung gestellt.

7   Hubert Kleinert, 'Bündnis 90/DIE GRÜNEN: Die neue dritte Kraft?', *Aus Politik und Zeitgeschichte*, B 6 (1996), 36-44.

8   Alle rechtsextremen Parteien zusammen konnten bei ostdeutschen Landtagswahlen bisher nie mehr als 1,4 Prozent der Stimmen erreichen.

9   Der durchschnittliche Anteil fundamental- bzw. teiloppositioneller Parteien in den westdeutschen Landtagswahlen 1993-1996 betrug 4,3 Prozent, der höchste Anteil war bei der Landtagswahl 1993 in Hamburg mit 7,6 Prozent zu verzeichnen.

10 Ute Schmidt, 'Die CDU', in: Oskar Niedermayer (Hrsg.), *Intermediäre Strukturen in Ostdeutschland*, Opladen 1996, S. 14ff.

11 Vgl. zum folgenden Oskar Niedermayer, 'Der neue Faktor PDS. Die Zukunft des Parteiensystems', Studieneinheit 10 des Funkkollegs 'Deutschland im Umbruch', Tübingen: Deutsches Institut für Fernstudienforschung an der Universität Tübingen 1997.

12 Karl Schmitt, 'Im Osten nichts Neues? Das Kernland der deutschen Arbeiterbewegung und die Zukunft der politischen Linken', in: Wilhelm P. Bürklin und Dieter Roth (Hrsg.), *Das Superwahljahr*, Köln 1994, S. 201ff.

13 Jürgen W. Falter und Markus Klein, 'Die Wähler der PDS bei der Bundestagswahl 1994', *Aus Politik und Zeitgeschichte*, B 51- 52 (1994), 22-34; Viola Neu, 'Die PDS im deutschen Parteiensystem: Wähler und Sympathisanten', in: Jürgen P. Lang, Patrick Moreau und Viola Neu (Hrsg.), *Auferstanden aus Ruinen...? Die PDS nach dem Superwahljahr 1994*, Sankt Augustin 1995; Gero Neugebauer und Richard Stöss, *Die PDS. Geschichte. Organisation. Wähler. Konkurrenten*, Opladen 1996; Richard Stöss und Oskar Niedermayer, 'Die Berliner Abgeordnetenhauswahl vom 22. Oktober 1995: Alles beim alten und doch vieles anders', *Berliner Journal für Soziologie*, 6 (1996), 407-418.

14 Mentale Einheitsverweigerer: fühlen sich als Verlierer der Einheit, sind der Auffassung, daß die DDR mehr gute als schlechte Seiten hatte, halten am Sozialismus fest und sind mit der bundesrepublikanischen Demokratie unzufrieden. Einheitsenthusiasten vertreten explizit die gegenteiligen Auffassungen.

15 Oscar W. Gabriel und Oskar Niedermayer, 'Entwicklung und Sozialstrukur der Parteimitgliedschaften', in: Oscar W. Gabriel, Oskar Niedermayer und Richard Stöss (Hrsg.), *Parteiendemokratie in Deutschland*, Bonn 1997, S. 281.

Henry Krisch

SEARCHING FOR VOTERS:
PDS MOBILISATION STRATEGIES, 1994-97

In the years since the collapse of communist rule in Eastern Europe and the Soviet Union, post-communist parties—that is, parties that derive from ruling communist parties, have undergone some degree of reform, and have more or less accepted multi-party politics—have played a significant political role in many of the once communist European states. Germany's Party of Democratic Socialism (PDS) can best be understood in this comparative context. When seen only from a German perspective, the PDS may seem anomalous or perhaps at best a relic of the GDR. When viewed in a post-communist perspective however, the PDS shows marked similarities with other such parties.[1]

Like its peers, the PDS is in law and fact the successor party to the once ruling Leninist party (in this case, the Socialist Unity Party of Germany, SED); like them, it has accepted in fact—or at least in normative espousal—a democratic polity characterised by multi-party electoral democracy. This is important in the consolidation of post-Communist democratic systems, where a democratic political framework provides a powerful institutional incentive toward shaping the party's behaviour. The PDS has been especially susceptible to such pressure, operating as it does within the established political framework of the Federal Republic, a system that at unification could rely on four decades of increasing legitimacy.

An alternative pattern of behaviour, of course, would be for such parties to mobilise antisystemic activity in the name either of the old system or of a new non-democratic alternative. That was the role of extremist right- and left-wing parties in inter-war Europe. That such activity has been undertaken only by a few, usually small parties (or by factions within post-communist parties) testifies to the current attraction of the parliamentary, electoral democratic norms.

The PDS also represents specifically German factors which influence its strategy and prospects. For example, the PDS represents the extreme left wing of Imperial and Weimar politics; it is a successor to the once-ruling SED; this precursor party was, in its turn, formed by a politically controversial fusion with elements of the Social Democratic

Party (SPD); finally, the PDS was shaped by the events of the transition in 1989-90, especially in regard to material assets.

Until after the Federal elections of 1994, the chief issues confronting the PDS dealt with its survival, both as an organisation and as an electoral and political force.[2] However, the notion of the PDS as a diminishing relic of the old regime was called into question by the party's electoral successes in 1993-94, culminating in its return to the Bundestag with an almost doubled representation. The 1994 Länder elections also gave the PDS an important position (with close to a fifth of the vote) in the East German states.[3] Consequently, analysts of the PDS increasingly sought to discover the foundations of long-range PDS support; the PDS itself was marked increasingly by internal struggles to determine its nature, goals and strategy. On the eve of another biennium of important elections (from the Lower Saxony and Saxony-Anhalt provincial elections in spring 1998 and the national 'Bundestagswahl' of September 1998, to the European elections of 1999), questions as to the PDS's strategy and prospects are important in considering Germany's political future. In the following portions of this essay, I will focus on the PDS leadership's strategic choices as to voter mobilisation, membership activation and political alliance prospects in the period 1995-97.

What is the main electoral strategy, as worked out by the PDS in 1996-97? There is one overriding objective and there are several important, related subsidiary goals. The central objective is to win parliamentary seats, especially to win enough seats in the Bundestag to have 'Fraktion' status (which it now lacks).[4] For the organisation of the party, and for potential candidates this is an important goal in itself. Winning parliamentary representation gains for any German party access to funding, media and a larger public.

For a large part of the party leadership, moreover, the winning of elections is a means to the end of government participation; but this is a goal not accepted by all members of the party.[5] Being accepted into an SPD-led coalition government is not an easy step for a party that proudly proclaimed 'change begins with opposition'. Besides being a source of conflict between leaders and rank and file, it has also created frictions between party leaders and 'Landesverbände' in western Germany.

Given this concentration on electoral success, it cannot but hamper the party that it has still not found a consensus attitude toward its past. This is clearly a point that the PDS's competitors will not allow to rest—and the challenge from the SPD and Greens in both East and West has grown stronger.

How committed is the PDS to becoming a normal part of the German political system? As the focus of PDS activity shifted from survival to planning its future in the wake of its 1994 victories,[6] it had to overcome substantial hostility in its own ranks to the political system of the Bundesrepublik. The PDS leadership seems determined to reduce the importance of inherited ideology and its proponents in the party, (but not of critical thinking generally)[7] not least by weakening its organised intra-party opposition. In the months leading up to the January 1995 PDS congress, the leadership mounted a dual ideological and organisational attack on its chief inner-party Communist foes, the *Kommunistische Plattform* (KPf). It sought to commit the party to a ten-point reform programme (sneeringly described by the left in the PDS as that party's 'Godesberg'), and to remove its leading symbolic figure, KPf head Sahra Wagenknecht, from the party Vorstand (as well as electing André Brie Geschäftsführer.) The vocal and partly effective opposition this aroused forced a leadership retreat,[8] but the struggle continued. Brie, whose role seems to be that of lightening rod for the more cautious leaders Lothar Bisky and Gregor Gysi, openly accused sections of the party, in a 1996 interview in *Stern*, of being insufficiently democratic. He described the party's reliance on eastern resentments as a wasting asset and then asserted,

> We must finally accept our place in the Federal Republic [*endlich in der Bundesrepublik ankommen*]. We must find for ourselves a positive attitude to parliamentary democracy and to the Basic Law.[9]

In September 1996, the party leadership proposed a new party statute by which the various special groups and platforms would no longer have reserved delegates at party congresses; while the leadership's candidates were elected to all important offices, the plan to curtail the KPf's organised position in the party was rejected by the delegates at the 1997 Schwerin *Parteitag*.[10]

A controversy that erupted in fall 1997 between the PDS leadership and a regional, western party group provides an example of the tensions that surround the definition of the party's role in German politics.[11] The PDS Landesverband in Lower Saxony announced (without the required prior consultation with the leadership) that it would run an aggressive election campaign in the March 1998 state elections; moreover, it would do this because the SPD had made the state election a 'coming out party' ('Kanzlerkandidatenkur') for Schröder, and the Greens had abandoned their commitment to civil rights.

Gregor Gysi responded to this with a lengthy and sarcastic statement showing clearly the difference in perspectives involved. Does the state party think it could run an unaided campaign? Why were they attacking potential allies rather than enemies? Does anyone really believe that a PDS campaign will sway Schröder's supporters? Even if such a campaign were to succeed, by lowering the SPD and Green vote, who would benefit? Not the PDS, which would surely not exceed five percent of the vote; rather, the Kohl coalition, for the image of its putative chief adversary would have been damaged. In short, Gysi objected to a PDS unit harming an SPD leader who stood far from the PDS on issues—but who was a possible winner in 1998! The hidden motive, Gysi suspected, was to weaken the influence of the party leadership—especially as the state party had planned to run candidates from the DKP and other western German fringe parties on the PDS ticket, in express violation of the Schwerin *Parteitag* decisions.

Gysi added a remarkable statement, one which is even more relevant to the issue of the PDS's relationship to its past. Noting that the Lower Saxony PDS chief, Rolf Köhne, had charged the Greens with abandoning some civil rights positions, he added:

> Ich finde es—gelinde gesagt—anmaßend und unhistorisch, wenn ehemalige SED- und DKP-Mitglieder ernsthaft behaupten, daß sie in eine Wahl eingreifen müßten, um Menschenrechtspolitik zu ermöglichen, die von den Grünen nicht mehr zu erwarten sei...es bleibt ja wohl auch eine Tatsache, daß wir als SED-Mitglieder Menschenrechtsverletzungen in großem Umfang mit zu verantworten haben. Und es bleibt ebenso eine Tatsache, daß die DKP solche Menschenrechtsverletzungen, wenn sie von bestimmten Seiten begangen wurden, gerechtfertigt oder geleugnet, aber sich nicht mit ihnen auseinandergesetzt hat.

This conflict came on top of a fight with the Hamburg PDS, which, in the 1997 state elections, had used a poster (later also used by Köhne's organisation) which showed Bundeswehr soldiers helping with Oder River flood relief, adorned with the controversial although constitutionally sanctioned Tucholsky-quotation about soldiers being murderers.

The PDS formally denounced the DKP and those western German Landesverbände who wished to run DKP members for office. At Schwerin, the PDS had carefully and deliberately forbidden dual (German) party membership and candidates from outside the party. So concerned was the leadership about the effects on the PDS's prospects of association with left-fringe groups, that it formally declared organisational cooperation with the DKP impossible.[12]

Despite all this, the PDS executive was unable, in a meeting of October 1997, to reach a clear-cut decision against such activities; this evoked bitter complaints from, among others, André Brie, who charged that 'small minorities' were trying to subvert the PDS's strategy and attacking the leadership as undemocratic for trying to enforce Parteitag resolutions!

The ideological and perhaps also psychological background for this struggle over the future role of the PDS is the still unresolved issue of its past. That the PDS, in its eighth year of existence, still has not reached a consensus about its political heritage testifies both to the intrinsic difficulty of the process but also how disparate the various elements within the party remain—to what effect in the 1998-99 campaigns remains to be seen. The most concise and candid recent statement of this problem was in an open letter to his party issued by Gregor Gysi in August 1996. The party, he wrote, is still searching for common goals and methods, but lacks a common evaluation of its origins:

> Die meisten von uns waren in irgendeiner Form an der Gestaltung des real existierenden Sozialismus beteiligt und sind damit gescheitert. Sich dies einzugestehen tut weh, es führt aber kein Weg daran vorbei. Zu wenig haben wir für eine Veränderung in der DDR getan, zu lange haben wir Undemokratisches und Anti-emanzipatorisches verteidigt, obwohl es nicht zu verteidigen war. Wer dies heute noch nicht begriffen hat, an dem oder der ist unser Erneuerungsprozeß spurlos vorübergegangen.[13]

East Germans generally, according to Gysi, have succumbed to a process of transfiguration with regard to GDR reality, a weakness made credible (in his view) by post-unification Bonn policies. But critics of present circumstances should not forget how (badly) similar issues were handled in the GDR![14] Opponents of the leadership's policies act either out of a mistaken pseudo-radicalism, that wants to make things worse so as to raise revolutionary consciousness, or because they (like the KPf) lack a principled commitment to maximising democracy as an essential component of socialism. These views of the party's and of the GDR's past led some in the PDS to reject all forms of political activity save total opposition. In Gysi's view, opposition is necessary and may well be the PDS's principal political activity in the future, but it alone cannot be the party's goal, because '. . .die reine Neinoption. . .schon im Vorfeld ist Verzicht auf Politik und politische Auseinandersetzung.'

But no intervention of the leadership could resolve conflicts that have their origins in deep generational, experiential and political backgrounds of PDS members and followers.[15] At every appropriate occasion—be it a historical anniversary, or some current political event— there surface conflicting visions of the PDS's heritage and thus of its future. For example,[16] at the anniversary of the Berlin Wall, Hans Modrow declared the Wall to have been justified by an alleged imminent danger of war in spring 1961, while the Berlin PDS chair and Berlin legislature PDS Fraktion chief (Petra Pau and Carola Freundel) declared the Wall to be

> . . .ein Gradmesser für ihre sozialistischen Visionen. Ein Staat, der sich, wie die DDR, gezwungen sieht, seinen Bürgerinnen und Bürger Freiheitsrechte vorzuenthalten, kann nicht den Anspruch historischer Überlegenheit erheben. Im Gegenteil, Sozialismus, Demokratie, soziale und bürgerliche Menschenrechte gehören für die PDS untrennbar zusammen. Wir bleiben dabei: Jedes Opfer an der Mauer war eines zuviel.

In a similar fashion, there were discordant voices from within the PDS regarding the 1997 judicial verdict against members of the former SED Politbüro (Krenz and others.) Modrow, again, denounced the verdicts as 'victors' justice', arrived at on political orders and designed to discredit socialist politics.[17] The official PDS statement was perhaps even more denunciatory.[18] While expressing scant sympathy for the defendants' *political* past (accusing them of having lacked courage and evaded political responsibility), the party executive claimed that the trial had in effect indicted

> Zweieinhalb Millionen ehemalige SED-Mitglieder und ungezählte weitere früher staatsloyale DDR-Bürgerinnen und -Bürger. . .als Dummköpfe. . .hemmungslose Opportunisten. . .bewußtlose Werkzeuge, wenn nicht Spießgesellen einer hochkriminellen Staatsführung. . .

The unbridled vehemence of this attack may have been a tacit acknowledgement of the GDR-born resentments felt by many PDS members. In fact, results of polling among PDS members showed that for seventy-four percent the Krenz verdict was not victors' justice; indeed, twenty percent wanted a higher penalty. Over half were against a total pardon for GDR leaders.[19]

Yet there were other voices. The non-party trade union leader who had captured a direct mandate in East Berlin for the PDS in 1994, Manfred Müller, denounced the leadership's 'Vereinseitigungen, Vereinfachungen und Rechtfertigungen...' as contradicting earlier PDS declarations distancing the party from 'DDR Unrecht,' and as contrary to the PDS's declared intention of seeking coalition partners for a post-Kohl government.[20] A group of 'young PDS members', including a member of the Parteivorstand (Halina Wawzyniak), declared[21] that:

> Für uns steht fest: die Mauer war ein unmenschliches Instrument der Unterdrückung der eignen Bevölkerung...[und]wir entschuldigen uns bei den Angehörigen der an der Mauer Umgekommenen.

The link between these discordant perceptions of the past and current German politics is clearly stated when these young PDS functionaries further declare that:

> Für eine von uns angestrebte Gesellschaft kann die DDR nicht als Vorbild sein. Ihre undemokratischen und starren Strukturen haben Anteil an der heutigen Diskreditierung des Begriffs 'Sozialismus.' Wir sehen in der Gesellschaft der Bundesrepublik demokratische Errungenschaften und werden diese...verteidigen.

The tensions within the PDS and its social context described above are only some of the issues troubling the party on the eve of the next election cycle. Of course, it may well be argued that every party suffers from internal cleavages, and that the test of a party is in how well its leadership can, despite internal conflicts, achieve electoral successes. Although this study focusses on party intentions, we must look at least briefly at the targets of the party's strategy, at potential voters. Assuming then that the PDS follows the leadership's current line, will the PDS strategy pay off?

One of the anomalous aspects of PDS politics is the differences between party members and voters.[22] The typical PDS voter tends to be a 30-year-old, male, college educated (Diplom), big-city resident with an administrative job (Angestellter); such voters are concentrated in particular districts (Hochburgen). While PDS voters are still predominantly eastern Germans, an increasing share (1994=17%; 1990=11%) of the party's party-list votes (Zweitstimmen) came from the West. With regard to social position, PDS voters are in clerical and administrative positions or in retirement (in the East) or unemployed (again, in the East.) The PDS does well among voters with high educational levels; it does especially well among voters with high political awareness and who are self-described as 'left.'

A further analysis of the attitudes of PDS voters as compared with the general population shows that there remain targets for voter mobilisation. These groups include women,[23] non-voters and persons with a generally 'left' orientation. As an example of this, there is a PDS-sponsored opinion survey[24] showing that PDS voters, non-voters and 'leftist circles' ('linkes Umfeld') agree with each other much more than with the general population that 'in this society, as it is presently constituted, I cannot realise my life's values.'

What is necessary in the PDS's view, is that the electoral campaign contribute to a '...weitreichenden Werte- und Einstellungswandel in Deutschland', which would be aided by establishing in potential voters' minds an image of the PDS as a socialist alternative party. One consequence to be drawn from this is that the practical, day-to-day work of the PDS at the local and regional level remains important for strengthening the image of the party's general competence, but it cannot be the main thrust of the electoral effort. The PDS must rather stress its 'sozialistischen, gesellschaftlich-oppositionellen Charakter...'.

Although the main focus of this paper is on the PDS's strategy for voter mobilisation, its manœuvrability in this respect is constrained to a degree by the need to placate and mobilise members. The leadership, as we have seen, is committed to making over the PDS into a national, 'socialist' and acceptable ('koalitionsfähig') party. In its struggle with internal and external competitors for the power to define the PDS, the party membership is at once a resource and a handicap.

To begin with, the members are almost entirely (c. 98%) from the former GDR.[25] Total membership has been slowly, albeit steadily, decreasing (from roughly 131,500 at the end of 1993 to 105,000 three years later). Members in the former East Germany tend to be older, male, residing in former GDR administrative centres, and either (semi-)

retired or in administrative positions. The party's members tend to live in a self-reinforcing milieu characterised by strong ideological commitment to non-market values and resentment against what is perceived as devaluation of GDR life (and thus, in the usual East German phrase, 'their own biographies').[26]

Such members are useful to a party leadership by virtue of the high salience of politics in their outlook, their availability for detailed party work (due to the increasing percentage who are retired), and their organisational experience. Although party membership may be declining, it is still higher than that of the PDS's competitors in eastern Germany, where membership totals for other parties are very low. Its members make the PDS a constant presence in communities where they enable the PDS to perform community service, including social, cultural and propaganda activities and acting as intermediaries with the at first new and strange West German bureaucracy.

However, from the leadership's perspective there are also drawbacks. Most of these members are not available for election work in the West, especially in larger Länder. They tend to take seriously the PDS's commitment to inner party democracy—thus helping, as delegates, to account for marathon party congress sessions—and show great reluctance to accede fully to the leadership's designs against internal, sectarian party groups. A serious leadership challenge that stressed the party's role as regional advocate might well find solid membership support.

Faced with the constraints outlined above, what are the PDS's prospects heading into the 1998-99 election cycle? It is apparent that the party has not resolved any of the problems that arose in the wake of its 1994 victories. Thus the situation of the PDS three years hence is quite problematic and will in large measure be due to the success or failure of the current leadership's strategies. As André Brie pointed out,[27] the party begins this election cycle in better shape than that it was in back in 1993. Despite some complacence and scramble for nominations, the party is better financed, organised, has more contacts across the political and social spectrum and faces an electorate that may still by September 1998 be disenchanted with the governing coalition.

Nonetheless, the party faces a fundamental problem that threatens its long-term future even if it does well in the 1998 elections; this is the problem of 'loss of function' ('politischer Funktionsverlust'). For what purpose does the PDS exist? It may, according to Brie, be an 'Ostpartei'; representing eastern German interests, however, is no longer an exclusive preserve of the PDS—here the party suffers from having inspired its competitors, especially the SPD. Indeed, surveys in the summer of 1997 show eastern Germans' decreasing confidence in the PDS as representing eastern interests.[28] In any case, from the leadership's perspective, being a regional party '...kann von uns als sozialistische Partei nicht gewünscht werden'. (This stance clearly encompasses possible conflict with local and regional PDS organisations.)

Another function is to mobilise reformist elements from the SED. The post-war generation and its children are, in Brie's view, the core of the active membership to which the PDS owes its electoral muscle ('Wahlkampffähigkeit'). In part for actuarial reasons, 1998-99 may be the last chance to use these electoral troops. Indeed, the younger cohort is already shrinking because[29] '...viele sich aus der Politik zurückgezogen haben und in zunehmendem Maße nicht mehr auf die PDS als Ausdruck ihrer Identität angewiesen sind.'

The third function is that of a nation-wide socialist alternative. Whereas the PDS has already squeezed the maximum in mobilisation out of the first two roles—and in fact they are wasting assets—there is a vacant niche in the German political system for a genuine socialist force:[30]

> Während die Funktionen der PDS als ostdeutsche Interessenpartei und als Partei der SED-Reformer mittelfristig an Bedeutung verlieren, ist die Rolle einer sozialistischen Partei, wie es sie in den Parlamenten vieler west- und nordeuropäischer Staaten gibt, in Deutschland vakant...weil die PDS in den Augen der Bevölkerung diesen Platz noch nicht eingenommen hat. Die Umfragen sind in dieser Frage eindeutig— die PDS wird als vieles wahrgenommen...als die Partei der [Sozialisten]...(noch) nicht.

That such a strategy appeals to PDS leaders and especially the intellectuals among them is clear; that it may in fact attract new, especially west German supporters beyond the old left fringe of German politics is possible; that the dispersion of resources from the former GDR that such a strategy implies will be popular in the PDS's east German base is doubtful.[31] A crucial test for the PDS will be whether this line of a 'socialist alternative' can be effective in the party's eastern German strongholds. For as Brie and Chrapa wrote in their voter analysis of 1996, 'Gewonnen werden muß der PDS-Wahlkampf in Ost-

und Westdeutschland. Verloren werden kann er—wenn man so will—nur in Ostdeutschland.'[32]

The leadership has taken seriously the task of providing ideological backing for transforming the PDS into a national, socialist alternative in German politics. PDS documents show in great detail how the party's positions on domestic and foreign issues differ from those of other parties, particularly the SPD and Greens.[33] Moreover, the PDS has provided a thoughtful and extensive summary of its programmatic stance—but one which does not differ in kind from similar left-wing programmes; whether it can serve to differentiate the PDS in the minds of reform-minded voters remains to be seen.[34]

What is the theoretical significance of such a strategy? In a recent presentation of concepts underlying party formation in post-communist democratic systems, Herbert Kitschelt[35] has suggested that an axis of cleavage in a party's appeal can be identified with varying benefits provided to putative members or supporters. His triad of *programme, charisma,* and *clientele,* when applied to the PDS, allows us to explain in a coherent fashion a good deal of the party's internal personal and tactical manœuvring. As we have seen, the PDS's programmatic appeal has wavered between a more radical version of other parties' anti-Kohl positions and a promulgation of a more radical socialist alternative. Whatever the long-term appeal of such a radical programme, it is clear that the PDS is committed to an electoral campaign in 1998 that is acceptable to a broad opposition coalition, including one headed by Schröder as candidate.

While the PDS still has, in Gregor Gysi, a media-savvy and telegenic campaigner, the charisma of Gysi's 'bunte Truppe' has had a long run in German politics. Most other attractive leaders are from local and regional politics in the East; while several of them have opted to stand for a Bundestag seat, none of them is a national presence. Finally, clientele for the PDS is difficult to find at a national level. Of course, every German party derives institutional benefits from existing above a certain level of activity. The PDS (as of December 1995) had financial resources slightly larger than the FDP;[36] its political activity garners a Federal subsidy under the party law and, of course, invaluable media attention. But if restricted to a following of the self-interested, the PDS will soon slip under any conceivable threshold of parliamentary representation, perhaps even at the state and local levels.

The PDS's difficulty lies in establishing a clear base in society apart from the Greens and SPD. As we have seen, this is by no means assured, especially in the face of the PDS's rivals' more aggressive tactics. The SPD, in particular, after a period of indecision as to how to treat the PDS (and substantial disagreement on this between the national leadership and some state leaders in the East), has adopted a more aggressive stance, both with regard to engagement with eastern German issues and voters, and in direct competition with the PDS. For both SPD and Greens, a favourite argument is that a vote for the PDS detracts from the total vote for the parties of a putative Red/Green government coalition.[37]

Many writers have speculated as to what might have become of the PDS had the re-established SPD in the last year of the GDR been more forthcoming in admitting SED members.[38] The heritage of the old SPD, represented by many SED members (or their children) was not that of the dissidents, frequently clergy, who re-founded the party in August 1989. Nonetheless, if the PDS should either break up, be diminished to sectarian status, or finally become a purely regional party, a powerful and welcoming SPD would be an attractive haven for many PDS members.[39]

That this is more than idle speculation is demonstrated by Michael Waller's study of social democratic tendencies in east European post-Communist parties.[40] The PDS's forerunner, the SED, emerged from a largely forced merger of Communist and Social Democratic parties. Any mutual approach of PDS and SPD is handicapped by the PDS's programmatic clinging to its 'socialist' (however precisely defined) traditions. The practical difficulties this leads to may be illustrated by the verbal hostilities surrounding the fiftieth anniversary of the merger (19 April 1996.)[41]

The fact that different constituencies would each like to see the PDS be a very different party accounts for the internal strife and lack of strategic harmony. An overly programmatic PDS threatens to turn into a radical sect; party moderates and especially office holders join or enter into agreements with other parties. A too clientalistic course, especially with the passage of time and diminution of resentments arising from unification, could leave the PDS as little more than an eastern 'FDP' for the Social Democrats. Whether and how the PDS will

adapt itself to a normalising German party landscape will both shape
and be shaped by upcoming electoral campaigns.

Notes

1   I have sought to bring the analysis of the PDS into the broader literature on post-
     communist parties in Henry Krisch, 'Communist Parties in Post-Communist
     Polities: Sources of Conflict, Factors of Order. A Comparative Analysis', paper
     presented at International Political Science Association, Seoul, 1997.

2   There is an extensive literature about the PDS— a sign of how much its survival is
     regarded (for good or bad) as somehow anomalous. A good survey of the early
     period is Heinrich Bortfeldt, *Von der SED zur PDS. Wandlung zur Demokratie?*
     Bonn 1992; a PDS chronicle is *Von den Anfängen. Eine illustrierte Chronik der
     PDS 1989 bis 1994*, Berlin 1995. I have analysed the PDS's role in the 1990
     election in Henry Krisch, 'From SED to PDS: The Struggle to Revive a Left Party',
     in Russell Dalton (ed.), *The New Germany Votes*, Providence 1993. For another
     perspective, see the extensive writings of Patrick Moreau, including *PDS.
     Anatomie einer postkommunistischen Partei*, Bonn 1992.

3   The PDS in the *Superwahljahr* of 1994 is discussed in my 'The Party of Democratic
     Socialism: Left and East', in Russell Dalton (ed.), *Germans Divided. The 1994
     Bundestag Elections and the Evolution of the German Party System*, Oxford 1996.

4   André Brie, 'Wahlkampf ist nicht alles, aber nichts ist wichtiger', *Pressedienst*, 36
     (5 September 1997), 5-10. This is the text of a talk Brie gave at an election
     conference in Berlin.

5   The chief public advocate for such a policy (but he was surely not expressing a
     personal opinion!) was André Brie; Brie spent much of 1995-6 talking up the
     readiness of the PDS to participate in government at every level and calling on his
     party to prepare itself for such a task, and on other opposition parties to accept the
     PDS in this role. For one of many occasions, see 'Brie: Regieren ist das politische
     Hauptziel', *Berliner Zeitung*, 12 August 1996.

6   Michael Brie, 'Das politische Projekt PDS—eine unmögliche Möglichkeit', in
     Michael Brie, Martin Herzig, Thomas Koch (eds), *Die PDS. Empirische Befunde
     und kontroverse Analysen*, Köln 1995, pp. 9-12.

7   See, for example, Michael Schumann, 'Kritische Aneignung der DDR-Geschichte
     nicht durch Totalverurteilung ersetzen', *Pressedienst*, 34 (22 August 1997), 9-12,
     in which Schumann called for 'Aneignung' of socialist traditions (from Social
     Democracy to Eurocommunism) that had been obscured by the official ideology.

8   For details, see Henry Krisch, 'The Party of Democratic Socialism...' (see note 3).

9   I am citing an excerpted version published in *Pressedienst*, 32 (9 August 1996), 2-
     3. The editors accompanied this story with side-bars, quoting the PDS programme
     and party statute to show that the PDS did accept the German constitutional system.
     Of course on paper it does (and given the Basic Law, it could not do otherwise and
     still function!); the point was rather what inner attitudes were present among some
     party members. A subsequent controversy over continued PDS membership for a
     very unreconstructed Stalin admirer, Kurt Gossweiler, makes the same point. (See,
     Pressedienst, 39, 27 September 1996, 2-3.)

10 'PDS will Kommunistische Plattform beschränken', *Berliner Zeitung*, 24
    September 1996. The materials of the 1997 Parteitag are in a special issue of the
    party's *Disput* (1/97). For press commentary, see, among others, 'Reformer in der
    PDS setzen sich durch', *Süddeutsche Zeitung*, 20 January 1997, and Klaus
    Hartung, 'Die PDS schielt nach der Macht', *Die Zeit* 4 (17 January 1997).

11 This passage is based on items in *Pressedienst*, 40 (2 October 1997), 16;
    Pressedienst, 41 (10 October 1997), 10; *Pressedienst*, 42 (17 October 1997), 1-4,
    16.

12 'Zusammenarbeit bei Wahlen kaum noch vorstellbar', *Pressedienst*, 42 (17 October
    1997), 16.

13 Gregor Gysi, 'Zur gegenwärtigen Diskussion in unserer Partei', *Pressedienst*, 34
    (23 August 1996), 9-12.

14 Gysi notes that when he complains about second class treatment in the Bundestag,
    he must always remember that he could not have spoken thus in the Volkskammer,
    indeed would not even have become a member.

15 This heterogeneity of the PDS is emphasised in Michael Brie's thoughtful analysis
    'Das politische Projekt PDS...,' pp. 29-30.

16 Modrow's statement is 'Zum Jahrestag des 13. August 1961. Persönliche
    Erklärung von Hans Modrow', *Pressedienst*, 35 (29 August 1997), 11; the Berlin
    leaders' is in *Pressedienst*, 33 (15 August 1997), 14.

17 'Willkürjustiz erfüllte Auftrag. Erklärung von Hans Modrow zum
    Politbüroprozeß', *Pressedienst*, 35 (29 August 1997), 10. (For the KPf statement,
    see *ibid.*)

18 'Ein Urteil über die Geschichte, über das Recht. Stellungnahme des
    Parteivorstandes der PDS zur Verurteilung von Egon Krenz und anderen',
    Pressedienst, 35 (29 August 1997), 1, 8-10.

19 'Gegen Amnestie für Krenz', *Berliner Zeitung*, 1 September 1997.

20 'PDS sollte Strafwürdigkeit des Politbüros anerkennen', *Pressedienst*, 36 (5
    September 1997), 12-13.

21 'Geschichtsaufklärung versachlichen! Erklärung junger PDS-Mitglieder zum
    Politbüro-Prozeß', *Pressedienst*, 36 (5 September 1997), 11.

22 Except as otherwise indicated, the following paragraphs are based on the sources
    used in Krisch (see note 3); Neugebauer and Stöß, *Die PDS. Geschichte.
    Organisation. Wähler. Konkurrenten*, Opladen 1996, pp. 157-298; André
    Brie/Michael Chrapa (for the Wahlbüro der PDS), *Wählerpotential der PDS:
    Erkenntnisse, Tendenzen und Möglichkeiten*, Berlin 1996.

23 This may account for the increasing conflict within the PDS regarding the
    representation of women in important party bodies and their nomination as
    candidates. A fight to place women on the Wahlbüro was an occasion for referring
    to that body (Brie's unit) as an 'entsetzlicher Machoverein'; Brie himself

commented that it was '...Empörend...mit welchen diffamierenden Methoden gegen Frauen, die kandidieren wollen, vorangegangen werde'. *Pressedienst*, 42 (17 October 1997), 2. According to a high PDS official, polls show a new low in satisfaction with the PDS among women. *Pressedienst*, 36 (5 September 1997), 1.

24 Brie/Chrapa, 'Wählerpotential...', table 3, p. 14 (see note 22).

25 Membership figures, usually disaggregated by region, are reported periodically in the party's *Pressedienst*. See, e.g., *Pressedienst*, 23 (7 June 1996), 7-8. For a fuller discussion, see Gero Neugebauer and Richard Stöß, *Die PDS...*, pp. 146-55.

26 For a perceptive outsider's view of this milieu, see Jens Reich, 'Die politische Landschaft im Osten ist anders', *Die Zeit*, 27, 27 June 1997.

27 André Brie, 'Wahlkampf...', 6-7.

28 In this talk, Brie cites an EMNID poll of August 1997 which showed that eastern German confidence in the PDS, which had hovered at the 30 percent mark 1994-6, had sunk to 21%.

29 *Ibid*, 6-7.

30 *Ibid*, 7.

31 The ideological drive of the PDS leadership assumes the continuing relevance of ideology as an attraction for voters. That this is questionable, given loosening of party ties, a general apathy regarding politics and a growing focus in campaigns on media politics is discussed in Gero Neugebauer, 'Hat die PDS bundesweit im Parteiensystem eine Chance?' in Michael Brie *et al*, *Die PDS*, pp. 37-8. See also, Wolfgang Gibowski, 'Voters and Political Parties in Germany 1996: Trends and Prospects', in American Institute for Contemporary German Studies, *Whose Party Is This? Transitions in the German Political Party System*, Washington 1996, pp. 25-6.

32 Brie/Chrapa, 'Wählerpotential...,' p. 16.

33 'Deutlichste Unterschiede in der Friedens- und Europapolitik' is an article with a chart to show how the PDS differs from other left forces. *Pressedienst*, 33 (15 August 1997), 3-10 and *ibid*, 32 (8 August 1997), 5-8.

34 Gesellschaftsanalyse und Politische Bildung e.V., *Zur Programmatik der Partei des Demokratischen Sozialismus. Ein Kommentar*, Berlin 1997. What is one to make of a 'socialist alternative' that states that there will be a 'Pluralismus der Eigentumsformen', and that '[d]ie weitgehende Unterdrückung privater Gewinninteressen im Staatssozialismus war eine entscheidende Ursache seiner Ineffizienz'? (p. 131)

35 Herbert Kitschelt, 'Formation of Party Cleavages in Post-communist Democracies: Theoretical Propositions', *Party Politics*, vol 1 (1995), 447-72.

36 German Information Center, *The Week in Germany*, 14 November 1997.

37 For an example of this, see Wolfgang Thierse, 'Herausforderungen für die ostdeutsche SPD—7 Jahre nach der Wende', speech at the Regionalkonferenz Ost

der SPD, Berlin, 21 March 1997. [From SPD web site.] Thierse remarked that he had sought in vain, in a PDS list of desirable characteristics for parliamentary candidates, for any criterion such as not having been '...ehemalige hohe SED-Kader oder Stasi-Spitzel...'.

38 'Wenn Gysi zur SPD gekommen wäre...', *Süddeutsche Zeitung*, 24 April 1996.

39 Thus the PDS is torn between the desire to recommend itself to other opposition parties as a coalition partner and the need to clearly demarcate itself from the SPD and Greens. This unenviable task often falls to André Brie as chief campaign spokesman. Typically, he rallies the troops by attacking the SPD and Greens, as in 'Projektideen für Wahlkampf in der Diskussion. Von der Sitzung des Parteivorstandes am 1. September', *Pressedienst*, 36 (5 September 1997), 1, but also appeals to the very same parties for cooperation, as in this interview, 'Wir laufen Gefahr, eine linke Sekte zu werden', *Süddeutsche Zeitung*, 10 October 1996.

40 Michael Waller, 'Adaptation of the Former Communist Parties of East-Central Europe', *Political Parties*, 1(1995), 473-90.

41 See, *inter alia*, 'Blut zurück', *Der Spiegel*, 11 (1996), 44-7; André Brie, 'Undemokratische Vereinigung ohne emanzipatorischen Charakter', *Pressedienst*, 17 (1996), 17-20; 'Beim Zwang scheiden die Geister', *Süddeutsche Zeitung*, 23 February 1996; Detlev Lücke, 'Alle Theorie verblaßt vor den Erlebnissen', *Das Parlament*, 46, 22-29 March 1996.

Lothar Probst

DIE PDS IN ROSTOCK
EINE LOKALSTUDIE ÜBER DIE ANATOMIE EINER POSTKOMMUNISTISCHEN PARTEI

Obwohl die PDS ihre Stärke in den neuen Bundesländern vor allem ihrer Verankerung in lokalen Milieuzusammenhängen verdankt, gibt es bisher kaum Studien, die sich mit der Arbeit der PDS auf lokaler bzw. regionaler Ebene beschäftigen. Der vorliegende Beitrag nimmt dieses Forschungsdefizit zum Anlaß, um im Rahmen einer Lokalstudie die politische Anatomie der PDS in Rostock zu untersuchen. Die Studie konzentriert sich dabei auf die Mitgliederstrukturen, das Verhältnis von Führung und Mitgliedschaft sowie die politische Arbeit vor Ort. Sie stützt sich methodisch auf eine umfangreiche Mitgliederbefragung, auf Interviews mit Mitgliedern und Entscheidungsträgern der PDS Rostock sowie auf die Auswertung örtlicher Parteimaterialien. Die Ergebnisse der Studie zeigen das Panorama einer strukturell überalterten, politisch relativ homogenen und für soziale Themen hochsensibilisierten Mitgliedschaft. Der politische Horizont der Mitglieder verweist auf eine starke Identifikation mit den sozialen Sinngehalten des alten Systems. Die älteren Mitglieder der PDS bilden nicht nur eine wichtige Aktivitätsreserve für die Parteiarbeit vor Ort, sondern agieren auch als eine Art 'Transmissionsriemen' in ihrem sozialen Umfeld. Durch ihre traditionelle Orientierung stehen sie aber zum Teil in Widerspruch zu dem Führungs- und Politikstil der mittleren Generation, die die politische Arbeit in den Vorständen und Parlamenten leitet und eher eine pragmatische Politik betreibt.

Vorbemerkung

Dank ihrer einzigartigen Karriere erfreut sich die PDS eines regen politischen und wissenschaftlichen Interesses. In den sozialwissenschaftlichen Disziplinen sind in den letzten Jahren zahlreiche Veröffentlichungen erschienen, die sich mit dem Phänomen PDS auseinandersetzen.[1] Programm und Ideologie, Parteigeschichte und Organisationsentwicklung, Wahlstrategien und Bündnispolitik, parlamentarische Arbeit und Öffentlichkeitskonzepte—es gibt kaum ein Feld, das noch nicht Gegenstand wissenschaftlicher Bearbeitung geworden ist. Auch einige Publikationen aus dem Umfeld der PDS selber geben Aufschluß über programmatische und organisatorische Entwicklungen dieser Partei.[2] Schließlich hat die Wahlforschung in ihrer Gründlichkeit wesentliches dazu beigetragen, Informationen über die Wählerinnen und Wähler der PDS bereitzustellen.[3] Man könnte also meinen, daß es kaum noch neue Aspekte zu erforschen gibt.

Trotz des reichhaltigen Materials, das über die PDS vorliegt, ist aber bemerkenswert, daß fast ausnahmslos alle Untersuchungen und Studien sich auf die Gesamtorganisation PDS und deren politisches Wirken beziehen. D. h. im Verhältnis zur Untersuchung anderer Parteien, gibt es bisher kaum regionale oder lokale Studien über die PDS. Dies ist umso erstaunlicher, als die PDS ihre politische Stärke im Osten unter anderem ihrer Verankerung in lokalen Milieuzusammenhängen verdankt. Wenn die von Michael Brie in die Diskussion gebrachte Charakterisierung der PDS als ostdeutsche 'Volkspartei' zutrifft,[4] dann gilt dies vor allem für ihre Arbeit in den Kommunen, in denen es der PDS gelingt, ganz unterschiedliche Interessen, von der autonomen Hausbesetzerszene bis zu den nach law and order verlangenden Bewohnern in den sozialen Trabantenstädten, zu repräsentieren. Gerade auf kommunaler Ebene kann die PDS ihre Vorteile als starke Mitgliederpartei, als identitätsstiftende Milieupartei und als pragmatische Interessen- und Protestpartei ausspielen. In diesem Zusammenhang ist daran zu erinnern, daß die PDS 180 Bürgermeister in kleineren und mittleren Gemeinden stellt, in zahlreichen kommunalen Parlamenten mit der stärksten Fraktion sitzt und darüber hinaus mit tausenden von Mitgliedern in Gemeinden und in Stadtteilen präsent ist, in denen die anderen Parteien bisher kaum Mitglieder rekrutieren konnten. Hinzu kommt, daß die PDS in Kommunen, unter anderem aufgrund ihrer Integration in institutionelle Prozesse, viel pragmatischer und sachorientierter arbeiten muß, als z. B. in der stärker propagandistisch orientierten Arbeit der Bundestagsfraktion. Auf kommunaler Ebene tritt sie viel weniger ideologisch auf und stärkt ihr Image als eine Partei, die an Sachlösungen statt an Ideologie interessiert ist.

Vor diesem Hintergrund war eines der Motive für die vorliegende Lokalstudie, der Frage nachzugehen, wie die PDS auf lokaler Ebene ihre politische Arbeit strukturiert und gestaltet. Auch wenn lokale Nahstudien nur von begrenzter Reichweite sind, liegt einer ihrer Vorteile darin, daß sie besser als großangelegte strukturelle Untersuchungen darüber

Aufschluß geben können, wie eine Partei im politischen Mikrokosmos arbeitet, d. h. ihre kollektive Identität vermittelt, die Milieuhaftung ihrer Mitglieder sicherstellt, ihre Wählerbeziehungen strukturiert, ihre Wahlkampfkommunikation aufbaut, ihre Führungsgarnitur rekrutiert und ihre politisch-parlamentarische Arbeit auf kommunaler Ebene gestaltet. Regionale und lokale Studien können darüber hinaus auch den Blick für die Heterogenität der PDS schärfen. In der öffentlichen Diskussion wird die PDS trotz der Wahrnehmung unterschiedlicher ideologischer Flügel immer noch zu sehr als relativ homogene Nachfolgepartei der SED wahrgenommen. Tatsächlich aber zeigen die bisherigen Studien, daß man von der PDS nur im Plural reden kann. Es gibt nicht 'die' PDS, sondern viele unterschiedliche Gesichter einer Partei, die selbst noch nicht genau weiß, wohin sie sich bewegt. Nicht nur die konträren parteiinternen ideologischen Strömungen, sondern auch die unterschiedlichen Profile einzelner Landesverbände und die Vielfalt lokaler Ausprägungen machen aus der PDS eine außerordentlich heterogene Partei, in der es immer schwieriger wird, von einem Zentrum aus die gesamte Partei in eine Richtung zu lenken. Der Zentrale um Gregor Gysi, Lothar Bisky und André Brie stehen inzwischen eine Anzahl selbstbewußter Landesvorstände und vor allem starker Landtagsfraktionen mit eigenen Aspirationen und Vorstellungen gegenüber. Persönlichkeiten wie der Landesvorsitzende in Mecklenburg-Vorpommern, Helmut Holter, spielen mittlerweile in der parteiinternen Meinungsbildung zum Beispiel im Hinblick auf die Frage, ob die PDS sich an Regierungen beteiligen sollte, eine nicht unwesentliche Rolle. Der 'Brief aus Sachsen' schließlich, verknüpft mit den Namen der beiden sächsischen PDS-Mitglieder Christine Ostrowski und Ronald Weckesser, impliziert schon im Namen einen regionalen Bezug und drückt das gewachsene Selbstbewußtsein der Parteiperipherie gegenüber der Berliner Zentrale aus. Beispiele dieser Art unterstreichen, daß lokale und regionale Entwicklungen erheblich auf die Gesamtorganisation zurückwirken.

Abschließend noch eine methodische Vorbemerkung. Die Studie, auf die der vorliegende Beitrag aufbaut, umfaßt eine Fragebogenaktion unter 350 Rostocker PDS-Mitgliedern (von insgesamt ca. 2.700 zum Zeitpunkt der Befragung), mehrere qualitative Interviews mit örtlichen Parteifunktionären und Parteimitgliedern sowie eine umfangreiche Sammlung und Auswertung von Parteimaterialien (Flugblätter, Fraktionsinfos, Parteizeitungen, Stadtteilzeitungen, Kommunalprogrammen etc.). Darüber hinaus werden die Ergebnisse durch teilnehmende Beobachtung an Sitzungen, Treffen und Versammlungen der lokalen Parteiorganisation gestützt.

Rostock als politisches und soziales Umfeld für die PDS

Rostock als Objekt einer Lokalstudie über die PDS bot sich aus mehreren Gründen an. Als Standort der ehemals größten Werft- und Fischereiindustrie der DDR ist die Hansestadt mit heute noch ca. 215.000 Einwohnern von den wirtschaftlichen Umbrüchen des Vereinigungsprozesses massiv betroffen. Die industrielle Infrastruktur befindet sich in einem umfassenden Strukturwandel, der mit sozialen Härten und weitreichenden Veränderungen der persönlichen Lebenssituation der Bewohner verbunden ist. Vor 1989 war Rostock außerdem das wirtschaftliche, politische und administrative Zentrum zahlreicher SED-gesteuerter Institutionen im Norden der DDR. Als wichtigste Hafenstadt erbrachte sie Leistungen für die ganze DDR. Durch ein umfangreiches Wohnungsbauprogramm entstanden zwischen 1960 und 1989 außerhalb des Innenstadtkerns riesige Trabantenstädte, in denen vor allem sehr viele junge Familien angesiedelt wurden. Rostock gehörte zu den Städten mit einer hohen Zuzugsrate. Aufgrund der im Gefolge der Einheit sich verschärfenden sozialen Probleme mit einer hohen Arbeitslosigkeit ist vor allem in diesen Wohngebieten ein Problemstau mit sehr viel Zündstoff zu verzeichnen.

Wie in anderen Städten der DDR hat die SED-Politik auch in Rostock Altlasten hinterlassen, die in einem schmerzhaften Umstrukturierungsprozeß beseitigt werden müssen. Dazu gehören nicht nur die notwendige Sanierung der gesamten öffentlichen Infrastruktur, sondern auch eine Erweiterung des Dienstleistungsangebotes vor allem im Bereich der Trabantenstädte, die in der Vergangenheit in dieser Hinsicht völlig unterversorgt waren. Schließlich muß die industrielle Monostruktur durch die Ansiedlung kleinerer und mittlerer Betriebe mit einer möglichst personalintensiven Ausstattung diversifiziert werden. Bei einem chronisch überschuldeten Haushalt, einer hohen Arbeitslosenquote und den Problemen, die durch Fehler in der Privatisierungsstrategie der Treuhand enststanden sind, gibt es für die politische Führung der Stadt nur geringe Spielräume für eine sozialverträgliche Transformationspolitik.

Für die PDS als Anwalt sozialer Interessen ist dies ein ideales Umfeld für ihr politisches Wirken. Tatsächlich avancierte sie bei den Kommunalwahlen im Juni 1994 mit 33,2% zur stärksten Partei in der Rostocker Bürgerschaft (zum Vergleich: die SPD mit der zweithöchsten Stimmenzahl erhielt 27,3%). Noch aussagekräftiger ist die Tatsache, daß die PDS in allen zehn Rostocker Wahlbezirken stärkste Partei war. In einigen Wahlbezirken lag der Stimmenteil bei 39%. Bereits bei der ersten Kommunalwahl im Mai 1990 hatte die PDS mit 22,85% ein überdurchschnittlich gutes Ergebnis erzielt, ein Verweis darauf, daß sie hier von Anfang an über einen relativ hohen Stammwähleranteil mit starker Parteibindung verfügte. Ein zusätzliches Indiz für die lokale Stärke der PDS ist der hohe Mitgliederanteil, der die Rostocker PDS zum stärkstem Kreisverband in Mecklenburg-Vorpommern mit nicht unerheblichem Einfluß auch auf die Landespolitik der Partei macht (bei der Kommunalwahl 1994 lag die Anzahl der Mitglieder bei ca. 3.000, gegenwärtig liegt sie bei ca. 2.600). Die PDS ist hauptsächlich in Stadtteilgruppen organisiert, die wiederum in Basisorganisationen unterteilt sind. In Rostock gibt es 120 solcher Basisorganisationen. Dank dieser Organisationsdichte kann die PDS hier alle Vorteile einer starken Mitgliederpartei mit einer hohen Repräsentanz ausspielen. Dies gilt unter den Voraussetzungen der spezifischen städtebaulichen Infrastruktur mit ihrer verdichteten Wohnungsbauweise in den Rostocker Trabantenstädten umso mehr. Teilweise bis zu 500 sogenannte Altgenossen versorgen hier zehntausende von Haushalten regelmäßig mit den Propagandamaterialien der PDS. Die Allparteienkoalition, die unter Ausschluß der PDS zwischen 1990 und 1994 den Senat in der Hansestadt stellte, trug das übrige dazu bei, daß die PDS die komfortable Rolle der alleinigen Oppositionspartei wahrnehmen konnte. Dabei war zugleich auf Seiten der PDS das Bemühen erkennbar, diese Rolle so konstruktiv wie möglich zu gestalten, um nicht nur als 'Neinsagerpartei' dazustehen.

Das Profil der Mitgliedschaft der PDS in Rostock

Die Mitgliederbefragung wurde mit Hilfe eines Fragebogens durchgeführt, der über die Stadtteilgruppensprecher der lokalen Parteiorganisation in unterschiedlichen Stadtteilgruppen an 500 (von insgesamt 2.700) Mitglieder ausgeteilt wurde. Davon wurden 347 Fragebögen beantwortet. Nicht nur durch diese hohe Rücklaufquote, sondern auch durch die Auswahl von Stadtteilgruppen mit einer für die lokale PDS repräsentativen Mitgliederzusammensetzung kann die Befragung einen hohen Grad an Validität beanspruchen. Der Fragebogen umfaßte insgesamt zwanzig Fragen, die sich auf die Sozialstruktur, die Bindung der Mitglieder an die PDS und auf politischen Meinungen zur Wiedervereinigung, zum Sozialismus und zur Demokratie bezogen.

Die ausgewerteten Fragebögen ergaben ein ziemlich eindeutiges Profil der Mitgliedschaft der Rostocker PDS. Die Mehrheit der Mitglieder ist männlich (60%), hat Rentnerstatus (57%) und ist im Durchschnitt 61 Jahre alt (vgl. Tabellen 1, 2 und 3[5]). Weniger als 1% der befragten Mitglieder sind zwischen sechzehn und fünfundzwanzig Jahre alt, nur 11% zwischen sechsundzwanzig und fünfundvierzig. Das hohe Durchschnittsalter, das mit den Ergebnissen vergleichbarer Untersuchungen der PDS korrespondiert, verweist auf eine chronische Überalterung der Mitgliedschaft. Bei der Frage nach dem ausgeübten Beruf gab nur ein Proband an, Arbeiter zu sein. Demgegenüber dominierten Techniker (ca. 9,5%), Lehrer und Professoren (ca. 7%), Angestellte (ca. 7%) und Handwerker (ebenfalls ca. 7%). Da aber die Rentner, die allein zwei Drittel der Probanden stellten, keine Berufsbezeichnung angegeben haben, bildet das Ergebnis die tatsächliche Bandbreite der Berufe und Berufsausbildungen nur ungenau ab.

96% der Befragten waren bereits vor ihrer Mitgliedschaft in der PDS Mitglieder der SED (Tabelle 4). 59% gaben an, aktiv in der Parteiarbeit mitzuwirken (Tabelle 5). Demgegenüber fällt die Mitwirkung in einer Bürgerinitiative mit 13% (Tabelle 6) vergleichsweise gering aus,[6] ein Hinweis darauf, daß die PDS-Parteiorganisation als sozialer und politischer Bezugsrahmen für die meisten Mitglieder oberste Priorität genießt. Die Bedeutung der 'Mutterorganisation' für die meisten Mitglieder wird auch durch die Tatsache unterstrichen, daß im wesentlichen die Stadtteilgruppen und Basisorganisationen der Partei als Orte der direkten Mitarbeit angegeben werden. Nimmt man noch die Resultate der Fragen 7 (Parteiidentifikation) und 8 (Zufriedenheit mit der Parteiführung) hinzu (vgl. Tabellen 7 und 8), so zeigt sich, daß die von älteren Mitgliedern geprägte Mitgliedschaft nicht nur eine wichtige Aktivitätsreserve der Partei ist, sondern sich darüber hinaus auch durch eine hohe emotionale Identifikation mit der Partei und ihrer Führung auszeichnet. Nur dreizehn von 347 befragten Mitgliedern äußerten explizit Unzufriedenheit mit der Arbeit der Parteiführung, 336 Mitglieder kreuzten auf einer Skala von 0 (=schwach) bis 3 (=sehr stark), bei der nach der Identifikation mit der Partei gefragt wurden, den Wert 2 oder 3 an. Bei der Frage nach Kritik an der Parteiführung wurden mit Abstand Personalkämpfe an der Spitze der Partei als Hauptkritikpunkt genannt (vgl. Tabelle 9), ein Hinweis darauf, daß die Vorstellung von der Einheit der Partei, die sich nach außen geschlossen zeigen muß, immer noch ein wichtiges Kriterium vieler Mitglieder ist. Aufschlußreich war auch das Resultat bei der Frage nach der Sympathie für andere Parteien. Immerhin fast ein Drittel äußerte überhaupt keine Sympathie für eine andere Partei (ein weiterer Beleg für die hohe Identifikation mit der eigenen Partei), während erstaunlicherweise fast 43% der Probanden die Bündnisgrünen als die ihnen am nächsten stehende Partei angaben (vgl. Tabelle 10).[7] Die SPD dagegen folgte mit ca. 12% weit abgeschlagen erst auf Platz 2. Für die Probanden waren offensichtlich Koalitionsgesichtspunkte weniger ausschlaggebend als emotionale Sympathieempfindungen.

Für die überwiegende Zahl von Mitgliedern genießen soziale Themen die höchste Priorität, Renten und Preise spielen dagegen so gut wie überhaupt keine Rolle (vgl. Tabelle 11). Auch Frauenthemen haben unter den Mitgliedern keine Konjunktur (lediglich zwei Nennungen). Nur das Friedensthema mit 196 Nennungen sowie Kultur und Ökologie mit jeweils ca. 100 Nennungen können noch eine hervorgehobene Bedeutung im Bewußtsein der Mitgliedschaft beanspruchen.

Ein ziemlich eindeutiges Bild ergaben die Antworten auf alle Fragen, die sich auf die politische Orientierung der Mitglieder bezogen. Die Wiedervereinigung wird von einer klaren Mehrheit, nämlich von über 55% sowohl der jüngeren als auch der älteren Probanden als negativ bzw. sehr negativ eingeschätzt (vgl. Tabelle 15). Immerhin 38% äußerten sich vorsichtig zustimmend zu dieser historischen Zäsur in der jüngeren deutschen Geschichte. Knapp 5% der befragten Mitglieder positionierten sich eindeutig positiv zur Wiedervereinigung. In dem hohen Prozentsatz derjenigen, die sich ablehnend äußerten, verstecken sich allerdings auch die Probanden, die nicht grundsätzlich gegen die Wiedervereinigung eingestellt sind, sondern nur die Art und Weise des Vollzugs kritisieren. Insofern war die Frage nicht ausreichend differenziert genug gestellt, um eine eindeutige Position der Mitglieder zur Wiedervereinigung herauszufiltern. Nimmt man allerdings die Antworten auf Frage 16 hinzu, in der es darum ging die Meinung der Mitglieder zu der Aussage von Sahra Wagenknecht, daß die Wende eine Gegenrevolution gewesen sei, zu erheben, so verweist der hohe Anteil derjenigen, die dieser Ausage zum Teil (ca. 50%) oder sogar ganz zustimmen (15%), darauf, daß in der Mitgliedschaft erhebliche Vorbehalte gegenüber der Wiedervereinigung bestehen (siehe Tabelle 16).

Am frappierendsten ist sicherlich das Ergebnis in Tabelle 18. Die bereits in den Nachkriegsjahren in Westdeutschland in bezug auf den Nationalsozialismus gestellte Frage, ob dieser mehr gute als schlechte Seiten gehabt habe, beantworteten die Probanden in der vorliegenden Befragung mit Bezug auf den Sozialismus zu 95% (!) mit 'ja'. Mit diesem Ergebnis korrespondieren auch die Resultate in Frage 19. Den Probanden waren vier Begriffe zu Klassifizierung der DDR vorgegeben: Unrechtsstaat, Diktatur, autoritärer Sozialstaat und soziale Demokratie. Keines der befragten Mitglieder betrachtete die DDR als 'Unrechtsstaat' (siehe Tabelle 19). Gut 90% der jüngeren und knapp 83% der älteren Mitglieder entschied sich für die Kategorie 'autoritärer Sozialstaat'. Immerhin noch knapp 5% der jüngereren und fast 22% der älteren Mitglieder kreuzten auch die Kategorie 'soziale Demokratie' an. Vor allem die beiden letzten Resultate zeigen an, daß der perfektionierte Sozialstaat mit seinen versorgenden Aspekten als Kerngehalt der DDR von den Mitgliedern der PDS verteidigt wird, auch wenn dieser Gehalt durch autoritäre politische Strukturen überformt war. Wenn also die Antwort auf die Frage, ob der Sozialismus in der DDR mehr gute als schlechte Seiten hatte (siehe Frage 17), so eindeutig ausfällt, dann aufgrund einer starken Identifikation mit der politischen Regulierung des Sozialen nach dem Vorbild der DDR. So eindeutig positiv wie die Verteidigung des sozialen Kerns der DDR-Gesellschaft, so eindeutig negativ fällt auch die Verurteilung der repräsentativen Demokratie aus. Knapp über 50% der PDS-Mitgliedschaft in Rostock halten die repräsentative Demokratie lediglich für eine verkappte Form der Herrschaft des Kapitals, fast 80% halten sie für eine vorläufige Staatsform und nur 6% können sich mit ihr als beste Staatsform anfreunden (siehe Tabelle 20). In bezug auf die letzte Kategorie sind allerdings deutliche Unterschiede zwischen den jüngeren und den älteren Mitgliedern auszumachen. 20% der jüngeren, aber nur 4,39% der älteren Mitglieder hielten die repräsentative Demokratie für die beste Staatsform.

Alles in allem vermitteln die Ergebnisse der Mitgliederbefragung das Panorama einer strukturell überalterten, politisch relativ homogenen und für soziale Themen hochsensibilisierten Mitgliedschaft, die sich sehr stark mit der Partei und ihrer Führung identifiziert. Der politische

Wertehorizont weist auf eine starke Identifikation mit den sozialen
Sinngehalten des alten Systems hin und ist zugleich vor einem tiefen
Mißtrauen gegenüber der Wiedervereinigung und der repräsentativen
Demokratie geprägt.

Die Altgenossen: das soziale Kapital der PDS

Sowohl in den von mir geführten Interviews als auch in der
teilnehmenden Beobachtung an Stadtteilgruppentreffen hat sich immer
wieder gezeigt, daß die älteren Parteimitglieder das soziale Rückgrat der
PDS bilden. Sie konstituieren innerhalb der PDS einen
Traditionsverband, der durch eine lebensweltlich bestimmte
Identifikation mit der alten DDR gespeist wird. Die PDS kann sich auf
diese Mitglieder unbedingt verlassen. Sie bilden nicht nur eine wichtige
Aktivitätsreserve für die Parteiarbeit vor Ort, sondern agieren auch als
eine Art Transmissionsriemen in ihrem sozialen Umfeld. Gerade in den
Kommunen besitzt die PDS 'ein loyales, durch langjährige persönliche
Beziehungen eng verflochtenes Vorfeldmilieu einsatzfreudiger
Aktivisten, subjektiv geeint durch das Bewußtsein, gemeinsam einer
richtigen Sache zu dienen'.[8] Sie sind im lokalen Netzwerk der
Mietervereine, Gartenlaubenbesitzer und apolitischen Vereinigungen
verankert, die sich durch eine lebensweltlich abgestützte
Erinnerungskultur an die untergegangene DDR auszeichnen. Insofern
kommt die Überalterung der Mitgliedschaft, die von vielen Beobachtern
als strukturelle Schwäche der PDS angesehen wird, der Partei zumindest
gegenwärtig noch zugute, weil die älteren Mitglieder neben ihrer starken
Identifikation für die Partei über Zeitressourcen verfügen, die sie in die
politische Arbeit einbringen können. Junge Leute zwischen fünfzehn und
fünfundzwanzig spielen dagegen in der lokalen Parteiarbeit de facto
keine Rolle. Die Arbeitsgemeinschaft Junge Genossinnen und Genossen
umfaßte in Rostock zum Zeitpunkt der Mitgliederbefragung nicht einmal
acht Mitglieder.

Der Parteiführung ist die Bedeutung der älteren Mitglieder als
Aktivitätsreserve für die politische Arbeit durchaus bewußt. So erklärte
der Landesvorsitzende der PDS in Mecklenburg-Vorpommern, Helmut
Holter, z. B.:'Die Leistungen unserer Mitglieder beim Gespräch über den
Gartenzaun, am Stammtisch, in der Kaffeerunde, die vielfältige
Kleinarbeit unserer VorruheständlerInnen und RentnerInnen kann man
gar nicht hoch genug einschätzen'.[9]

Auch Professor Leuchter, der Kreisvorsitzende in Rostock, bestätigte im Interview die zentrale Rolle der älteren Mitglieder. Auf die Frage, wie die örtliche Parteiorganisation ihr Propagandamaterial an die Wähler und Wählerinnen verteilt, antwortete Leuchter:

> Wir verwalten die PDS in [...] 14 Stadtteilen. So daß man davon ausgehen kann, daß wir etwa fünfzig sehr aktive Leute haben [...]. Das sind meistens Vorruheständler, die dafür viel Zeit haben, die sich dauernd damit beschäftigen. Wenn Sie diejenigen dazuzählen, die mal dabei sind, wenn Plakate geklebt werden oder wenn irgend eine konkrete Vorbereitung zu machen ist, würde ich das so auf etwa 150 bis 200 Leute schätzen.[10]

Später ergänzt Professor Leuchter, daß bei bestimmten Anlässen, z.B. wenn Flugblätter in die Briefkästen der Wohnviertel gesteckt werden sollen, sich diese Zahl sogar auf 500 multiplizieren kann. Auf diese Weise wurden z.B. bei der letzten Kommunalwahl 60.000 Exemplare des örtlichen Wahlinfos der PDS in nahezu jeden zweiten Haushalt verteilt. 'Das ist bei uns', so sagte mir ein Stadtteilsprecher, 'stabsmäßig geplant.' Jede Basisorganisation im Stadtteil versorgt eine Straße mit Infos und Flugblättern, und da ist jeder Briefkasten abgesichert. Auch die regelmäßigen Infostände in verschiedenen Stadtteilen werden überwiegend von den älteren Mitgliedern der PDS organisiert. Auf einer Agitprop-Besprechung von Stadtteilsprechern waren von insgesamt siebzehn Teilnehmern zwei jünger als sechzig. Die jeweilige Richtlinie und der thematische Schwerpunkt für die Infostände wurden bezeichnenderweise von einem Genossen im mittleren Alter, der als sogenannter Anleiter in Erscheinung trat, vorgegeben. Mit Flugblättern, Unterschriftenlisten, Pinwänden, Musikgruppen und kleinen PDS-Werbeaccesoires wie Postkarten, Ansteckern und Kugelschreibern ausgestattet, stehen die aktiven unter den älteren Mitgliedern dann jeden Samstag auf dem Wochenmarkt und an der Ecke vor der Kaufhalle, um für die PDS zu werben. Die Themen der Pinwände lehnen sich meistens eng an die aktuellen Nöte der Leute an, also z.B. an die Frage von Wohnraumsanierungen und Mieterhöhungen, und vermeiden eine zu aufdringliche PDS-Propaganda.

Zugleich sind die Infostände eine wichtiges Medium, um den Traditionsverband PDS nach innen zusammenzuhalten. Da paraphrasiert dann z.B. eine Musikgruppe im norddeutschen Akzent den Werbespruch einer Bausparkasse, in dem sie trällert: 'Wir geben unserer Zukunft ein Zuhause: PDS.' Auf den Büchertischen finden sich Souvenirs und Bücher für jeden Geschmack: Krimis nach der Devise: 'Mord light', Plakate der PDS im Postkartenformat mit dem Motto: 'Ein Gruß von links — wo das

Herz schlägt!' Daneben Cassetten mit der Aufschrift: 'Gysi live auf Video!' und schließlich Bücher von Kurt Hager mit dem verheißungsvollen Titel: 'Erinnerungen an die DDR'. Nicht selten tritt die PDS vor Ort auch als Dienstleistungspartei für die kleinen Leute in Erscheinung, z.B. in Mieterinitiativen, in denen PDS-Mitglieder an vorderster Front mitwirken und den Leuten beim Ausfüllen von Wohngeldanträgen oder Widerspruchsbescheiden behilflich sind.

Daß sich die Parteiführung der Bedeutung der älteren Mitglieder für die direkte Kommunikation der örtlichen Parteiorganisationen mit den potentiellen Wählerinnen und Wählern der PDS bewußt ist, zeigt die Tatsache, daß André Brie im Hinblick auf die nächsten Wahlen in den neuen Bundesländern bereits angedeutet hat, daß 'im Osten vor allem ein Straßenwahlkampf'[11] geführt werden müsse. Schließlich kann die PDS auf diesem Feld das Potential ihrer eigenen Mitglieder am besten in die Waagschale werfen.

Zum Spannungsverhältnis zwischen traditionsorientierter Mitgliedschaft und 'modern' orientierter Parteiführung

Im auffälligen Kontrast zu der Bedeutung der älteren Mitglieder für die aktive Arbeit in ihrem jeweiligen sozialen Umfeld steht ihre sonstige Stellung innerhalb der Parteiorganisation. Für die programmatische Entwicklung und die theoretischen Positionen der PDS zum Beispiel sind die älteren Mitglieder de facto bedeutungslos. Zumindest in bezug auf die Ergebnisse meiner Lokalstudie kann man sagen, daß es innerhalb der PDS eine klare Arbeitsteilung gibt: Das Parteimanagement und die konkrete Politikausrichtung liegen fest in der Hand des intellektuellen Mittelbaus, der von der Altersgruppe der 40- bis 50-Jährigen geprägt ist, während die älteren Aktivisten für die soziale Verankerung sorgen. So sagte mir Professor Leuchter zu der Rolle der älteren Mitglieder in den Basisorganisationen: 'Die interessieren sich ... weniger für irgendwelche theoretischen Fragen, die wollen nur wissen: Ihr habt das beschlossen, aber wie wollen wir das nun handfest umsetzen? Das berede ich mit ihnen.'

Allerdings ist diese Arbeitsteilung nicht immer ganz konfliktfrei und führt manchmal auch zu Reibungen. So wurde sowohl in der Mitgliederbefragung als auch auf Stadtteilgruppensprechersitzungen, an denen ich teilnahm, von älteren Mitgliedern häufig beklagt, daß der Informationsfluß von oben nach unten schlecht sei, daß die Parteiführung in den Medien durch ihren Streit manchmal die Arbeit vor Ort behindere und daß man überhaupt nicht wisse, was die Fraktion in der Bürgerschaft und erst recht im Landtag eigentlich treibe. Frau Haase, PDS Fraktionsgeschäftsführerin in der Rostocker Bürgerschaft sind solche Klagen durchaus vertraut. Im Interview sagte sie:

> Es wurde an der Basis oft geklagt, daß man nicht so richtig weiß, was die Fraktion eigentlich macht. Dann haben wir damals mit einem Informationsblatt angefangen, um diese Lücke ein bißchen zu schließen. ... Es ist allerdings auch ein Manko von der anderen Seite zu beklagen, nämlich, daß viele PDS-Mitglieder noch immer in den alten Strukturen denken, so, als ob die Information zu ihnen gebracht werden muß.

Auch in anderen Fragen offenbart sich, daß zwischen der traditionsorientierten Mitgliedschaft und der Parteielite, die auf ein modernes Parteimanagement Wert legt, erhebliche Differenzen bestehen. So wurde z.B. von den Mitgliedern in den Basisorganisationen immer wieder moniert, daß die Presse die PDS ignoriere bzw. bewußt ausschließe, ein Argument, daß auch in der öffentlichen Meinung von der PDS immer wieder kolportiert wird, um sich als marginalisierte Partei darzustellen. Auf das Verhältnis der PDS in Rostock zur lokalen Presse angesprochen, antwortete Frau Haase:

> Eigentlich gut, das muß ich sagen. Da ich das nun im dritten Jahr mache, kenne ich die Journalisten fast alle persönlich. Da kann ich mich eigentlich nicht beschweren. [...] Wir werden manchmal gerade von den Journalisten besser behandelt, bei denen man denken könnte, die sind nicht gut zu sprechen auf die PDS. Unsere Basis beklagt ja immer, wir werden von der Presse ignoriert. Viele Genossen an der Basis haben sowieso völlig komische Vorstellungen von der Presse. Also, ich sage mal, die sind DDR geschädigt. Wir besitzen nicht mehr wie früher die Zeitungen, wir haben kein Pressemonopol. Ich kann nicht bei einer Redaktion anrufen und sagen: Du schreibst jetzt mal das und das. Ich sage auch immer, wenn die PDS wirkliche interessante Themen hat und interessante Dinge auf die Tagesordnung bringt, dann wird darüber auch berichtet. [...] Die Erwartungen dürfen natürlich auch nicht so groß sein. Ich sage immer zu unseren Leuten: Guckt euch an, was von anderen dort drin steht. Man darf ja nicht denken, daß die Kommunalpolitik das ist, was eine ganze Zeitung immerzu von Seite eins bis Seite zehn ausfüllt.

Zum Verhältnis von ideologischer Selbstverortung, pragmatischer Realpolitik und Mitgliederbewußtsein

Auch in bezug auf das Verhältnis zu den anderen Parteien konterkarieren die Aussagen der Fraktionsgeschäftsführerin das Bild, das die PDS gerne von sich selber zeichnet. Frau Haase weist zwar darauf hin, daß die PDS in Personalfragen immer noch von den anderen Parteien benachteiligt wird, stellt aber andererseits fest:

Das Verhältnis der Geschäftsführerinnen und des einen Geschäftsführers [der Parteien hier in der Bürgerschaft] untereinander ist sehr gut. Das ist sehr kollegial und man hilft sich gegenseitig. Meine Kollegin von der CDU z.B. ist auch ganz neu, und auch mit ihr läuft das sehr gut. [...] Und dann kann man noch sagen, daß es in den Ausschüssen eine sehr gute Zusammenarbeit gibt. Es wird nicht ignoriert, was die PDS sagt, weil es meistens um Sachkompetenz geht oder zumindest um das Bemühen, sich auch wirklich sachlich und kompetent mit einem Thema auseinanderzusetzen.

Insgesamt entspricht das Image, das die Fraktionsgeschäftsführerin und der Kreisvorsitzender von der Arbeit der lokalen Parteiorganisation und ihrer Fraktion in der Rostocker Bürgerschaft entwerfen, überhaupt nicht dem in der Öffentlichkeit häufig kolportierten Bild einer straff organisierten Nachfolgepartei der SED, sondern klingt sehr unorthodox. Die Fraktion in der Bürgerschaft unterliegt keinem Fraktionszwang; es gibt häufig unterschiedliches Abstimmungsverhalten unter den Stadtverordneten, und auch die Kommunikation zwischen Kreisvorstand und Fraktionsvorstand ist nicht immer gerade optimal. Je tiefer man in die Feinheiten der Kommunalpolitik hinabsteigt, desto pragmatischer wird zugleich die Politik, die die PDS jenseits der ideologischen Selbstverortungen vertritt. Auf meine Frage, welche Vorschläge zur Bekämpfung der Arbeitslosigkeit die PDS macht, antwortete Professor Leuchter:

In der Diskussion haben wir eigentlich immer darauf orientiert, das an Hand von Fakten zu machen. Also nicht eine Glaubensbekenntnis-Gegenüberstellung, wie Arbeitsmarktpolitik theoretisch aussehen müßte, sondern wir haben nachzuweisen versucht [...], daß die Stadtregierung sich nicht konsequent an das von ihr selbst vertretene Konzept, Aufträge an hiesige Firmen zu geben, hält, sondern bei Ausschreibungen immer wieder westdeutsche Firmen begünstigt.

Noch aufschlußreicher waren die Aussagen zur Wirtschaftspolitik der PDS. Dabei stellte sich heraus, daß der antikapitalistische Gestus, den man in der offiziellen PDS-Rhetorik findet, de facto auf kommunaler Ebene kaum eine Rolle spielt. So erzählte Frau Haase mit einem gewissen Stolz, daß die PDS durch ihre Arbeit in der Bürgerschaft dazu beigetragen habe, den Investitionsstau für bestimmte Projekte aufzulösen. Sie berichtet von Verzögerungen bei der Umsetzung eines Bebauungsplans und fährt dann fort:

Das lag seit zwei Jahren auf Eis. Da haben wir [...] versucht, die Sache zu befördern, damit dort auch willige Investoren endlich mal zum Zuge kommen. Diese Investoren waren [...] schon bei allen gewesen, und trotzdem bewegte sich nichts. Letztendlich sind sie auch mit uns ins Gespräch gekommen und haben gesagt: Ist doch alles Quatsch: von wegen, daß die PDS hier der Investorenschreck ist. Also solche Dinge versuchen wir dann zu bearbeiten und voranzubringen. Damit wirklich das Wirtschaftliche hier im Zentrum— Bebauungsplan, Portcenter—vorankommt.

Auch Professor Leuchter weist ausdrücklich auf die konstruktive Rolle der PDS in Fragen der Wirtschaftspolitik hin. Im Interview ergänzt er die Aussagen von Frau Haase durch folgenden Hinweis:

> Unsere Stadtfraktion hat übrigens [...] einen Antrag in die Bürgerschaft zur Schaffung eines Mittelstandsbeirates eingebracht. Es ist eigentlich auch typisch für diese Stadt, daß das ausgerechnet von der PDS kommt und nicht von der CDU oder der FDP. [...] Und es ist im übrigen auch so, daß Chefs von der Mittelstandsvereinigung lieber mit unserem Landtagsabgeordneten Kreutzer oder mit mir über irgendwelche Probleme reden, als mit den anderen Parteien, weil sie einfach sagen: Mit ihnen ist eine sachliche Arbeit möglich.

Dazu paßt, daß die Rostocker PDS einen offenen Gesprächskreis 'Selbständige und Mittelständler in und bei der PDS' eingerichtet hat. Mit dieser Position bewegt sich die Rostocker PDS im übrigen ganz auf der Linie des Landesvorsitzenden Helmut Holter in Mecklenburg-Vorpommern, der auf einem Wirtschaftskongreß der Landes-PDS ein Grundsatzpapier vorstellte, in dem es heißt:

> Die PDS will eine aktive Ansiedlungspolitik für modernste Techniken und Technologien, um den Aufbau eines High-Tech-Sektors in Mecklenburg-Vorpommern zu erreichen. Dazu müssen Wirtschafts- und beschäftigungspolitische Leitbilder für Medizintechniken, Biotechnologie, Multimedia, maritime Techniken und Produktionstechnologien auf der Basis nachwachsender Rohstoffe entwickelt werden.[12]

Gerade in wirtschaftspolitischen Fragen sind die intellektuellen Vordenker in den PDS-Führungsebenen bemüht, Kompetenz und Modernität zu demonstrieren, um das Image der nostalgischen Traditionspartei abzustreifen. Zuviel ideologischer Ballast ist dabei nur hinderlich und wird—wo es nötig erscheint—schnell abgeworfen.

Wie stark allerdings der Kontrast zwischen dem Anspruch, eine linkssozialistische moderne Partei zu sein, und dem traditionellen Gedankengut vieler älterer Mitglieder ist, zeigt sich immer dann, wenn im Gespräch mit den Mitgliedern lebensweltliche Erinnerungen zur Sprache kommen. So muß es im Grunde für Feministinnen in der PDS befremdlich klingen, wenn einer der älteren Stadtteilgruppensprecher der Rostocker PDS im Interview sagt: 'Ich will mal so sagen: die erste Pflicht des Staates ist es, dafür zu sorgen, daß die Geburtenrate in Ordnung kommt. Zwar war die DDR marode, aber die Geburtenrate hat gestimmt, trotz Pille, trotz Abtreibung.'

Auf meine Nachfrage stellte sich heraus, daß eine der schlimmsten Befürchtungen der von mir interviewten beiden Altgenossen ist, daß das deutsche Volk durch den Rückgang der Geburtenrate ausstirbt. Aber auch der ideologische Horizont der Junggenossen ist, gemessen an der offiziellen Parteiprogrammatik, nicht gerade auf der Höhe der Zeit. Auf die Frage, welche konkreten Vorstellungen sie von der Rolle der PDS als Systemopposition haben, antwortete einer der beiden Sprecher der Arbeitsgemeinschaft Junge Genossinnen und Genossen: 'Also, es gibt bestimmt welche. Aber, ich sage mal, wir haben noch nie darüber gesprochen. Aber wir wären nicht in der PDS, wenn wir nicht glauben würden, daß es irgendwann wieder einmal so weit ist, daß der Sozialismus aufgebaut werden kann.'

Schlußbemerkung

Als ich die beiden Junggenossen der PDS fragte, ob es Dinge in der DDR gab, die sie aus heutiger Sicht für kritikwürdig halten würden, erhielt ich eine überraschende Antwort. Nach einem Moment des Zögerns sagte einer der beiden: 'Also, ich denke mal, ich hatte eine schöne Kindheit in der DDR—deshalb fällt mir da eigentlich nichts ein.' In dieser Antwort liegt einer der Schlüssel für den Erfolg der PDS. Es war ein gedanklicher Kurzschluß im Westen zu glauben, daß mit dem Untergang des Systems DDR auch die Erinnerungen an das Leben in der DDR gleichsam untergehen würden. Es ist aber gerade der Unterschied zwischen System und Lebenswelt, der dafür sorgt, daß lebensweltliche Erinnerungen sich gegen alle Aufklärung über das repressive Wesen eines Systems immunisieren können und aus der Erinnerung all das herausfiltern, was einen Schatten auf das eigene Leben unter der Diktatur werfen könnte. Der Kitt, der den Traditionsverbund insbesondere der älteren Mitglieder in der PDS zusammenhält, sind nicht die ideologischen Versatzstücke eines sogenannten 'modernen Sozialismus', wie ihn die Parteiführung propagiert, sondern die Elemente einer 'Erinnerungs- und Erzählgemeinschaft' (Michael Rutschky),[13] die die Legende vom guten Leben in der DDR kultivieren und bewahren. Die PDS vermittelt in einer unübersichtlich gewordenen Gesellschaft mit ihren individualistischen Zumutungen und funktionalen Ausdifferenzierungen für Menschen ganz unterschiedlicher weltanschaulicher und politischer Orientierungen ein Gefühl der Geborgenheit und Heimat. Es ist deshalb auch, wie Helmut Böttiger schreibt, 'ein Fehler, die PDS unbesehen für eine linke Partei zu halten'.[14] Die Chiffre 'Sozialismus' steht bei den meisten ihrer Mitglieder und Wähler für das, 'was bei der CSU die katholische Kirche darstellt'.[15] Es ist die Unbestimmtheit dieser Chiffre, die jenseits der vermeintlichen Fortschrittlichkeit des PDS-Parteiprogramms die PDS sogar für

Rechtswähler wählbar macht. Der Kreisvorsitzende der PDS, Professor Leuchter, schloß ausdrücklich nicht aus, daß eventuell auch potentielle 'Republikaner', die für 'Ordnung und Sicherheit' und gegen Asylbewerber eingestellt seien, in Rostock PDS wählen. Aber etwas anderes kann man bei einer 'Volkspartei' wahrscheinlich auch gar nicht erwarten. Es darf auf jeden Fall mit Spannung erwartet werden, ob und wie es der Parteiführung und ihrem intellektuellen Umfeld gelingen wird, die PDS auch in Zukunft einerseits als ostdeutsche Volkspartei mit stark divergierenden Wählermilieus zusammenzuhalten und ihr auf der anderen Seite die Aura einer modernen linkssozialistischen Partei zu verleihen, die sie auch für Wähler und Wählerinnen im Westen attraktiv machen könnte.

Anmerkungen

1   Vgl. u.a. Heinrich Bortfeldt, *Von der SED zur PDS. Wandlung zur Demokratie?*, Bonn 1992; Patrick Moreau, *PDS. Anatomie einer postkommunistischen Partei*, Bonn 1992; Patrick Moreau/Jürgen Lang, *Was will die PDS?*, Bonn 1994; Thomas Falkner/Dietmar Huber, *Aufschwung PDS: Rote Socken zurück zur Macht?*, München 1994; Patrick Moreau, *Auferstanden aus Ruinen...? Die PDS nach dem Superwahljahr 1994*, Bonn 1995; Andreas Fraude, *'Reformsozialismus' statt 'Realsozialismus'? Von der SED zur PDS*, Münster 1995; Jürgen Hoffmann, *Auf dem Weg in ein neues Bündnis? B'90/Die Grünen und PDS vor der Berlin-Wahl 1995*, München 1995; Gero Neugebauer/Richard Stöss, *Die PDS: Geschichte, Organisation, Mitgliederstruktur*, Opladen 1996; Gero Neugebauer/Hugo Reister, *PDS und Gewerkschaften*, Bonn 1996; Ursula Schröter u.a., *PDS und Feminismus: Politische Akteurinnen und feministische Politikansätze in der PDS*, Berlin 1996

2   Vgl. u.a. *Der schwere Weg der Erneuerung—von der SED zur PDS: Eine Dokumentation*, Berlin 1990; Horst Dietze u.a. (Hrsg.), *Brückenköpfe: Texte zur Programmdiskussion der PDS*, Bonn 1992; Lothar Bisky: *Wut im Bauch: Kampf um die PDS*, Berlin 1995.

3   Vgl. u.a. Jürgen Falter/Markus Klein, 'Die Wähler der PDS bei der Bundestagswahl 1994: Zwischen Ideologie, Nostalgie und Protest', in: *Aus Politik und Zeitgeschichte* B 51-52 (1994), 22-34.

4   Michael Brie, 'Das politische Projekt PDS—eine unmögliche Möglichkeit,' in: Ders./Martin Herzig/Thomas Koch (Hrsg.), *Die PDS. Empirische Befunde & kontroverse Analysen*, Köln 1995, S. 9-38

5   Diese und alle folgenden Tabellen sind im Anhang aufgeführt.

6   Vielen befragten Mitgliedern schien nicht klar zu sein, was unter Bürgerinitiative zu verstehen ist. So wurde hier z. B. mehrfach die Mitarbeit in einem Ortsbeirat (also einer Institution der kommualen Selbstverwaltung) angeführt.

7 Bemerkenswert ist in diesem Zusammenhang noch, daß diese eindeutige Sympathiebekundung vor allem den Westgrünen zu gelten scheint, denn mehrere Probanden haben durch zusätzliche Bemerkungen zum Ausdruck gebracht, daß sie das Bündnis 90 bzw. bestimmte DDR-Bürgerrechtler (z. B. Bärbel Bohley) ausdrücklich aus dieser Sympathie ausschließen.

8 Tobias Dürr, 'Abschied von der inneren Einheit', in: *Frankfurter Rundschau* Nr. 282, 3. Dezember 1996, S. 10

9 Ebd.

10 Diese und alle weiteren Interviewpassagen sind den Interviews entnommen, die ich zwischen Juni 1995 und März 1997 mit Funktionären und Mitgliedern der Parteiorganisation in Rostock geführt habe. Sie wurden teilweise gekürzt und redaktionell vom Verfasser dieses Beitrages überarbeitet. Die Interviews sind bisher nicht veröffentlicht worden.

11 André Brie in der *taz* vom 8. April 1997, S. 4

12 H. Holter, Grundsatzpapier, Wirtschaftskongreß der PDS in Parchim, Mecklenburg-Vorpommern, Februar 1997, zitiert aus 'Wir sind keine Mittelstandsvereinigung', *Frankfurter Allgemeine Zeitung*, 17. Februar 1997, S. 13.

13 Zitiert von Tobias Dürr, op. cit., S. 10.

14 Helmut Böttiger, *Ostzeit-Westzeit. Aufbrüche einer neuen Kultur*, München 1996.

15 Siehe Anm. 8.

ANHANG

PDS -Mitglieder-Analyse

Frage 1: Geschlecht

Tabelle 1

Geschlecht	Prozent	Absolut
Männer	60,69	210
Frauen	39,31	136

Keine Angaben:1

Frage 2: Alter

Tabelle 2

Altersstruktur	Prozent	Absolut
16-25	0,86	3
26-45	11,24	39
46-60	22,19	77
über 60	65,71	228
Durchschnitt	61	

Frage 3: Beruf

Tabelle 3

Beruf	Absolut	Prozent
Rentner	197	57,27
Techniker	33	9,59
Lehrer/Professoren	23	6,69
Angestellte	23	6,69
Handwerker	23	6,69
Wirtschaft	14	4,07
Soziale B.	9	2,62
Arbeitslose	8	2,33
Juristen	4	1,16
Landwirt	4	1,16
Selbständig	3	0,87
Journalisten	3	0,87
Schüler	2	0,58
Beamte	1	0,58
Historiker	1	0,29
Arbeiter (!)	1	0,29
Mediziner	1	0,29

Mehrfachnennungen 6

Keine Angaben: 3

Frage 4: Waren Sie vor der Wende in einer Partei oder gesellschaftlichen Massenorganisation ?

Tabelle 4

Parteienzugehörigkeit vor der Wende	Absolut	Prozent
SED	330	96,21
Andere Parteien	2	0,58
Keine Partei	11	3,21

Keine Angaben: 4

Frage 5: Arbeiten Sie in einer Stadtteilgruppe/Arbeitsgruppe der PDS mit?

Tabelle 5

Mitarbeit in der PDS	Prozent	Absolut
Nicht aktiv	40,58	140
Aktiv	59,42	205

Keine Angaben: 2

Frage 6: Sind Sie in einer Bürgerinitiative aktiv?

Tabelle 6

Aktivitäten in Bürgerinitiativen	Prozent	Absolut
Nicht aktiv	87,03	302
Aktiv	12,94	45

Frage 7: Wie stark ist Ihre Identifikation mit der PDS?

Tabelle 7

Identifikation mit der PDS auf einer Skala von 0 (schwach) bis 3 (sehr stark)						
		(Prozent)			(Absolut)	
Faktor	Alter 16-45	über 45	gesamt	16-45	über 45	gesamt
3	34,88	53,61	51,3	15	163	178
2	62,79	43,09	45,53	27	131	158
1	2,33	2,63	2,59	1	8	9
0	0	0,66	0,58	0	2	2

Frage 8: Sind Sie mit der Politik Ihrer Parteiführung zufrieden?

Tabelle 8

Zufriedenheit mit der Parteiführung Skala von 3 (zufrieden) bis 0 (nicht zufrieden)						
		(Prozent)			(Absolut)	
Faktor	Alter 16-45	über 45	gesamt	16-45	über 45	gesamt
3	9,52	8,85	8,93	4	27	31
2	66,67	67,87	67,72	28	207	235
1	23,81	19,02	19,6	10	58	68
0	0	4,26	3,75	0	13	13

Keine Angaben: 1
Mehrfachnennungen:1

Frage 9: Welche Kritik haben Sie an Ihrer Parteiführung?

Tabelle 9

Kritik an der Parteiführung	(Absolut)
Innerparteiliche Zerstrittenheit/ Personalkämpfe	87
Mangelnde praktische Arbeit	39
Mangelnde Theorie	34
Mangelnde Basisbindung	27
Mangelnde Streitkultur	25
Zu wenig Toleranz	22
Mangelnde Öffentlichkeitswirkung	16
Zu wenig Kommunales	5
Zu wenig ökologisch orientiert	3

Keine Angaben: 118

Frage 10: Für welche Partei neben der PDS empfinden Sie die meiste Sympathie ?

Tabelle10

Sympathie zu anderen Parteien						
		(Prozent)			(Absolut)	
Alter	16-45	über 45	gesamt	16-45	über 45	gesamt
SPD	12,24	20,12	19,07	6	64	70
CDU	0	0	0	0	0	0
F.D.P.	0	0	0	0	0	0
B.90/Grüne	42,86	43,4	43,32	21	138	159
Rep.	0	0	0	0	0	0
Keine	32,66	31,45	31,61	16	100	116
Andere	12,24	5,03	6	6	16	22

Mehrfachnennungen: 20

Frage 11: Welche Themen- und Interessenschwerpunkte haben Sie?

Tabelle 11

Interessen	
Soziales	267
Frieden	196
Mieten	140
Wirtschaft	136
Kultur	107
Ökologie	99
Geschichte	19
Rechtsextrem.	13
Bildung	13
Renten	9
Familie/Jugend	7

Berücksichtigt wurden nur
Themenschwerpunkte mit mehr als
drei Nennungen

Frage 12: Welche Rolle spielt Ihrer Meinung nach die Vergangenheitsaufarbeitung der SED
in der PDS?

Tabelle 12

Vergangenheitsaufarbeitung	(Prozent)			(Absolut)		
Alter	16-45	über 45	gesamt	16-45	über 45	gesamt
groß	16,28	20,79	20,23	7	63	70
ausreichend	62,79	62,05	62,14	27	188	215
gering	13,95	15,18	15,03	6	46	52
zu gering	6,98	1,98	2,6	3	6	9

Keine Angaben:2
Mehrfachnennungen:1

Frage 13: Ist die PDS Ihrer Meinung nach eine ostdeutsche/eine gesamtdeutsche Partei?

Tabelle 13

Bewertung der PDS	(Prozent)			(Absolut)		
Alter	16-45	über 45	gesamt	16-45	über 45	gesamt
Ostpartei	67,44	68,4	68,29	29	210	239
Gesamtdt.	32,56	31,6	31,71	14	97	111

Keine Angabe:4
Mehrfachnennungen: 7

Frage 14: Worin sehen Sie die Rolle der PDS in den nächsten Jahren?

Tabelle 14

Zukünftige Rolle der PDS						
	(Prozent)			(Absolut)		
Alter	16-45	über 45	gesamt	16-45	über 45	gesamt
reine Opposition	54,55	58,63	58,12	24	180	204
auch Regierung	45,45	41,37	41,88	20	127	147

Keine Angaben: 3
Mehrfachnennungen: 7

Frage 15: Wie beurteilen Sie die Wiedervereinigung Deutschlands?

Tabelle 15

Beurteilung der Wiedervereinigung						
	(Prozent)			(Absolut)		
Alter	16-45	über 45	gesamt	16-45	über 45	gesamt
nur positiv	0	1,31	1,15	0	4	4
eher positiv	4,76	2,94	3,16	2	9	11
zustimmend	35,72	38,56	38,22	15	118	133
eher negativ	54,76	52,61	52,87	23	161	184
nur negativ	4,76	4,58	4,6	2	14	16

Keine Angaben: 6
Mehrfachnennungen: 7

Frage 16: Wer trägt Ihrer Meinung nach die Hauptschuld für die aktuellen Probleme in den neuen Bundesländern?

Tabelle 16

Hauptschuld an der derzeitigen Lage (Mehrfachnennungen möglich)						
	(Prozent)			(Absolut)		
Alter	16-45	über 45	gesamt	16-45	über 45	gesamt
Die Regierung	85,71	81,91	82,37	36	249	285
Das Kapital	90,48	73,36	75,43	38	223	261
Die alte SED	33,33	28,62	28,9	13	87	100

Keine Angaben: 1

Frage 17: Stimmen Sie der folgenden Aussage von Sahra Wagenknecht zu:
'Die sogenannte Wende war im Kern eine Gegenrevolution.' ?

Tabelle 17

Zustimmung zum Wagenknecht-Zitat						
	(Prozent)			(Absolut)		
Alter	16-45	über 45	gesamt	16-45	über 45	gesamt
Ja	7,69	16,22	15,22	3	48	51
zum Teil	51,28	50,34	50,45	20	149	169
Nein	41,03	33,45	34,33	16	99	115

Keine Angaben: 14
Mehrfachnennungen: 2

Frage 18: Hatte der Sozialismus Ihrer Meinung nach mehr gute als schlechte Seiten / mehr
schlechte als gute Seiten ?

Tabelle 18

Beurteilung des Sozialismus in der DDR						
	(Prozent)			(Absolut)		
Alter	16-45	über 45	gesamt	16-45	über 45	gesamt
mehr gute Seiten	100	95,27	95,85	41	282	323
mehr schlechte	0	4,73	4,15	0	14	14

Keine Angaben: 7
Mehrfachnennungen: 3

Frage 19: War die DDR Ihrer Meinung nach:

Tabelle 19

Einschätzung der DDR (Mehrfachnennungen möglich)						
	(Prozent)			(Absolut)		
Alter	16-45	über 45	gesamt	16-45	über 45	gesamt
Unrechtsstaat	0	0	0	0	0	0
Diktatur	17,07	11,41	12,09	7	34	41
autoritärer Sozialstaat	90,24	82,89	83,78	37	247	284
soziale Demokratie	4,88	21,81	19,76	2	65	67

Keine Angaben: 8

Frage 20: Ist für Sie die repräsentative Demokratie:

Tabelle 20

Einschätzung der 'Repräsentativen Demokratie' (Mehrfachnennungen möglich)						
		(Prozent)			(Absolut)	
Alter	16-45	über 45	gesamt	16-45	über 45	gesamt
Herrschaft d. Kapitals	55	51,01	51,49	22	151	173
Vorläufige Staatsform	75	79,73	79,17	30	236	266
Beste Staatsform	20	4,39	6,25	8	13	21

Keine Angaben: 11

Nicholas Hubble

THE PDS IN ERFURT AND THE 'ERFURTER ERKLÄRUNG'

1. Introductory remarks.

In early 1997 the PDS was once again thrust into the forefront of German political debate. A document called the 'Erfurter Erklärung' (see Appendix 1), signed by trades unionists, church representatives, intellectuals, politicians and others, polemicised vigorously against the current state of the German nation and stressed the need for an urgent change of government. It saw the three main left-wing parties (SPD, PDS, Bündnis 90/ Die Grünen) capable of this if only they could forget their differences of opinion and work together as a united force to oust the Kohl administration. Immediately nerves were touched and taboos were broken: the PDS had been deemed capable of political responsibility and addressed as a factor in the German political power equation. The CDU denounced the signatories almost immediately as 'Haßprediger' and 'Verhöhner der Maueropfer'; Kohl himself described the declaration as 'alarmierend'; within ten days a reply, in the form of a 'Berliner Erklärung',[1] had been published by a group of politicians, theologians and academics, representing a broad spectrum of political opinion, which attacked the Erfurt document for being 'linksreaktionär' and state socialist in its intent. National politicians felt once again the need publicly to exclude the PDS from any future coalition and the very institutions represented by the initial signatories were divided. The debate surrounding the 'Erfurter Erklärung' demonstrates clearly the current position of the PDS: after seven years as an actor on the united German political stage, the party is still confronted by accusations of Stalinism and political revanchism, and is held responsible for the injustices perpetrated within the GDR. Whilst consistently the third strongest party in the new Länder, the PDS is still politically isolated and has a long way to go before it is accepted as a viable coalition partner. Yet to write off all co-operation with the PDS would be politically disastrous above all for the SPD, at least in the middle-term and at least in the east of the country: for even if the PDS does not make it back into the federal parliament in 1998, it is still a force to be reckoned with within the territory of the former GDR where the left-wing vote, which the West German SPD would expect to have to itself, is split between the two parties. Despite claiming to be an all-German party, the PDS is clearly still first and foremost an eastern force, and one which is not merely voted for by disaffected ex-functionaries: whilst these make up the large part of its membership,[2] this group only constituted 16.9% of its voters in the general election of 1994.[3] Indeed, it is amongst the young east Germans that the PDS seems to have made most impact: in the 1994 general election almost half of those who voted for the PDS were under 35.[4]

This chapter will examine the progress of the Erfurt PDS from its restructuring in the spring of 1990 through the election years of 1990 and 1994 up to its position on the 'Erfurter Erklärung'. The local focus has been chosen for several reasons. Firstly, it is on the local level that the PDS has most of its influence. It now has 191 mayors in eastern Germany, 6,000 local councillors (including, in the West, one in Göttingen, one in Hannover, four in Marburg and five in Oldenburg) and in the eastern part of the country consistently averages the third highest share of the vote.[5] The level of local government is also the testing ground for new party alliances and coalitions, which are essential in the German party context if the PDS is to survive at all. This means that, whilst also taking other levels of government into account, the large part of the analysis will be concerned with the behaviour of the PDS at a local level in Erfurt. Now that the question of the PDS as a potential partner in the power-sharing equation has been broached in the context of the 'Erfurter Erklärung', it will be seen to what extent the political conditions in the city may or may not permit such co-operation.

Erfurt has been chosen for its provinciality. A 'Bezirksstadt' in the GDR and now the 'Landeshauptstadt' of Thuringia, the city has been a focus of government in the region for some fifty years or so. Incorporated into Thuringia only in 1944 (Erfurt had been part of the Prussian province of Saxony since 1815 and before that belonged to the Mainz electorate), the city was initially occupied by the Americans in April 1945 and was then handed over to the Russians according to the terms of the Potsdam treaty. In 1952 it became the administrative centre of 'Bezirk Erfurt' in the wake of the SED's restructuring of the GDR's administrative districts (Thuringia was divided into the Bezirke Erfurt, Gera and Suhl). After the restoration of the Länder in the area of the

GDR, the initial Thuringian Landtag assembly was held in Goethe's National Theatre in Weimar, the previous capital of the federal state. However, out of five cities bidding for the status of state capital, Erfurt was initially singled out in 1990 and then received democratic confirmation of this as the Landtag selected it in 1991. Hardly a metropolis, with a population sinking from around 235,000 in 1988 to just under 210,500 in 1995, Erfurt is also far from cosmopolitan (2,809 foreigners registered in 1995, around 1.3%).[6] As such, the city exemplifies the reawakening of provincial eastern Germany: Erfurt's new status as the capital of a 'Bundesland' within the German federalist state sees it attempting to revitalise itself now that it is something more than a mere regional outpost to the centralist East Berlin government. This process reflects the adaptation which has taken place on all levels of East German society, namely the need to shake off the collectivist identity propounded by the GDR and to reassert a degree of individualism. Yet this provincialism has always fulfilled an important function: it has created a strong regional and local identity which in the GDR served to act as a buffer against the official mass-collectivity of the 'Volk' and which now could potentially add nuance to the image of the still overly uniform stereotypical 'Ossi'.

2. The Erfurt PDS: elections and representation.

The attempt to place the results of the 1990 elections in East Germany within a voting tradition is an almost impossible task due to historical distance and vast shifts in party preference which took place since the last reliable elections. Traditionally a social democratic stronghold, Thuringia saw several important moments, including the 1891 Erfurt party congress, in the progress of the SPD in the late nineteenth century. In fact, in the whole of the region, which during the 1920s became increasingly polarised and less moderate, the 'Zentrumspartei', the forerunner of the CDU, never had much of a foothold except in the catholic region of the Eichsfeld, where the CDU can today still be assured of an absolute majority.[7] These trends were still apparent in the results of the local and regional elections of 1946.[8] Whilst in Erfurt the SED attained an average of 36.8% and the LDPD 42.5%, the CDU trailed on only 20.2%. At this point it was clear that traditional left-wing voters dominated the party scene. This fact, combined with 40 years of socialism into which no fewer than two generations were born, would have led one to expect an echo of this previous orientation, if not a left landslide, in 1990.

The Erfurt PDS emerged from the spring of 1990 stripped down and rejuvenated. Whereas the SED had had 34,117 members there at the end of October 1989, by mid-1990 the local PDS had only 4,500;[9] it had reduced the number of its employees from several hundred to several dozen (today the Erfurt PDS has one full-time employee); and neither the chairman of the newly elected executive nor either of his deputies was over thirty-three, and nor had they held a position of responsibility in the SED.[10] Knowing full well that the party could only return as opposition, the Erfurt PDS nevertheless campaigned as vigorously as it could throughout 1990 (it still disposed over considerable financial resources, infrastructure and an active membership willing to canvas for it at the grass-roots level). The party's new status was reflected in its election campaign: whilst the 'Volkskammer' election campaign saw such luminaries as Helmut Kohl, Hans-Dietrich Genscher and Willy Brandt all appear at rallies on the cathedral square in support of their respective fledgling sister parties (the most impressive being that of the 'Allianz für Deutschland', at which Kohl drew a crowd of over 100,000), the PDS's largest rally was held in the 'Thüringenhalle' where Gysi spoke before a crowd of 4,000 party faithful.

Preparations for the elections in Erfurt were made by the 'Interimsparlament' which constituted the various parties and groupings which existed within the city or which had been formed since the previous summer. Taking advantage of the new democratic opportunities which had now presented themselves, this provisional body decided to create a city council with the maximum permitted number of seats (160) in order to ensure as wide a basis of representation as possible, a decision wholeheartedly approved of by the PDS. The results of the 1990 elections in Erfurt are displayed in Table 1:

Table 1: 1990 election results in Erfurt (%)[11]

election	CDU/ DA/ DSU	SPD	PDS	B90/Gr-UVF	BFD/ NDPD	others	turnout
VK 18.03.90	50.4	21.5	16.5	5.8	4.7	1.2	90.7
local 06.05.90	43.8	22.4	15.5	10.5	4.3	3.5	68.8
Land 14.10.90	39.3	23.0	15.9	10.6	8.8	2.4	71.7
BT 02.12.90	36.7	23.6	13.2	9.5	14.4	2.6	70.5

Although initially being awarded a small absolute majority, the vote for the *Allianz* lay in Erfurt considerably below that reached in Thuringia as a whole (a massive 59.9% in the 'Volkskammerwahl', its best in the east). On the other hand, the SPD and the PDS both averaged higher than the average regional result (the PDS tends to be stronger in the 'kreisfreie Städte' and urban areas). Whilst the 'Volkskammerwahl' saw an astonishingly high turnout, this quickly dropped to more 'normal' levels for the other elections. The 'Volkskammerwahl' was clearly seen as important in establishing the fact that unification was the desired course, but both voting fatigue and clearly also some reservations about the unification process set in for the rest of the elections.

The Erfurt PDS was under no illusions about its prospects in the elections, knowing it could not offer any alternatives to what already existed.[12] Yet it was disappointed that the SPD did not emerge as the winner and was also surprised that the citizens' movements did not do better. The PDS entered the city council with twenty-five of 160 seats and the Landtag with nine of eighty-nine seats.

All parties having excluded the possibility of forming a coalition with the PDS after the election, the first democratically elected council in Erfurt consisted of a Grand Coalition between CDU, SPD, DA and FDP (114 seats in total). As a result of the Land elections, a coalition was formed between CDU and FDP (forty-four and nine seats respectively, total of eighty-nine seats). The PDS entered the regional parliament with nine seats.

The elections of 1990 marked the beginning of a difficult period of adjustment and learning. The PDS in the Erfurt council complained during the first two or three years of being marginalised and unnecessarily attacked. Wolfgang Mühle again:

> Viele Sachen, die man sachpolitisch gemeint hat, hat man aus parteipolitischen Gründen angegriffen. [...] Leute haben den Stadtrat für politische Kämpfe benutzt, um die eigene Person in den Vordergrund zu stellen und das ging am besten, wenn man auf die PDS eingedroschen hat. [...] So kann Kommunalpolitik gemacht werden. So können Umstände, politische Konstellationen nicht geändert werden. Diese Verhärtung der Positionen hindert die PDS daran, ihre eigenen Dinge zu verändern.

Cracks also began to appear in the coalition: the sheer size of the council and the range of interests it represented led to stagnation in committees and the council chamber, and the differences between the CDU and SPD became ever more entrenched. It was clear that the council was too large and, whilst being admirably representative, was being bogged down by its inability to act effectively and quickly.

It was decided that after the 1994 elections the council would be slimmed down to the minimum number possible, namely fifty seats plus the 'Oberbürgermeister'. The PDS was against this, but a majority in the council deemed it necessary due to the difficulties experienced during the first legislative period.

Table 2: 1994 election results in Erfurt (%)[13]

election	CDU	SPD	PDS	B90/Gr	FDP	others	turnout
local 12.06.94	32.2	26.6	23.2	10.7	3.7	3.7	64.7
Europe 12.06.94	27.6	25.6	23.8	8.7	2.8	11.4	64.0
Land 16.10.94	35.6	28.8	22.7	5.8	2.5	4.7	72.8
BT 16.10.94	33.1	30.1	24.4	6.9	3.3	2.2	72.8

Again there were four elections in the city and the political constellations underwent something of a change: this time left-wing

majorities were elected, with the PDS managing to increase its share of
the vote by around 10% in each election, yet the three parties were
unable to form a coalition. The SPD, having learnt from the experience
of the first term, was unwilling to form a further Grand Coalition and
the council now consists of four parties (CDU, SPD, PDS, Bündnis 90/
Die Grünen) which work together and form different majorities
according to the topic in hand. Also interesting is the fact that the FDP
was not re-elected to either the council or the Landtag, nor does it seem
to have any prospects of returning to political prominence in the city.
Bündnis 90/Die Grünen also failed to make it back into the Landtag,
which led to the formation of a Grand Coalition between SPD and CDU
with the PDS forming the opposition on its own. This constellation on
the regional level has proved to be something of a mixed blessing for
the PDS: whilst it has vastly increased the media profile of the party, it
has also meant that it has very little opportunity of being able to assert
itself against the CDU/ SPD coalition.

3. The PDS and the Erfurter Erklärung.

Having established that the PDS is not going to go away and that its vote
is not merely a reflex on the part of disgruntled GDR functionaries
whose years of blind loyalty to the GDR and SED prevent reorientation
to one of the other parties, the question of the party's real political
competence is becoming ever more of an issue. This question was posed
again by the publication of the 'Erfurter Erklärung', which, amongst
many other things, demands of the PDS that it not remain in eternal
opposition, but rather that it mount a concerted effort along with other
parties on the left to topple the Kohl government. Deliberately
provocative, the declaration paints a bleak picture of modern Germany
starting by condemning Germany as a selfish, money-driven society
concerned solely with redistributing wealth upwards to bankers and
financiers whose control over public debt payments and general
economic processes gives them an unlegitimated degree of power. It
continues to speak of merciless injustice, spiritual and moral
bankruptcy, a 'cold war' against the welfare state and demands a new
political course which will reinstate the social consensus which has
disappeared in the face of neoliberal politics. New models for
organising work and child care are suggested which would enable social
politics to fit into the economic conditions of today. It evokes the

experience of 1968 and the spirit of 1989 in order to shake a passive populace out of a state of armchair democracy and sees the only way to realise this as lying in the positive encouragement of the SPD, Bündnis 90/Die Grünen and the PDS to co-operate on a united front. Since its publication, the declaration has collected over 40,000 signatures,[14] has led to a number of meetings, conferences, demonstrations and workshops dealing with its themes and has seen the foundation of grass-roots groups concerned to promote a public discussion of the need for a new political course. It has also led to the publication of a book entitled 'Eigentum Verpflichtet',[15] in which twenty-two prominent figures elaborate on the topics raised in the declaration.

The initiators of the 'Erfurt Erklärung' are quick to point out that the question of cross-party co-operation is only one point out of seven, albeit a very important one. The declaration's original intentions were to create a public debate on the state of the nation and in the course of drafting the document it became clear that the question of cross-party co-operation was central to the demand for a change of government and they did not want to dodge this issue. Further, such co-operation is not demanded at any cost: there are conditions placed on each party which would ensure that such a constellation would consist of credibly democratic parties capable of effecting real political change.

The declaration naturally met with mixed receptions in Erfurt. Welcomed by the head of the Thuringian SPD, Richard Dewes, the party sees the declaration as an appropriate description of the state of the nation. The PDS also responded positively to it and has engaged actively in the organisation of events to promote the declaration, such as the conference on the declaration held in Erfurt on 3 October, at which the PDS organised an event with a speech from Gysi and a concert by ageing GDR rockers Electra. Less positive was the reaction by Bündnis 90/Die Grünen, whose main objection centred around the call for the involvement of the PDS in the political decision-making process. The CDU naturally rejects it totally, describing it as 'demagogic',[16] and sees in it the 'the danger of simple solutions'.[17]

As far as the question of party co-operation is concerned, examples of this already exist. The wish to erect a memorial to an unknown Second World War deserter on the Erfurt 'Petersberg' was supported by PDS, Bündnis 90/Die Grünen and SPD, who managed to have the project approved despite objections from the CDU and the

'Oberbürgermeister'. Similarly, the three parties commemorate the victims of fascism every September, and support for this ceremony is now so strong that even Oberbürgermeister Ruge feels obliged to lay a wreath. There is also a 'Volksfest' on 1 May, initially organised by the PDS, who wanted to retain at least one GDR tradition. The event is now jointly organised by the PDS, DGB and SPD (although party-political considerations still mean that each prints its own posters, which do not mention the other organisers) and in 1996 was attended by over 15,000 people. These events are seen by the Erfurt parties as extremely positive as they show that it is possible for them to work together on common projects and see it as a useful foundation for further co-operation. Lothar Adler, a member of the Erfurt PDS executive, even suggests that part of the reason why the 'Erfurter Erklärung' is so named is due to these common projects.[18]

However, the question of real political co-operation remains a difficult one. Of course, there is a degree of co-operation in the council chamber due to the fact that there is no majority and each party works with the others according to positions on the particular issue in hand. The CDU vigorously opposes any countenancing of the PDS in the political decision-making process, and describes the party as 'unanständig'[19] and disagrees fundamentally with the decision to allow the party to continue after the end of the GDR. Bündnis 90/Die Grünen have a similar opinion: whilst some individual members have signed the declaration, the party fundamentally rejects working with the PDS within a formal coalition. Ralf Holzapfel, Bündnis 90/Die Grünen councillor, explained that the Erfurt 'Kreisverband' has issued a formal statement rejecting any co-operation with the PDS. He admitted that a change of government may not be possible without the PDS, yet is not prepared to compromise this central principle even if it means a continuation of the current political circumstances.[20] The SPD is not so inhibited. Realising full well that the voters it would like for itself are split between it and the PDS, the party realises for purely tactical reasons that it must, one way or another, come to terms with the PDS, although this can only happen when the SPD is convinced of the PDS's commitment to real democratic principles. They are also keen to involve the PDS because of the advantage the party has at the moment precisely because of its status as opposition: it can represent positions which any other party cannot because it does not have to compromise them in the face of the reality of political responsibility. The PDS is divided about the issue. It is satisfied with the situation in the council as it can work effectively without having to assert itself against a hostile coalition, as was the case up to 1994. Wolfgang Mühle, whilst agreeing with the general direction of the declaration, is critical of the demands made on the party, which he sees as immoral as the PDS is committed to being truly pluralist and must therefore allow opinions from a range of people. He sees the danger of such demands in the loss of party democracy because certain positions have to be rejected and certain people disciplined. He sees the possibilities which already exist as positive and would gladly see them continue, yet refuses to compromise any positions merely to gain political power.

4. Closing remarks.

The 'Erfurter Erkärung' has without a doubt had an important effect on the German Left. Both its critique of major aspects of contemporary German society as well as its suggestions of how this can be altered have led to a public debate about these issues. However, concerned with a change of national government, the demands it makes would seem to have little chance of success unless an SPD/Green majority can be reached. For cross-party co-operation, even at the lowest level of political administration, is potentially possible, yet fraught with conflicts of interests, entrenched suspicions and a continuing reluctance to work with the PDS. The Erfurt PDS is in a fortunate position in that the city's council is not subject to majority formation by means of coalition building, yet would not be in a position to do so were this to become necessary again due to its unwillingness to compromise its pluralist positions. The SPD's relaxed attitude to the PDS is useful in the context of the Erfurt council, allowing it to work effectively with all parties and thus play a considerable role in the formation of local policy. The reservations of Bündnis 90/Die Grünen and the CDU are understandable and their non-acceptance of the PDS will continue to cause difficulties for the party for some time to come.

Appendix One:

Erfurter Erklärung:
Bis hierher und nicht weiter -Verantwortung für die soziale Demokratie

'Eigentum verpflichtet. Sein Gebrauch soll zugleich dem Wohle der Allgemeinheit dienen.' *Grundgesetz*, Artikel 14.2

1. Die regierende Politik in unserem formal vereinten Land ist in einem Zustand von gnadenloser Ungerechtigkeit, Sozialverschleiß und fehlenden Perspektiven versunken. Im fünften Jahrzehnt ihrer Existenz wird in der Bundesrepublik der soziale Konsens, auf dem ihr Erfolg beruhte, durch radikale Umverteilung zugunsten der Einfluß-Reichen zerstört. Der kalte Krieg gegen den Sozialstaat hinterläßt eine andere Republik. Was von der Bundesregierung unter der Vorspiegelung von Reformen verfügt wird, erweist sich als geistig-moralischer Bankrott.

Der Notstand ständig steigender Arbeitslosigkeit führt Staatshaushalte und Sozialversicherungssysteme in die Krise und der öffentliche Schuldendienst vermehrt den Reichtum der Banken und der Besitzer großer Geldvermögen. So entsteht Macht, die nicht demokratisch legitimiert ist. Es handelt sich nicht um einen Konjunktureinbruch, vielmehr stehen wir mitten in einem Epochenwechsel. In dieser Lage müssen sich in unserem Land alle gesellschaftlichen Kräfte zusammenfinden, die bereit und imstande sind, die Verantwortung für die soziale Demokratie mit der Bindung an ein soziales Europa zu übernehmen.

2. Gerechtere Verteilung der Einkommen und Güter ist die zentrale Aufgabe einer neuen Politik. Die deutsche Einheit wird zum massivsten Umverteilungsprozeß von unten nach oben seit Bestehen der Bundesrepublik mißbraucht. Niemand unterschätze die Dramatik der Lebenssituation in den ostdeutschen Ländern: Sehr viele neue Bundesbürger erleben, was gegenwärtig geschieht, als Enteignung ihrer erworbenen Rechte und ihrer Hoffnung auf Freiheit, Gleichheit, Mitmenschlichkeit. Im Westen meinen viele, sie geben ihr Bestes dem Osten, dort meinen viele, man nimmt ihnen das Letzte. In Ost und West gemeinsam sehen sich jedoch Millionen Mitbürger durch immer schwerwiegendere Belastungen vor unlösbare Probleme gestellt.

3. Wir brauchen eine andere Politik, also brauchen wir eine andere Regierung. Wer sie will, muß aus der Zuschauerdemokratie heraustreten. Wir brauchen eine außerparlamentarische Bewegung. Sie muß auf die Opposition in den Parlamenten überspringen. Die Erfahrung von 1968 und der Geist von 1989 sind für 1998 aufgerufen, den Machtwechsel herbeizuführen. Resignation löst kein Problem. Sie richtet nur Schaden an.

Viele denken: bis hierher und nicht weiter! Ihr Sammelpunkt ist der Wunsch nach Verwirklichung der sozialen Menschenrechte und die Verantwortung für die Bewahrung der natürlichen Lebensgrundlagen. Wir brauchen eine Regierung, die das Volk nicht als Gegner behandelt, dessen Widerspruch es zu brechen gilt.

4. Wir brauchen eine andere Politik. Oberstes Ziel muß das Überwinden der Massenarbeitslosigkeit sein. Es fehlen in der Bundesrepublik sechs bis sieben Millionen Arbeitsplätze. Die Gründe dafür liegen nicht im mangelhaften Export. Auch nicht bei den Lohnstückkosten und angeblich überteuerten Sozialpflichten.

Sie liegen bei der enorm gestiegenen Produktivität, den rückläufigen Wachstumsraten und den versäumten Konsequenzen für die Arbeitszeit. Auch fehlt es an Binnennachfrage und vorausschauendem Management.

'Kapitalisten, hört die Signale' überschrieb unlängst die *Züricher Weltwoche* einen Leitartikel, der fragte: Wer soll die Waren kaufen, wenn die Bevölkerung immer weniger verdient?

Die Schulden der einen sind die Gewinne der anderen: Jede Schuldenmilliarde der öffentlichen Hand macht Bund, Länder und Kommunen abhängiger von den Geldgebern. Kapital ist reichlich vorhanden: Neuneinhalbtausend Milliarden Mark macht die Summe der persönlichen Vermögen in der Bundesrepublik aus. Die Hälfte davon gehört zehn Prozent der Haushalte. Zugleich wirken angekündigte Massenentlassungen wie Siegesmeldungen an der Börse. Sie treiben die Aktienkurse nach oben und machen die Aktionäre zu Profiteuren der sozialen Perspektivlosigkeit der Arbeitslosen.

Wer für die Benachteiligten nur noch den Zynismus 'Sozialneid' übrig hat, verhöhnt die Sozialpflicht des Eigentums nach dem Grundgesetz. Die herrschende Politik zerteilt die sozial begründete Republik. In ihrem Polarkreis erstarrt das Eintreten füreinander.

- Wenn Notstand an Arbeit herrscht, muß sie neu und gerecht verteilt werden, durch weitere radikale Verkürzung der Arbeitszeit bei angemessenem Lohnausgleich.
- Die Bekämpfung der Massenarbeitslosigkeit muß sich an dem Leitbild eines neuen Typs von Vollbeschäftigung für Männer und Frauen orientieren. Die Erwerbsarbeit der Zukunft muß stärker denn je auf gesellschaftlichen Nutzen und ökologische Nachhaltigkeit verpflichtet werden. Finanzierung von Arbeit statt Arbeitslosigkeit.
- Wir brauchen den Einstieg in eine ökologische Steuerreform, und wir brauchen Reformen des Sozialstaats, die den Namen verdienen: Die Systeme der sozialen Sicherung müssen armutssicher gemacht werden.
- Der historisch politische Auftrag des Grundgesetzes erfordert angesichts sich ausbreitender Massenarmut eine Stärkung der Prinzipien des Solidarausgleichs und der sozialen Mindestsicherung.
- Statt die 'Zwänge' der deregulierten Güter- und Kapitalmärkte als Schicksal hinzunehmen, brauchen wir eine Regierung, die handelt: Sie muß in der Europäischen Union, der Welthandelsorganisation, gegenüber den dem internationalen Währungsfonds und der Weltbank für sozialökologische und demokratische Rahmenbedingungen eintreten.

5. Wie ist das alles finanzierbar? Ein einziges Kriterium würde Entscheidendes ändern: Steuerehrlichkeit. Die Finanz- und Steuerpolitik muß ihren Kurs korrigieren. Geldtransfers, Gewinne, Groß-Erbschaften, Vermögen, Spekulationen mit Grund und Boden und Umweltzerstörung müssen spürbar stärker besteuert werden.

Durch einen gesetzlichen Ausgleich der Lasten zwischen West und Ost, Alt und Jung, Erben und Armen kann die Bundesrepublik um vieles humaner werden. Was in den fünfziger Jahren an Umverteilung gelang, sollte angesichts des Reichtums Hunderttausender und der Vermögen von Millionen nicht wiederholbar sein?

6. Gebraucht wird eine Opposition, die den Wechsel mit allen Kräften will. Sie kann nur aus den bisher getrennten Oppositionskräften entstehen. Kein Nichtberührungsgebot darf sie schrecken, zumal die amtierende Macht sich in eigener Sache keineswegs darum schert: Der Kanzler versichert Reformsozialisten in Osteuropa seiner Freundschaft. Im Inneren der Republik sind Reformsozialisten für ihn der böse Feind, obwohl seine Regierung 1990 und 1994 mit Kadern der vier früheren SED-Schwesterparteien die Mehrheit errang.

Allzu schnell hat sich die veröffentlichte Meinung darüber hinwegtäuschen lassen. Wir brauchen eine Regierung, die ohne inneres Feindbild regiert. Das Gut-Böse-Schema aus der Zeit der Systemkonfrontation kann das Vollenden der Einheit nicht leisten.

Von der SPD fordern wir: Mut zur Opposition auf ganzer Linie. Die Mehrheit der Bevölkerung traut ihr mehr Gerechtigkeit zu, aber noch nicht die Entschlossenheit zur Macht, sie auch zu verwirklichen. Die sozialdemokratische Mehrheit im Bundesrat überträgt ihr eine zwiespältige Rolle, weil nur zu oft der Eindruck einer großen Koalition entsteht. Die SPD muß ihrer Herkunft als Partei der sozialstaatlichen Reformen auf neue Weise gerecht werden: sie muß auch in nachhaltig veränderten Zeiten mehr Demokratie wagen.

Von Bündnis 90/Die Grünen fordern wir: Den begonnenen Weg der Überwindung ihrer 'Ein-Punkt-Kompetenz (Ökologie) fortzusetzen. Sie sollte auch Kontur als soziale Reformkraft gewinnen und den Eindruck widerlegen, sie wolle am Ende die FDP ersetzen. Wer von den Grünen diese Vorstellung absurd empfindet, wird die Mathematik der Mehrheit realistisch sehen. Es gilt, für eine parlamentarische Kraft neben der SPD, die in den ostdeutschen Ländern eindrucksvoll gewählt wird, offen zu sein.

Von der PDS fordern wir: Ihre Positionen zum historisch gescheiterten Sozialismusmodell weiter zu klären. Es geht nicht um Demutsgesten und den Verzicht auf antikapitalistische Strömungen. Es geht um demokratische Zuverlässigkeit bei aller Entschiedenheit, eine demokratisch-sozialistische Kraft im Spektrum der Parteien zu sein.

An alle drei Parteien: Sie dürfen der Verantwortung nicht ausweichen, sobald die Mehrheit für den Wechsel möglich wird. Lassen Sie niemand im Zweifel, wie schwierig es sein wird, Kompromisse einzugehen und dennoch die eigene Unverwechselbarkeit zu bewahren.

Gleichzeitig die Kraft für neue Konzeptionen, Theorie und Vision aufzubringen, erfordert Toleranz in den eigenen Reihen.

7. Wir brauchen eine andere Regierung. Ein neuer gesellschaftlicher Aufbruch kann die Mehrheit in Bonn und für Berlin verändern. Parteiförmige Politik allein kann das Vertrauen der Bevölkerung in ihre Demokratie nicht mehr hinreichend begründen

Unzählige sagen sich heute: Grundlegendes muß sich verändern. Und viele fragen sich: Wer soll das tun, wenn nicht wir, und wann, wenn nicht jetzt. Wir brauchen ein Bündnis für soziale Demokratie. Lassen wir uns an der Schwelle zum neuen Jahrtausend den Wert von Visionen nicht ausreden, und beginnen wir zu handeln.

Berlin / Erfurt, den 9. Januar 1997

Notes

1   Published in the *Welt am Sonntag*, 19 January 1997.

2   In Thuringia over sixty percent of PDS members are over 60.

3   Source: Exit polls of the 'Forschungsgruppe Wahlen' in Wolfgang G. Gibowski, 'Election Trends in Germany. An Analysis of the Second General Election in Reunited Germany', *German Politics*, 2 (1995), 26-53 (p.41).

4   Ibid.

5   Statistics from the 'Bundestagsgruppe der PDS, AG Kommunalpolitik'.

6   Population statistics from *Kommunalstatistisches Heft 23: Bevölkerung der Stadt Erfurt 1995; Erfurter Stadtteile 1995*, Landeshauptstadt Erfurt, Amt für Stadtentwicklung, Statistik und Wahlen, Erfurt 1996.

7   For a more detailed analysis of continuity and change in voting patterns in the region see Karl Schmitt, 'Thüringen: Umbrüche einer politischen Landschaft', in Wolfgang Jäger, Hans-Otto Mühleisen, Hans-Joachim Veen (eds.), *Republik und Dritte Welt. Festschrift für Dieter Oberndörfer zum 65. Geburtstag*, Paderborn, Munich, Vienna, Zurich 1994, 383-392.

8   Although the manipulation of elections had not reached the extent known during the existence of the GDR, the 1946 elections were less than fair in that the SED decided which parties were allowed to take part and also influenced heavily the distribution of resources. The use of these figures here is not intended to provide an absolute comparison with the results of 1990, rather to attempt the construction of a trend.

9   Half of the 34,117 had left within an eight-week period before the end of 1989.

[10] For more detail about the PDS in the city at this time, see Stephan Schnitzler, *Der Umbruch in der DDR auf kommunalpolitischer Ebene. Eine empirische Studie zum Demokratisierungsprozeß von 1989/1990 in der Stadt Erfurt*, Göttingen 1996. For the regional restructuring see Gabriele Zimmer, 'Von der SED zur PDS', in Andreas Dornheim and Stephan Schnitzler (eds.), *Thüringen 1989/90. Akteure des Umbruchs berichten*, Erfurt 1995.

[11] The source for all local and regional election results is: Guido Dressel, *Quellen zur Geschichte Thüringens. Band 4: Wahlen und Abstimmungsergebnisse 1920-1995*, Erfurt 1995.

[12] Wolfgang Mühle, PDS, interviewed by the author, Erfurt 9 September 1997.

[13] Source: Guido Dressel, *Quellen zur Geschichte Thüringens. Band 4: Wahlen und Abstimmungsergebnisse 1920-1995*, Erfurt 1995.

[14] Total announced at press conference, Erfurt, September 1997.

[15] Daniela Dahn, Dieter Lattmann, Norman Paech, Eckart Spoo (eds.), *Eigentum Verpflichtet: Die Erfurter Erklärung*, Heilbronn 1997.

[16] Pf. Artur Wild, CDU councillor, interviewed by the author, Erfurt, 17 September 1997.

[17] Manfred Wohlgefahrt, CDU councillor, interviewed by the author, Erfurt, 12 September 1997.

[18] Lothar Adler, member of the PDS executive in Erfurt, interviewed by the author, Erfurt, 8 September 1997.

[19] Artur Wild, loc.cit.

[20] Ralf Holzapfel, Bündnis 90/ Die Grünen councillor, interviewed by the author, Erfurt, 3July 1997.

Beatrice Harper

WHY DOES THE PDS REACH THE PARTS BÜNDNIS 90/DIE GRÜNEN CAN'T REACH?

Introduction

This article considers the strong electoral position of the Party of Democratic Socialism (PDS) in the former East German Länder in comparison with the party of the former citizens' movements of the GDR, Alliance 90 (Bündnis 90), now allied with the Green Party (Die Grünen) to form the party Bündnis 90/Die Grünen (B90/Die Grünen). The citizens' movements, once the focus for the hopes for democracy within sections of a dissatisfied populus, have not managed to galvanise their original support. Instead, B90/Die Grünen has suffered a significant degree of marginalisation at Land level, (at local level it is well represented in assemblies), only retaining a presence to date in one of the five eastern Land parliaments. The PDS, however, has bucked the 'Auslaufmodell' voiced by some academics, for example Gordon Smith,[1] or the 1992 prognosis of doom by, among others, Patrick Moreau: 'Der Untergang dieser Partei scheint unvermeidbar.'[2] The PDS's broad base of electoral support and its unassailable organisational resources provide two strong advantages vis à vis B90/Die Grünen, as well as the fact that it taps the need for a party to represent eastern interests.

Overview of electoral results:
The elections to the Volkskammer March 1990

At the outset, it must be stated that the citizens' movements never equalled the degree of mobilisation enjoyed by the PDS. Although in September 1989 over 200,000 people had signed up for the movement with the widest appeal, Neues Forum, at the Volkskammer elections of March 1990 the results for the citizens' movements, standing as the alliance Bündnis 90 (comprising the Initiative für Frieden und Menschenrechte, Demokratie Jetzt and Neues Forum), were disappointing, amounting only to 2.9 percent of the votes (336,074 actual votes). By comparison, the PDS achieved 16.4 percent (1,892,381 votes), but the real winner in March 1990 was the conservative Alliance for Germany (AfD), with 48 percent. The eastern Greens, allied with the Unabhängiger Frauenverband (the citizens' movement founded for women and by women in 1989, UFV), achieved 2.0 percent (226,932 votes). (The total number of votes for Bündnis 90, Die Grüne Partei der DDR and the UFV amounted to 556,006 votes or 4.9 percent.)

1990 and 1994 federal elections

From 1990 to 1994 the vote for the PDS at the federal elections in the eastern Länder went up from 11.1 percent to nearly 18 percent, whereas the eastern share of the vote for B90/Die Grünen had dropped from 6.9 percent to to 4.1 percent.[3] (See Appendix 1 for Volkskammer and Bundestag results in 1990 and 1994.)

Electoral support for the PDS

PDS support is primarily to be found in the larger towns with over 100,000 inhabitants. In Potsdam, for example, the PDS attracted one vote in three at the 1994 Landtag elections. There is now a substantial body of empirical research that has been carried out on the composition of the PDS electorate and some of the main published findings are set out below. This has been supplemented by a series of interviews the author carried out in 1996 and 1997.

The 1992 local elections in Berlin were the first test of voters' preferences since the 1990 all-German federal elections. At these elections, despite a low turnout of about 61 percent, the party had received almost 29.7 percent of the vote in East Berlin, with high numbers in the areas of the old administrative centres and especially around the old Stasi areas where it approached 84 percent. Thus it had regained the same high level of support achieved at the Volkskammer elections in March 1990. In the light of these results, the Forsa Institute summarised the method by which the PDS had mobilised the less privileged (who regarded it as a protest party): 'Die PDS [hat] für eher sozial Unterprivilegierte die Rolle einer Protestpartei im Osten übernommen.'[4]

Yet the Statistisches Landesamt Berlin offered an analysis that suggested that actually a disproportionately high number of well-educated and successful people had voted PDS. This analysis is supported by Jürgen Falter and Markus Klein, who categorise PDS voters at the 1994 federal elections as having high formal educational qualifications, but also as: subscribing to GDR nostalgia with a positive, rather than a negative outlook; having a critical attitude to West Germany for various reasons; having negative perceptions of state and society; maintaining ties to socialism and being of a Left orientation. In short they are described as being 'zwischen Ideologie, Nostalgie und Protest'.[5]

Michael Brie, in his 1995 analysis, also supports the fact that the core PDS voter is well-educated, but, citing a Forsa survey, he added that many PDS voters were better off than the average, with some 3,500 DM per month net income. There are also those supporters, however, who have been made redundant and subsequently spent a significant amount of time unemployed. Although they have a relatively well-balanced attitude towards the positive and negative consequences of re-unification, they also contend that much in the GDR was better than in a united Germany. Brie maintains that they are the East German middle-class.[6]

Friedrich Heilmann, a founding member of the eastern Green Party and member of the first joint executive committee of the party B90/Die Grünen, concurs with the findings that in financial terms PDS supporters are not necessarily losers from unification. However, in terms of their mental and emotional roots, many probably do see themselves as losers and feel that they have been uprooted, humiliated and partly rejected by society. In their own way they are attempting to re-create an atmosphere of security; for example, they do not undertake intense inquisitions about their Stasi past and do not reject the ideas of socialism wholesale.[7]

Brie's analysis—'Die PDS ist Ausdruck des Ost-West Gegensatzes und des Gegensatzes zwischen Sozialismus und Kapitalismus'—hinges on the PDS as the expression of the East-West conflict and the conflict between socialism and capitalism.[8] Walsh and Betz add to this that the PDS is also the main political representative of a specific socio-economic and cultural milieu in the former GDR, combining this homogeneous social milieu with a heterogeneous composition.[9]

Jung and Roth suggest that at the 1994 federal election PDS voters were 'not only the older generation, who felt close to the old regime, but younger people who had little ideologically in common with the party'. A relatively high number of the unemployed and trade unionists also voted PDS, but not so many workers. The electorate is fairly heterogeneous in its social and age composition, but Roth and Jung suggest that they have the following in common: they are dissatisfied with the consequences of unification (and not only the economic consequences), and they believe that the PDS will best represent their interests. Most believe that the PDS has truly broken with its past. Roth and Jung suggest that the PDS is both the party for those who were close to the old regime, but also a protest party for people who do not regard the SPD as providing a credible opposition.[10]

Walsh and Betz argue that the PDS's success was largely due to the party's ability to present itself as the only authentic advocate of East German interests, but that its success cannot be explained solely with a rising tide of GDR nostalgia and/or the efficiency of PDS members as service-providers and advocates at the grass-roots level.[11] The PDS is the only original East German party; some analysts label it a regional milieu party.[12] Although not solely a protest party,[13] it attracts a fair proportion of the eastern protest vote. It has widely mobilised East German interests and is seen to address issues eastern citizens do not feel the main parties are addressing. 'Easternness' is a characteristic the PDS can claim; not so Bündnis 90/Die Grünen, regarded by some as an extension of the western Greens and dominated by western politicians.

Membership, electoral potential and actual support

Notwithstanding Walsh and Betz's claim (above), it is incontestable that if a party has vast financial resources at its disposal and an all-encompassing network of grass-roots level offices, not to mention sheer strength of membership numbers, it is going to find itself in a stronger position than a party that does not have similar resources. By contrast, Bündnis 90/Die Grünen, simply does not have access to the same resources for electoral mobilisation. Thus B90/Die Grünen finds itself in a vicious circle. With scarce operational resources at local level it cannot fully mobilise its potential electorate. On account of the small number of Landtag, Bundestag and European Parliament members in the eastern Länder, it does not even have access to the resources that are attached to these posts, which would enable it to expand its activities.[14]

The PDS is the strongest group (Fraktion) in countless local assemblies and has thousands of members in communities and various sections of cities where other parties can scarcely field a single member. It must also be remembered that since the PDS has an unrivalled number of elderly and retired members, they have more time at their disposal to campaign. Although this fact also means that the PDS is suffering a severe drop in membership numbers—the older members are dying off—the figures are still beyond the wildest hopes of a small party like B90/Die Grünen.

Comparative statistics on both parties are set out in Appendix Two. It should be mentioned that, for example, the total membership numbers for B90/Die Grünen for all the five eastern states are not much higher than PDS members in Rostock alone. So even though B90/Die Grünen achieves a very high ratio of votes per member (approx. 66:1 in the 1994 Brandenburg Landtag elections) it still has a long way to go before even approaching the level of results gained by the PDS.

The (eastern) Green, Friedrich Heilmann, has outlined three bases for PDS support:

• Firstly: There is a tight network of local groups in all small and large towns; even in villages with less than 500 inhabitants there are active individuals, party members or sympathisers who willingly stand as PDS candidates. The PDS has no limit to its campaigning possibilities; there is no need for it to set up special stands in the streets before elections because people are always on hand to give citizens advice at the local office. Local members hold traditional neighbourhood festivals of beer and sausages and the like which help integrate them into the community even more.

• Secondly: There is also a strong 'non-neighbourhood' body that is radical, critical of the establishment, opposed to capitalism, aware of the environment, internationalist in thought; i.e. 'on the Left'—that appeals to the Left. Few would deny that B90/Die Grünen has been moving more and more towards the right end of the political spectrum, partly due to the influence exerted by influential members of the Realo wing of the party such as Joschka Fischer (the leader of the parliamentary group in the Bundestag), and by a handful of strong personalities from the East and the ranks of the former citizens' movements, such as Werner Schulz (a founding member of Neues Forum in September 1989).

- Finally: There are the intellectuals writing articles and essays for journals such as Neues Deutschland; i.e. the educated elite.[15]

All these people taken together are not only highly motivated, well qualified and educated. Above all, they are politicised. This particularly, according to the Green experience in western Germany, is the decisive factor in local politics. They are also more willing to participate; apparently 67 per cent of PDS *voters* described themselves as being extremely politically interested and informed, as against 47 percent in other parties. In the other parties, 75 per cent of *members*, rather than actual voters, described themslves as such, as against 91 per cent in the PDS.[16]

The long years of community work during the days of the GDR still pay off today. There remains an existing network from the old SED, which links the PDS with the population at large. It could be argued that this ought to be an advantage enjoyed by the former block parties, now integrated with the western sister-parties, but none rivals the PDS in its penetration into the population.

The local strength of the party is something that PDS members in the administrative echelons acknowledge. It was a point raised in an interview with the PDS Press Officer, Hanno Harnisch, in 1996. When asked where he saw the strengths of the PDS vis-à-vis B90/Die Grünen, he stressed the local strength of the party, its tremendously high level of grass-roots organisation, and the close relationship to the people. The PDS is very 'bürgernah'. Harnisch maintained that the PDS members of (for example) the eastern Land parliaments were more attuned to local interests. The party offers personal advice to citizens in the form of 'Bürgerberatung' and the like, and the local office is the place people go when they want advice on countless everyday questions, not necessarily only political matters.

The above has provided a picture of the impressive organisational network of the PDS and its widespread support, from the grass roots in villages to the well-educated in the larger cities. By comparison, it should be noted that in West Germany the typical Green voter is well-educated and that the Green electorate includes a high proportion of, for instance, teachers. There is also a concentration of Green support in, for example, university towns such as Freiburg and Tübingen. This potential electoral support has not yet been reached by B90/Die Grünen in the eastern Länder.

'Easternness'

The PDS has been able to gain the support of the electorate in the eastern Länder since it is widely regarded as the only authentic eastern party, the only party that stands up for its specific interests. Brie cites a poll in which even voters who supported other parties still regarded the PDS as the party that most represented their interests and concerns. This applied to more than 12 percent of SPD voters and a remarkable 27 per cent of B90/Die Grünen voters. Even the SPD fares better than B90/Die Grünen in this context, which trails a long way behind, together with the CDU.[17]

Brie contends that it is not that the PDS has a monopoly over issues relating to the representation of East German interests, it is not even necessarily the adeptness of the PDS that has contributed to this belief, as it is only since 1992 that the party has actively worked at developing this profile. It is rather that its strong position has evolved in response to the structural deficit in the other parties in relation to the East-West conflict cleavage.[18] The other parties have not worked hard enough at specifically targeting the East German electorate.

According to Koch, the PDS is credited with special competence in representing east German economic interests despite the fact that the CDU may well be credited in general with economic competence and with being close to industry.[19]

Another important aspect related to 'easternness' and Eastern identity is that B90/Die Grünen dwells too much on the past. For example, in Brandenburg B90/Die Grünen was widely identified as being the party that was most critical of the President, Manfred Stolpe, and his previous Stasi activities. Far from this winning the electorate over to its side, at the 1994 Landtag elections this was regarded as one of the most important reasons for the party's demise. (See Appendix Three for comparative statistics in Brandenburg.)

This harking back to the past has had the effect of alienating many younger voters. They feel they are unfairly being blamed for the past mistakes of the older generation. Moralising to the younger generation simply pushes them still further into the PDS camp, and the universities already harbour significant levels of PDS support. B90/Die Grünen is only too well aware that the universities represent one potential electorate that is going to require a good deal of intense campaigning to capture. The PDS scores points by dwelling on the positive aspects of the old GDR.[20]

The negative impact of the retrospective soul-searching is supported by one of Brie's observations regarding the relative unpopularity of B90/Die Grünen and how the PDS has benefited from it:

> Die Ausgrenzung der SED-nahen Dienstklasse der DDR durch die Bürgerbewegungen und später dann durch die politischen Organisationen der Bundesrepublik haben das Schicksal vieler Angehöriger dieser Klasse zumindest symbolisch mit dem der PDS verknüpft.[21]

Brie (above) is cited as suggesting that the PDS is the expression of the East-West conflict and the conflict between socialism and capitalism. This is supported by other PDS sources, such as Hanno Harnisch, who observed that other parties criticise the attempt at socialism in the GDR as invalid and Stalinist. Not surprisingly, he maintains that this simply does not hold water; GDR socialism was a legitimate attempt to come to terms with the results of the Second World War, and to find an alternative way. That mistakes were made and the system imploded from within was due to the fact that the SED did not keep up with the times. Even if mistakes were made, socialism, according to a *Spiegel* survey, is still something worth striving for. According to a survey of East Germans reported in August 1994, 71 per cent believed that socialism itself is a good thing, but was badly executed.[22]

Social concerns are a priority for the former East Germans, and this is one area that the PDS has covered thoroughly. Whereas the PDS makes a point of defending East German social interests, a B90/Die Grünen meeting following the catastrophic results in Brandenburg in 1994 acknowledged that the party had left social issues almost exclusively to the PDS, and that B90/Die Grünen's coverage of important issues, such as employment policy, social security or support for the East Germans had not been extensive enough. Even a cursory glance through the PDS programme shows that the party purports to take eastern interests very seriously.

Hanno Harnisch further maintained that the Greens have lost their position on the left of the spectrum. In Harnisch's somewhat extreme opinion, influential members such as Joschka Fischer have been responsible for turning the party into a 'FDP Nachfolgerpartei'. While this does seem to be an overstatement, there remains a persuasive argument that B90/Die Grünen has lost its profile as a left-wing, ecological party in its pursuit of the centre ground. The widespread 'Themenklau' of the Greens' ecological and environmental agenda by all the parties, and especially the PDS, certainly detracted from the previous situation when the Greens were the 'no alternative' party for environmentally-minded voters.

In a lighter vein, there have been other manifestations of East German identity problems, although it can hardly be said that the PDS was responsible for sorting them out.

A *Spiegel* article on a change in daily language stated that the East Germans have had to learn 2,000—3,000 new words, whereas the West Germans have only had to learn a dozen or so. After the Wall came down, learning new words was one of the East Germans' most common activities—they were suddenly confronted with, for instance, 'Arbeitslosengeld', 'Einkommenssteuererklärung', or 'Makler'. Newspapers ran 'ABC des Westens' and set up helplines for people who were confused by the new language. One such helpline, run by the German Department at Halle, was contacted by 7,000 people from its inception in 1993 to the date of the *Spiegel* article in April 1997. It is not only that they have had to get used to West German words such as 'Supermarkt' and 'Kita', but some 800 East German words have disappeared completely, including political terminology. There is a quaint story in the article about how a group of researchers into language from East Germany, together with the Professor who has made a study of this, Manfred Hellmann, spend their time together enjoying 'eine nostalgische Kaffeerunde im Jahr Sieben der deutschen Einheit!' This example is merely symbolic of the feelings that perhaps encourage voters to choose the PDS in preference to other parties.

In conclusion, these main issues appear to have contributed to the success of the PDS in elections and in mobilisation in comparison with Bündnis 90/Die Grünen:

- The PDS has an unassailable organisational superiority throughout the eastern Länder. Its core electorate, on account of its relatively widespread representation in society, now seems fairly constant. The well-educated tend to vote PDS in the eastern Länder, whereas they tend to vote for the Greens in the western Länder—to the disadvantage of B90/Die Grünen in the East.

- According to some perspectives, Bündnis 90/Die Grünen has lost its position on the left-right spectrum and its appeal to intellectuals on the Left. B90/Die Grünen used to have an environmental profile, but this has been gradually 'stolen' by the other parties, including, of course, the PDS.
- The B90/Die Grünen emphasis on the 'clean past', both of its members and political figures, has not impressed the eastern voter. If anything it has had the opposite effect, as was observed in 1994 at the Landtag elections in Brandenburg. The party is not regarded as an authentic eastern party, but as dominated by its western politicians. By comparison, the PDS is accessible on a local level and is perceived as finding clear and populist answers to many of the questions that trouble East Germans. Bündnis 90/Die Grünen has not yet convinced the electorate that the PDS has merely assembled a collection of individual suggestions without a comprehensive programme of reform.

Finally, an interesting statistic: in the research paper by Lothar Probst referred to below in Appendix Two,[23] 43 percent of those PDS supporters questioned in Rostock said that their next closest political party would be Bündnis 90/Die Grünen. But this refers specifically to the western Greens, and not Bündis 90.

Bündnis 90/Die Grünen has to attempt to win over as many as possible of those unreached 43 percent.

Appendix One:

ELECTION RESULTS IN EAST AND WEST GERMANY 1990 AND 1994

	VKW90	BTag90	East	West	BTag94
AfD	48.0	CDU	41.8	44.3 (+ CSU)	41.5
SPD	21.9		24.3	35.7	36.4
FDP/BFD	5.3	FDP	12.9	10.6	6.9
PDS	16.4		11.1	0.3	4.4
B90	2.9	B90 (+DDR/Gr)	6.0	Grü 4.8	B90/Gr 7.3
DBP	2.2				
Gr/UFV	2.0				
Others	0.8				
		Rep	1.3	2.3	1.9
NDPD	0.4	DSU	1.0	NPD 0.3	

Sources:
Matthias Jung, 'Parteiensystem und Wahlen in der DDR: Eine Analyse der Volkskammerwahl vom 18. März 1990 und der Kommunalwahlen vom 6. Mai 1990', *Aus Politik und Zeitgeschichte* B27/1990, 3-15.
Gordon Smith, 1992, op.cit., pp. 86 and 88.
Appendix to *German Politics*, August 1995, p.163

Appendix Two:

PDS and Bündnis 90/Die Grünen compared

- The SED recruited approx. one fifth of the adult population of the GDR, a strong base from which to start.
- Between Spring and Autumn 1989 before the wall came down, the SED had suffered a loss of membership of c. 40,000
- Currently B90/Die Grünen is the only party that is increasing its membership

Membership numbers:
- 1989: SED: 2,300,000
- By mid-1990 PDS had only one sixth the number of SED members (c.400,000)
- By 1991 membership was down to c.241,000; 97% of the members had previously belonged to the SED.

[This proportion is confirmed by the recent analysis of the Rostock party in which 96% of the participants in a questionnaire distributed to 500, and answered by 357, said that they were previously members of the SED.]

- 1994: PDS: 124,000
- Currently c.105,000, losing c.700 per month, but gaining 500—so net loss of c.200.
- Mainly loss through death because of elderly members.

By comparison:

- 1994: B90/Die Grünen in the FNL: 3,278 (2,796 without East Berlin)
- 1994: PDS members in West Germany: 2,326
- 1994: PDS membership numbers in *Rostock alone*: c.3,000

Women members 1996:
- PDS: slightly over 40%—similar to that of the SED
- B90/Gr: 36.48% (FNL) (Whole country: 37.4%)

Facts about the PDS.

The party:

- fields 30 MPs
- is represented in 6 state parliaments
- has altogether 6,000 elected representatives
- is one of the three largest parties in Germany
- has 161 mayors including 4 in larger cities
- occupies 26 Stadtratsposten in East Berlin
- in 1994, for c. 124,000 members, it had c. 156 paid administrators

Membership figures (men and women) in Brandenburg:

1993: PDS members:	20,679	B90/Gr:	685
1994: PDS members:	18,258	B90/Gr:	469

Sources:
Dietmar Wittich 'Mitglieder und Wähler der PDS' in Michael Brie, 1995, op.cit., p.59.
Lothar Probst, Research Paper on the PDS in Rostock.
Bündnis 90/Die Grünen membership figures, 1996.
PDS Press Office
Neugebauer and Stöss, op.cit.

Appendix Three:

Comparative electoral statistics in Brandenburg

In terms of actual votes cast:
1990 Landtag elections:

Entitled to vote:	1,963,926		
Participants:	1,317,288	67.07%	
Greens + Bündnis 90	118,195	(second votes)	9.25%
(Greens: 36,387; Bündnis 90: 81,808)			
PDS Linke Liste:	171,391	(second votes)	13.4%

1994 Landtag elections:

Entitled to vote:	1,933,680		
Participants:	1,089,161	56.33%	
Bündnis 90/Die Grünen:	31,033	(second votes)	2.89%
PDS	200,628	(second votes)	18.71%

Thus against the total votes for both Greens and Bündnis 90 in 1990 (118,195 second votes cast) the 1994 result (31,033 second votes) represented a loss of more than two thirds. Voter participation was also more than ten percentage points down on the 1990 elections. The PDS, on the other hand, increased its share of the vote substantially, bringing it to within only 0.01% of the CDU, whose share of the vote dropped from 29.45% to 18.72%.

The PDS and the CDU both have 18 seats in the Landtag. The SPD has 52 seats.

Sources:
Landesamt für Datenverarbeitung und Statistik Land Brandenburg, B VII 3-93/1 p.9 and B VII 2-94/3 p.9
Forschungsgruppe Wahlen, 'Wahl in Brandenburg', Bericht Nr.74, 16 September 1994

Notes

1   'The 'New' Party System', in:*Developments in German Politics*, London 1992.

2   Patrick Moreau, *PDS. Anatomie einer postkommunistischen Partei*, Bonn/Berlin 1992, p.459.

3   Hans-Georg Golz, 'Der Wechsel fand nicht statt', *Deutschland Archiv*, 11 (1994), 1128-1134.

4   Cited in Gero Neugebauer and Richard Stöss, *Die PDS: Geschichte. Organisation. Wähler. Konkurrenten*, Opladen 1996, p.201.

5   Jürgen Falter and Markus Klein, 'Die Wähler der PDS bei der Bundestagswahl 1994: Zwischen Ideologie, Nostalgie und Protest', *Aus Politik und Zeitgeschichte*, B51-52/94, 22-34.

6   Michael Brie, 'Das politische Projekt PDS—eine unmögliche Möglichkeit', pp.9-38, in Michael Brie (Hsg.), *Die PDS: Empirische Befunde und kontroverse Analysen*, Köln 1995, p.23.

7   Taken from an interview conducted by the author in Berlin, May 1997

8   Cited in Gero Neugebauer and Richard Stöss, op.cit., p.22.

9   Hans-Georg Betz and Helga A. Welsh, 'The PDS in the New German Party System', *German Politics*, 3/1995, 92-111.

10 Matthias Jung and Dieter Roth, 'Kohls knappster Sieg: Eine Analyse der Bundestagswahl 1994', *Aus Politik und Zeitgeschichte*, B51-52/94, 3-15, p.15.

11 Walsh and Betz, op.cit., p.93.

12 See, for example, Oskar Niedermayer's contribution to this publication.

13 Raschke, however, has labelled it as '*the* protest party of the East', cited in Brie, op.cit., p.23.

14 See Thomas Poguntke's chapter on B90/Die Grünen in: *Intermediäre Strukturen in Ostdeutschland*, ed. Oskar Niedermayer, Opladen 1996.

15 See Heilmann's chapter in:*The Green Agenda. Environmental Politics and Policy in Germany*, Keele 1995; also taken from interviews with the author, Berlin 1996 and 1997).

16 Statistics cited by Hanno Harnisch, PDS Press Speaker in an interview in Berlin in 1996.

17 Brie, op.cit., p.15.

18 Brie, op.cit., p.16.

19 Thomas Koch, 'Unternehmer als Klientel der PDS' in: Brie op.cit., pp.81-101, 96.

20 This was a point raised at a meeting of Bündnis 90/Die Grünen the author attended in Berlin in 1994

21 Brie, op.cit., p.25.

22 *Der Spiegel*, 15 August 1994.

23 See Tabelle 10 in Lothar Probst's contribution to this volume, p. 73.

Dieter Klein

DIE PDS ZWISCHEN IDEOLOGIE UND POLITISCHER REALITÄT

In der PDS hat sich seit dem Sommer 1996 eine erhebliche Entwicklung vollzogen. Im Sommer 1996 machte sie Schlagzeilen, als Vorstandsmitglied und Wahlkampfleiter André Brie Teilen der Partei öffentlich vorhielt, daß sie noch nicht angekommen sind in der Bundesrepublik und in deren Demokratie. Er meinte damit, daß sie sich der Entwicklungspotentiale der Bundesrepublik nicht bewußt wären und daher nicht in der Lage seien, engagiert in die Gestaltung der gesellschaftlichen Verhältnisse einzugreifen. Das war eine Kritik an der Tendenz von Minderheiten, möglichen sozialen Wandel erst jenseits des Kapitalismus zu erwarten, statt sich unter den gegebenen Bedingungen voll für sozial-ökologischen Umbau zu engagieren. Im Grunde ging es um die Auseinandersetzung zwischen eher traditionalistischen sektiererischen Ideologiekonzepten und Hoffnungen auf eruptive Umbrüche einerseits und jenen Reformkonzepten andererseits, die von 1989/90 an die Entwicklung der Partei geprägt hatten, zunächst eher im Stil einer top-down-Steuerung.

Auf dem Parteitag im Januar 1995 wurde offensichtlich, daß es eine unangefochtene Hegemonie der Reformsozialisten von solchem Typ nicht mehr gab. Die Partei hatte sich—vollständig im Gegensatz zur zentralistisch verfaßten SED—zu einer wirklich pluralistischen Partei entwickelt und die Hegemonialstruktur einer postkommunistischen Nachfolgepartei überwunden.[1]

In der nun folgenden Phase des öffentlichen Streits um die Strategie und Reformpolitik war die PDS stets gut für Medienspektakel. Etwa seit einem Jahr nun prägen die Reformkräfte der Partei immer eindeutiger deren Profil und Selbstverständnis—jetzt jedoch im Ergebnis eines innerparteilichen demokratischen Diskussionsprozesses und personeller Entscheidungen in den Wahlen von unten. Der Streit, ob die PDS sich offen für Regierungsbeteiligungen zumindest in einigen neuen Bundesländern halten oder grundsätzlich in harter Opposition verbleiben solle, wurde auf dem Schweriner Parteitag Anfang 1997 einstweilen beigelegt, bricht aber insbesondere in einigen westdeutschen Landesverbänden immer wieder auf. Doch insgesamt setzte sich der

Kurs durch, auf den verschiedenen Politikfeldern durch Sachkompetenz, intensive konzeptionelle Arbeit und konkretes Wirken besonders in der Kommunalpolitik bei der Lösung dringlicher Probleme die eigene Politik- und Oppositionsfähigkeit zu qualifizieren.

In der öffentlichen Wahrnehmung ist eine ironische Konstellation die Folge. Streit und Kämpfe innerhalb der Partei brachten ihr stets Medienschlagzeilen. Solide Sacharbeit der Linken wird totgeschwiegen, so daß es schwerer wird, in einer mediengeprägten Gesellschaft im Bewußtsein der Wählerinnen und Wähler präsent zu sein. Das kann trotz starker kommunaler Verankerung in Ostdeutschland bei den Bundestagswahlen 1998 zu einer ernsten Gefahr für die PDS werden. Daher wird die PDS ihre Rolle als konsequente Oppositionspartei entschieden deutlicher wahrnehmen und die Medien zwingen müssen, sie zu beachten. Aber ihre Aktionen und Oppositionssignale müssen auf realistische Politikangebote aufmerksam machen. Dies führt zu einem ersten Problemkreis.

Die PDS zwischen Sacharbeit und realitätsnaher Vision
Der erreichte Stand der Profilierung des demokratisch-sozialistischen Selbstverständnisses in der PDS darf nicht überschätzt werden. Das geht aus dem folgenden Ergebnis einer repräsentativen Befragung von PDS-Mitgliedern, u.a. zu deren strategisch relevanten Grundhaltungen, hervor (befragt wurden 1.300 PDSAngehörige, d.h. über 1% der Mitgliedschaft):[2]

Denkansätze in der PDS

Denkansatz	Anteil an den Befragten (in %)
'bloße Abwehr/Protest'	6
'Abwehr mit Reformansatz'	78
'grundlegendere nachhaltige Reformansätze'	6
'"Revolution"'	1
'Ansatz nicht klar'	9

84% der PDS-Angehörigen neigen einer kritischen Reformpolitik in der Abwehr neoliberal-konservativer Politik zu. Nur 1% ist in traditioneller Weise auf 'Revolution' fixiert. Aber auch nur 6% haben klare und problemorientierte Vorstellungen von notwendigen Reformen. Allerdings haben sie die Meinungsführerschaft im innerparteilichen

Diskurs, weil sie die Position der 78% konstruktiv entfalten können. Für ihr die Politik der PDS insgesamt stark prägendes Konzept ist die Überzeugung charakteristisch, daß Wege in gesellschaftliches Neuland erschlossen werden müssen, Wege in eine andere Gesellschaft der sozialen Gerechtigkeit, des Friedens mit der Natur und zwischen den Völkern, der Solidarität und Freiheit einschließlich der Überwindung patriarchaler Herrschaft. Der Physiker Werner Heisenberg schrieb, wohl nicht nur zutreffend für wissenschaftliche Informationen, von der Notwendigkeit, aus dem Gewohnten herauszuspringen: 'wirkliches Neuland in einer Wissenschaft (kann) wohl nur gewonnen werden, wenn man an einer entscheidenden Stelle bereit ist, den Grund zu verlassen, auf dem die bisherige Wissenschaft ruht, und gewissermaßen ins Leere zu springen.'[3]

Es trifft nämlich zu, was Habermas so formulierte: 'Wenn die utopischen Oasen austrocknen, breitet sich eine Wüste von Banalität und Ratlosigkeit aus.'[4] Heisenberg dachte aber auch über die Voraussetzungen für den Sprung in wissenschaftliches Neuland nach, die ebenso für gesellschaftlichen Wandel gegeben sein müssen, über das Anknüpfen an entwicklungsfähigem Gegebenen. 'Der Versuch, alles Bisherige aufzugeben und willkürlich zu ändern, führt zu reinem Unsinn.'[5]

Wer die Gesellschaft verändern will, darf nicht den Boden unter den absprungbereiten Füßen verlieren. Denn dann würde der kleinste Sprung unmöglich. Die PDS kann sich keine illusionistische Utopie erlauben und darf sich zugleich nicht in das Gewohnte fügen. In der Sicht der PDS ist Arbeit im und am Gewohnten mit dem Versuch notwendig, es zu verbessern und darüber hinaus nach und nach zugunsten des Ungewohnten zu verlassen. So daß im Prozeß des Abspringens die Leere Kontur gewinnt, und das gesellschaftliche Neuland, das betreten werden soll, der Formung durch die beteiligten Akteure zugänglich wird.

Die PDS versucht, konstruktive Suche nach gegenwärtig möglichen Reformen mit realistischen Visionen von einer besseren Gesellschaft zu verknüpfen. Die einen mögen diese Vision 'sustainable development' nennen. Die Befreiungstheologen in Lateinamerika nennen sie den Weg Gottes auf Erden. Die PDS stellt sie sich als demokratischen Sozialismus vor, der alle Bedingungen für 'sustainability' schafft. Die PDS ist nach der weitgehenden Etablierung

der SPD und tendenziell von Bündnis 90/Die Grünen in der Gegenwart
der dritte Versuch in Deutschland, dieses fast unmögliche politische
Kunststück zu bewältigen, Realpolitik mit dem Zugang zu tiefgreifenden
Umwälzungen der Gesellschaft zu verbinden.

Ihre Karten sind—einerseits—nicht sehr gut: 4 bis 6% der
Wählerstimmen werden ihr nur zugetraut. Nur in Ostdeutschland ist sie
fest verankert. In Westdeutschland hängt ihr die Herkunft aus der SED
wie ein Mühlstein am Hals. In Ostdeutschland, wo die Menschen diese
Herkunft aus eigener Anschauung kennen, ist die PDS allerdings kein
Schreckgespenst mehr. 65% der Wählerinnen und Wähler halten sie
dort für regierungsfähig. Ihre Karten sind—andererseits—auf lange
Sicht gut. Denn allein schon das ökologische Überleben, die Lösung des
Beschäftigungsproblems und solidarische Unterstützung für die
Überwindung von Unterentwicklung erfordern in den nächsten
Jahrzehnten einschneidende gesellschaftliche Umbrüche—grundsätzliche
Opposition also und den Aufbau eines Netzes von Gegenmächten. Das
Problem ist aber, bis zu dieser Zeit zu überleben und an Einfluß zu
gewinnen, bevor die Brüche spektakulär akut werden.

Welches sind mit diesen Prämissen die Funktionen der PDS im
politischen System der Bundesrepublik?

- Sie ist die Partei, die kraft ihrer Herkunft und des in ihr vereinten
  Qualifikationspotentials wie keine andere Partei ostdeutsche
  Interessen vertreten muß und andere Parteien zur Konkurrenz um
  die Vertretung dieser Interessen gezwungen hat und zwingt. Das ist
  eine bundes-, nicht allein eine regionalpolitische Aufgabe;
- Sie ist ihren historischen Wurzeln in der Arbeiterbewegung, ihrer
  Programmatik und ihren Wählerinteressen entsprechend—und
  begünstigt durch den Ausschluß aus allen Machtkartellen der
  etablierten Parteien—besonders ausgeprägt die Partei der sozialen
  Gerechtigkeit;
- Nachdem das Berliner Programm der SPD mit seinen demokratisch-
  sozialistischen Grundforderungen nur noch eine marginale Rolle in
  der sozialdemokratischen Politik spielt und besonders von Schröder
  de facto ad acta gelegt wurde, bewirbt sich die PDS um die in
  Deutschland vakante Rolle einer sozialistischen Partei, die ja in vielen
  Parlamenten west- und nordeuropäischer Staaten existiert und für die
  Mobilisierung von Gegenmächten zu wirklich tiefgreifendem Wandel
  unverzichtbar ist.

Die PDS im Ost-West-Gegensatz

1996 lag das Volumen der ostdeutschen Industrieproduktion noch unter 50% von dem des Jahres 1990. Bei einem Bevölkerungsanteil von 19%, einem Anteil des Bruttoinlandprodukts von 11% und der Industrieproduktion von 5,6% liegen die Export- und Forschungsanteile Ostdeutschlands bei 2-3% der gesamtdeutschen Werte (1996). In der Landwirtschaft ist der Tierbestand um über 50% zurückgegangen. Die offiziell ausgewiesene Arbeitslosigkeit beträgt im 1. Halbjahr 1997 18,5%, die reale Unterbeschäftigung fast 30%. Nur noch 20% der früher in Forschung und Entwicklung Tätigen sind übriggeblieben.

Die Treuhand hat rund 85% des von ihr verwalteten produktiven, ehemals staatseigenen Vermögens der DDR in westdeutsches Eigentum überführt. Damit wurde die ostdeutsche Wirtschaft weitgehend zu einem Anhängsel der Westdeutschen und verlor ihre organische Bindung an vorhandene Substanz, an ostdeutsche Innovations- und Qualifikationspotentiale, Stärken und Traditionen. 40% der ostdeutschen Unternehmen erzielten auch 1996 keinen Gewinn. Ostdeutsche Unternehmen sind im Vergleich zu westdeutschen mit höheren Kosten für Energie, Wasser, Abwasser und Fremdkapitalzinsen belastet.

Seit Ende 1995 wurde der mäßige Aufholprozeß des Ostens gestoppt. 1997 wird die Zuwachsrate des ostdeutschen Bruttoinlandprodukts wahrscheinlich unter der westdeutschen liegen. Die Chancen für eine sich selbst tragende, reproduktionsfähige und ökologisch verantwortbare Wirtschaftsentwicklung der neuen Bundesländer haben sich verschlechtert.

Produktive Strukturen, wie beispielsweise die Eigenständigkeit des wissenschaftlichen Mittelbaus an den Universitäten oder die ökonomisch sinnvollen Einrichtungen von Polikliniken im Gesundheitswesen, wurden beseitigt. Die Rentenüberleitungsgesetze wurden erstmalig in der deutschen Geschichte und im Gegensatz zur Behandlung von Funktionsträgern des Nationalsozialismus ohne Einzelfallprüfung als Rentenstrafrecht gegen Angehörige nicht nur des Ministeriums für Staatssicherheit, sondern auch der Polizei, der Armee und des Staatsapparates formuliert. Vorwiegend auf den Druck der PDS hin wurde dies teilweise korrigiert.

Aber für die Gesamtheit der ostdeutschen Wissenschaftler, Ärzte, Lehrer, Ingenieure, wirtschaftsleitenden Kräfte und für andere Gruppen gelten frühere Gehälter, die über 170% des Durchschnittseinkommens der DDR lagen, als Beweis besonderer 'Staatsnähe' und konstituieren ein Rentenunrecht dergestalt, daß ihre erworbenen und bezahlten Anrechte aus Sonder- und Zusatzversorgungssystemen, die in der Altbundesrepublik für etwa 80% der Rentenempfänger existieren, für Ostdeutsche liquidiert worden sind. Das betrifft z. Zt. etwa 2,2 Millionen Menschen und in Zukunft weitere Millionen Rentnerinnen und Rentner, die lebenslang in einer zweitklassigen Altersversorgung existieren werden. Eine ostdeutsche Ärztin etwa, die vor Oktober 1989 die DDR verließ, erhält heute eine rund 50% höhere Rente in den neuen Bundesländern als eine Ärztin, die bei ihren Patienten blieb.

Die pure Erstreckung des gesamten institutionellen Gefüges der Altbundesrepublik auf die neuen Bundesländer führt bis in die Gegenwart hinein zu vielfach arroganter Mißachtung des Habitus der Ostdeutschen, zur Mißachtung ihrer Biographien.

Teils durchaus durch die Zusammensetzung ihrer vielfach besonders diskriminierten Mitglieder bedingt, ist die PDS diejenige Partei, die verletzte Interessen der Bürgerinnen und Bürger in den neuen Bundesländern und ihren Protest am nachdrücklichsten vertritt. Sie ist Selbstbehauptungspartei eines beachtlichen Teils der ostdeutschen Bevölkerung. Gero Neugebauer und Richard Stöss haben in ihrem Buch *Die PDS. Geschichte, Organisation, Wähler, Konkurrenten* die Daten eines Forschungsprojektes der Freien Universität Berlin und des Wissenschaftszentrums Berlin ausgewertet. Sie waren das Ergebnis einer Befragung von 127.405 Probanden im Jahre 1994. Sie kommen in der Auswertung dieser Großbefragung zu dem Ergebnis:

> Die PDS repräsentiert ein abgegrenztes und mittlerweile wohl stabiles Milieu, das sich mental nicht in die Ordnung der Bundesrepublik integrieren lassen will. Dieses Milieu besteht nicht aus Einheitsverlierern im materiellen Sinne, nicht aus relativ oder sogar absolut depravierten Personen, die durch die Einheit benachteiligt oder schlechter gestellt worden sind und daher (noch) nicht integriert werden konnten. Folglich geht es diesem Milieu auch nicht vorrangig um die Vertretung von kruden Ostinteressen.[6]

Hier klingt ein Problem an, das in der PDS zu dem Streit darüber geführt hat, ob von Teilen der Mitgliedschaft ein Ankommen in der Bundesrepublik erst noch abzufordern ist. Sie will in der Tat ein Teil der bundesdeutschen Gesellschaft, kein Fremdkörper in ihr sein. Aber ihre Mitglieder wollen das mit der Auffassung sein, daß diese Gesellschaft nicht so bleiben darf, wie sie ist, und schon gar nicht werden soll, was konservative, neoliberale Kräfte aus ihr machen wollen.

Die PDS hat als einzige Partei im Bundestag beispielsweise folgende Initiativen im Interesse ostdeutscher Entwicklung ergriffen:

- zu den Nachfolgeeinrichtungen der Treuhand: Beendigung der Privatisierung um jeden Preis und Akzeptanz unterschiedlicher Eigentumsformen;
- parlamentarische Kontrolle dieser Nachfolgeeinrichtungen und Offenlegung ihrer Arbeitsresultate gegenüber den Beschäftigten und Entlassenen;
- Beendigung des Versorgungsunrechts durch Anerkennung erworbener Rentenanrechte großer Teile der DDR-Bevölkerung.

Als erste Partei und am konsequentesten hat sich die PDS im Bundestag z.B. folgenden Themen zugewandt:

- Entlastung der ostdeutschen Kommunen von dem größeren Teil der erdrückenden 'Altschulden' die meist gar keine sind. Übernahme in den Erblasttilgungsfonds;
- Unverzügliche Übertragung des den ostdeutschen Kommunen zustehenden, ihnen in der DDR entzogenen Vermögens an diese;
- Aufforderung an den Bund, einen Solidarfonds mit den Ländern gegen explodierende Abwassergebühren und -kosten zu bilden;
- Mitspracherechte der Länder bei den Treuhandnachfolgeeinrichtungen (Veränderung der Rahmenvereinbarung zwischen Bund und Ländern);
- Einhaltung der Arbeitsplatzzusagen bei den Treuhand-Privatisierungen.

Wahrscheinlich noch wichtiger ist die intensive Basisarbeit von PDS-Mitgliedern zur Rechtsberatung Ostdeutscher, in den Mietervereinigungen, bei der Verteidigung der Interessen diskriminierter ostdeutscher Agrargenossenschaften, im Widerstand gegen die Vertreibung vieler Menschen aus den Häusern, die sie 40 Jahre lang bewohnt und erhalten haben, durch die Alteigentümer.

Würde allerdings die PDS mit ihrem Druck auf die anderen Parteien für entschieden stärkere Beachtung der besonderen ostdeutschen Probleme und Interessen erfolgreich sein, so könnte ihr Erfolg paradoxerweise zur Ursache für den Verlust ihres langfristigen Einflusses als 'Ostpartei' werden. Hervorzuheben ist jedoch, daß die insgesamt sehr ernste Situation in Ostdeutschland auf vielen Gebieten nur die besonders zugespitzte Gestalt der Probleme der ganzen Bundesrepublik ist. Der Sache nach ist die PDS, wenn sie Initiative etwa für eine neue Art der Vollbeschäftigung, für Geschlechtergleichstellung oder Erneuerung der Sozialversicherungs-systeme ergreift, keineswegs allein Ostpartei. Doch es ist der PDS nicht gelungen zu vermitteln, daß die Vertretung von Ostinteressen in hohem Maße zugleich auch im Interesse der Bevölkerung in der Altbundesrepublik an deren Stabilität liegt.

Die PDS und der Konflikt zwischen dem Anspruch auf soziale Gerechtigkeit und der Wirklichkeit sozialer Polarisierung

Nach dem Ende der von Ralf Dahrendorf als 'glorreiche Jahrzehnte' bezeichneten Nachkriegsphase bis zur Mitte der 70er Jahre, seit der Krise des fordistischen Verteilungskompromisses also, bricht mit neuer Härte der Widerspruch zwischen dem Anspruch einer sozialen Marktwirtschaft und zunehmender sozialer Polarisierung auch in der Bundesrepublik auf. Ein Paradoxon ersten Ranges ist entstanden: die Gesellschaft hat die wunderbare Fähigkeit erlangt, mit immer weniger Menschen einen immer größeren Reichtum zu produzieren. Und doch erklären sich CDU/CSU und FDP gezwungen, in immer neuen Spar-Runden die schon einmal erreichten sozialen Niveaus abzubauen, ohne daß ein Ende abzusehen ist.

In der Regel wird uns kaum noch bewußt, wie absurd dieser soziale Effekt unserer wachsenden Produktivität ist. Kostensenkung, Sparen und vielleicht Wachstum auf dieser Basis, das ist die Antwort von Unternehmerverbänden und Regierungskoalition auf unsere gesteigerten Fähigkeiten, unseren Wohlstand zu vermehren. Jedoch—was da üblich ist, das soll uns erstaunen! So ein Rat von Bertolt Brecht.

Es ist bemerkenswert, daß in der jüngeren Zeit die öffentliche Wahrnehmung der sozialen Polarisierung ausgeprägter wird. Nach einer repräsentativen EMNID-Befragung zwischen dem 7. und 18. November 1996 halten 79,6% der Westdeutschen und 88% der Ostdeutschen den Konflikt zwischen reich und arm für sehr stark oder stark.[7] Soziale Gerechtigkeit als Angelpunkt der PDS-Programmatik—das entspricht nicht nur einer gegenwärtigen Hauptachse in der Konfliktstruktur, sondern zugleich dem historischen Gepäck, mit dem die Partei des Demokratischen Sozialismus einherkommt, und den Interessen ihrer Wähler.

Die PDS wird nicht selten als traditionalistisch und als alten und eher noch veralteten Werten verhaftet dargestellt. In der Tat war die SED, deren zumindest formelle Nachfolgepartei die PDS nun einmal ist, stark an alte Werte der Linken—Arbeit, Mietsicherheit, gleicher Zugang für alle zu Bildung und Gesundheitseinrichtungen etwa— gebunden und hat das in der DDR durchaus von Mehrheiten als eingelöst erfahrene Bedürfnis nach sozialer Sicherheit weitervererbt. Nun aber erfahren die Ostdeutschen und zumal ein großer Teil der ausgewechselten und abgewickelten sogenannten Dienstklasse der DDR mit besonderer Intensität eine Art Pendelbewegung in der neuen Bundesrepublik zum Gegenpol von sozialer Gerechtigkeit und Sicherheit hin. Die Ironie der Geschichte besteht ja darin, daß just als die Ostdeutschen hoffnungsvoll aufbrachen, um endlich des bundesdeutschen Wohlstandsstaates teilhaftig zu werden, dieser gerade dabei war, beschleunigt zu entschwinden.

In der erwähnten Befragung der Freien Universität und des Wissenschaftszentrums wurden rund 127.000 Menschen auch nach ihren Werten und Präferenzen und danach befragt, welcher Werte wegen sie bestimmten Parteien ihre Stimme geben. Es wurde ermittelt, daß zwei Hauptkonfliktlinien die Grundorientierungen von fast 90% der WählerInnen bestimmen. Das sind der Konflikt zwischen sozialer Gerechtigkeit und Marktfreiheit und der Konflikt zwischen Libertarismus und Autoritarismus. Werden diese beiden Konfliktlinien auf zwei Achsen aufgetragen, dann zeichnet sich als Position der PDS in diesen Koordinaten ab, was Stöss und Neugebauer wie folgt formulieren:

> Bei ihren Anhängern gleichen sich libertäre und autoritäre Werte aus. Ihre Position im gesamtdeutschen Parteiensystem ist primär durch die (alte) sozioökonomische Konfliktachse bestimmt. Sie ist die Partei der sozialen Gerechtigkeit schlechthin.[18]

Das ist sie ihrer Herkunft und Programmatik nach und in den Augen derer, die sie wählen. Ob die PDS abgelehnt, bekämpft, gleichgültig betrachtet oder als Bestandteil des Parteiensystems angenommen wird: um den Umstand, daß unter den PDS-Wählern der höchste Anteil der WählerInnen aller Parteien ist, die ihre Wahlpartei aus sozialen Gründen wählen, kommt niemand herum. Und in einer pluralistischen Ordnung, die durch die Artikulation und Aushandlung von unterschiedlichen und gegensätzlichen Interessen bestimmt wird, ist für das Funktionieren der Gesellschaft wichtig, daß die PDS die sozialen Interessen ihrer WählerInnen mit Nachdruck vertritt.

Ich verweise auf drei Politikfelder, in denen dieses soziale Profil der PDS besonders hervortritt und zu denen auf dem letzten Parteitag konzeptionelle Grundsatzbeschlüsse gefaßt wurden. Das sind:

- Beschäftigungspolitik;
- Umverteilung der Anrechte auf Lebenschancen durch die Steuerpolitik;
- Gleichstellung der Geschlechter.

Das beschäftigungspolitische Konzept der PDS verweist exemplarisch darauf, daß sie mehr leisten will, als Umverteilung zu bewirken.

Der Kern aller Fragen nach der Zukunft des Sozialstaates ist trotz dringlicher Notwendigkeit sparsamen Wirtschaftens nicht vorwiegend, wie dieser die Ausgaben senken kann, sondern ob die Politik bereit und fähig ist, dem Abbau der Arbeitslosigkeit einen vorderen Rang in ihrer Prioritätensetzung einzuräumen und dabei alte und neue Schritte in sehr komplexer Weise zu kombinieren. Es geht um Wege zu einer anderen Vollbeschäftigung als der traditionellen, lebenslang kontinuierlichen und wenig flexiblen. Dazu könnten gehören:

- Ausbau der Arbeitsmarktpolitik einschließlich Aus- und Weiterbildung als Zukunftsinvestition statt Rücknahmen seit 1993, die 1995 ein Defizit von etwa 975.000 ABM-Stellen im Vergleich zu 1992 erbrachten;
- innovativer Umgang mit einem bereits etablierten Instrumentarium der gegenwärtigen Verhältnisse;
- Verkürzung der Arbeitszeit, gerechtere Verteilung der Arbeit— nicht zuletzt zwischen den Geschlechtern, einschließlich der Hausarbeit—, Flexibilisierung als Kompromiß zwischen selbstbestimmter Arbeit und Unternehmensinteressen. Statt Überstunden Schaffung zusätzlicher Arbeitsplätze. Dies kann an bereits erprobtem Vorgehen anknüpfen, muß jedoch gegen die starke Tendenz des neuerlichen Abrückens von der Arbeitszeitverkürzung als probates Mittel der Beschäftigungspolitik durchgesetzt werden.
- Arbeitsplätze durch innovativen Strukturwandel, konzentriert auf ökologischen Umbau. Das Frauenhofer Institut für Innovationsforschung und Systemtechnik schätzt allein die Zahl der Arbeitsplätze durch die Realisierung von Energiesparmöglichkeiten auf 400.000 bis 500.000. Ökologische Landwirtschaft ist

arbeitsintensiver als herkömmliche. In dem Bewußtsein, daß ökologischer Umbau zugleich auch Arbeitsplätze kostet, strebt die PDS die Kompetenz an—im großen wie im kleinen—, in den unausweichlichen Interessenkämpfen um die Art und Weise der Bearbeitung von Umweltproblemen unüberhörbar sozial verträgliche Lösungen zu suchen, öffentlich zu vertreten und vor allem ökologischen Umbau und Beschäftigungspolitik als eine Einheit zusammen zu verfolgen.

- Arbeit durch Stabilisierung der Verbrauchernachfrage auf den Binnenmärkten, durch struktur- und regionalpolitische Stärkung lokaler und regionaler, auch verkehrsentlastender Wirtschaftskreisläufe statt des extrem exportorientierten Drucks auf die Einkommen im Inland, statt der Kürzung des Arbeitslosengeldes, der Arbeitslosenhilfe und der Sozialhilfe beispielsweise.

- Beendigung der Trennung von Wirtschafts- und Struktur- sowie Arbeitsmarktpolitik, um durch Strukturpolitik dezidiert Beschäftigung zu fördern, u. a. durch die Kopplung der Bereitstellung von Fördermitteln—besonders für Ostdeutschland—an die Schaffung von Arbeitsplätzen, durch verbesserte Rahmenbedingungen für kleine und mittlere Unternehmen besonders in den neuen Bundesländern, durch die Ergänzung der Bemessungsbasis für unternehmerische Sozialbeiträge, so daß Unternehmen mit überdurchschnittlichen Bruttoerträgen—bezogen auf die Beschäftigten—höhere Sozialabgaben leisten würden.

- Bewahrung öffentlicher Beschäftigung in den Sphären von Gesundheit, Bildung, Pflege, Erziehung, Kultur und Umwelt—jedoch nicht in Gestalt nachfrage- und wachstumshemmender 'bad jobs' und ohne den Reformbedarf des öffentlichen Dienstes zu leugnen. Wegen dieses Bedarfs verbindet die PDS die Verteidigung öffentlicher Beschäftigung in Humandienstleistungen mit einem weiteren Vorschlag, dessen Realisierung große perspektivische Bedeutung gewinnen könnte.

- Eine innovative Chance der Beschäftigungspolitik ist die Etablierung eines gemeinnützigen öffentlich geförderten Beschäftigungssektors. Eigenverantwortliche gemeinnützige Akteure könnten solche Humandienstleistungen und andere Aufgaben übernehmen, die ihrer Natur nach bei angemessener Bezahlung der dort Beschäftigten privatwirtschaftlich meist nicht rentabel genug sind, z.B. im

Gesundheits- und Sozialwesen, in Bildung, Pflege, Erziehung, Kultur und Umweltschutz. Dieser Sektor beruhte als Entlastung der überforderten öffentlichen Hand auf einer Mischfinanzierung von Eigenerwirtschaftung und staatlicher Förderung, würde also der Dringlichkeit des Sparens durch die öffentliche Hand und der Grenzen der Kapitalrentabilität in wichtigen Gesellschaftsbereichen Rechnung tragen, die gerade bei künftig notwendig erscheinender Reduktion des stofflichen Konsums erheblich an Gewicht für die Lebensqualität gewinnen sollten.

- Die Einführung einer bedarfsorientierten Grundsicherung für Menschen ohne Erwerbsarbeit, die ihnen die Möglichkeit zu gesellschaftlich und individuell nützlicher Tätigkeit ohne sozialen Absturz gäbe, könnte den Arbeitsmarkt auf absehbare Zeit entlasten.

Vielleicht geben diese Anmerkungen zu beschäftigungspolitischen Positionen der PDS einen Eindruck von ihrem Bemühen, brennende Probleme hier und heute im Rahmen der bestehenden institutionellen Bedingungen zu bearbeiten und dabei zugleich nach weiterreichenden Lösungen zu suchen. Die Konstituierung eines öffentlich geförderten Beschäftigungssektors als dauerhafte Arbeitssphäre neben der Privatwirtschaft und der rein öffentlichen Beschäftigung beispielsweise würde solche Teile des Reproduktionsprozesses dem direkten Einfluß des Kapitals entziehen, in denen dieses ohnehin vor sozialen Lösungen versagt.

Die PDS und der Widerspruch zwischen Kapitalismus und Sozialismus

Es mag heute noch unrealistisch und provozierend klingen, jedoch: Das Auftauchen einer linkssozialistischen Partei im etablierten Parteienspektrum der Bundesrepublik just in einer historischen Situation eines neoliberalen 'roll-back' und entsprechend neuen Aufbrechens alter sozialer Konflikte kann als Modernisierungschance aufgefaßt werden. Denn die 'rückfällige Moderne' der Bundesrepublik bedarf radikaler Reformalternativen. Deshalb könnte der PDS eine wichtige Funktion in der Bundesrepublik dadurch zufallen, daß sie ihre programmatischen Grundpositionen vom Standpunkt des demokratischen Sozialismus formuliert und damit in strikter linker Opposition zu den herrschenden gesellschaftlichen Verhältnissen steht. Sie könnte längerfristig in der SPD und bei den Grünen Gegenkräfte wider die Anpassung an den

Neoliberalismus herausfordern, weil sie der PDS diese Rolle nicht allein überlassen wollen.

Ihre Auffassung vom demokratischen Sozialismus wird im Programm der PDS wie folgt formuliert:

> Der Sozialismus ist für uns ein notwendiges Ziel—eine Gesellschaft, in der die freie Entwicklung der einzelnen zur Bedingung der freien Entwicklung aller geworden ist. Sozialismus ist für uns eine Bewegung gegen die Ausbeutung des Menschen durch den Menschen, gegen patriarchalische Unterdrückung, gegen die Ausplünderung der Natur, für die Bewahrung und Entwicklung menschlicher Kultur, für die Durchsetzung der Menschenrechte, für eine Gesellschaft, in der die Menschen ihre Angelegenheiten demokratisch und auf rationale Weise regeln. Sozialismus ist für uns ein Wertesystem, in dem Freiheit, Gleichheit und Solidarität, menschliche Emanzipation, soziale Gerechtigkeit, Erhalt der Natur und Frieden untrennbar verbunden sind.[9]

Das Bekenntnis der PDS zu einem demokratischen, humanistischen Sozialismus schließt ein, die stalinistische Gestalt des Staatssozialismus als zutiefst verbrecherisch abzulehnen. Es schließt die Einsicht ein, daß auch die poststalinistischen Strukturen des Staatssozialismus nicht reformierbar waren und daß die Befreiung von ihnen durch seine Implosion von der Mehrheit der PDS-Mitglieder als Chance zu neuem Mühen um die ursprünglichen Grundwerte des Sozialismus angesehen wird.

Allerdings beharrt die PDS darauf, daß die ständig beschworene Aufforderung der Herrschenden in der DDR zur Entfaltung der Vorzüge des Sozialismus und die Anstrengungen von Millionen Menschen, die dafür in der Tat ihre ganze Kraft einsetzten, eben auch zu vielen Seiten dieser grundsätzlich entwicklungsblockierten Gesellschaft führten, deren pauschale Verurteilung mit dem Verdikt Unrechtsstaat die differenzierte Wirklichkeit der DDR in bornierter Weise ignoriert und die Biographien vieler Menschen, ihre Identität verletzend, verzerrt.

In grundsätzlicher Abkehr von sozialistischer Parteiherrschaft heißt es in einem jüngsten Kommentar zur Programmatik der PDS:

> Ein sozialistischer Standpunkt betrachtet die Menschenrechte von unten. Immer wieder von neuem muß hingesehen werden, wer wirklich 'unten' ist. Die Menschenrechte gelten dem Sozialismus erst dann verwirklicht, wenn jeder, d.h. buchstäblich also: auch der oder die am meisten Benachteiligte, der wichtigsten sozialen und politischen Rechte teilhaftig wird. Die freie Entwicklung eines jeden (und nur damit auch wirklich aller) ist der Schlüssel zum Sozialismus. Die Gleichheit in der Freiheit ist der wichtigste Wert sozialistischer Bewegungen. Gerechtigkeit mißt sich sozialistisch primär von unten; Solidarität ist vor allem Solidarität mit denen, denen die gegenwärtige Gesellschaft strukturell die Chancen am meisten verstellt hat.

> Der politische Anspruch des Sozialismus besteht in einer solchen Gestaltung moderner Gesellschaften mit ihren Institutionen und Machtstrukturen, daß die Durchsetzung der Menschenrechte in der Einheit von politischen, sozialen und individuellen Rechten und ihrer Unteilbarkeit für jeden einzelnen und für alle garantiert wird. In diesem Sinne kann Sozialismus auch als die Menschenrechtsideologie moderner Gesellschaften bezeichnet werden.[10]

In diesem Kommentar wird dargestellt, was die PDS nach dieser Deutung von demokratischem Sozialismus als den Kern des von den Autoren als langen historischen Prozeß erwarteten Übergangs von der kapitalistischen Moderne zu einer Gesellschaft ansieht, in der soziale Gerechtigkeit, menschliche Emanzipation, Erhalt von Natur und Frieden miteinander verbunden sind.

Die Dominanz des Profits als Grundmaß aller Dinge zu überwinden—das wird als der Kern des Übergangs zu einer besseren Gesellschaft bezeichnet, die die Menschheitsprobleme der Gegenwart zu lösen vermag. Doch dies ist nicht mit dem Verlangen nach einem großen Akt der Beseitigung des kapitalistischen Eigentums an den Mitteln des Wirtschaftens gleichzusetzen. Vielmehr geht es den PDS-Politikern auf alle absehbare Zeit um zwei einschneidende Veränderungen:

- Die Unterordnung außerwirtschaftlicher gesellschaftlicher Sphären unter die Kapitalverwertung muß schrittweise überwunden werden.
- Die Unterordnung des Alltagslebens unter die Imperative von Wirtschaft und Staat, von Jürgen Habermas als Kolonialisierung der Lebenswelt durch die Systemwelt bezeichnet, muß aufgehoben und in eine produktive Wechselwirkung verwandelt werden, in der die Wirkungskraft der wirtschaftlichen Gewinninteressen zu erheblicher Effizienz führt und dadurch der Gesellschaft Handlungsräume bereitstellt, während die Bedürfnisse der alltäglichen Lebenswelt die pure wirtschaftliche Rationalität durch andere soziale und ökologische Rationalitäten korrigieren.
- In der Wirtschaft selbst müssen in die Unternehmensziele selbst entschieden stärker als bisher soziale und ökologische Maßstäbe des Handelns hineingenommen werden. Herauszufinden ist, was Unternehmer dazu veranlassen kann.

Diese Grundposition steht in striktem Gegensatz zu der marktradikalen neoliberalen Strategie der ökonomisch und politisch Herrschenden. Diese verweisen auf den—zum Teil durch die Politik der Deregulation selbst herbeigeführten—Druck der Globalisierung und interpretieren ihn als unausweichlichen Handlungszwang zur Senkung der Löhne und sozialen Standards, zur Entlastung der Unternehmenssteuern und zum Sparen zu Lasten der sozial Schwachen in der Hoffnung auf erfolgreiche Weltmarktexpansion. Der Sachzwang Weltmarkt wird uns als der große Vereinfacher präsentiert. Die Weltprobleme kommen zurechtgestutzt und reduziert als Kostenprobleme einher.

Doch die Weltmarktzwänge sind im Grunde das Vehikel, mit dem die Gesamtheit der gravierend veränderten Reproduktionsbedingungen, die Krise des Fordismus, die Beschäftigungskrise, die Gefährdung des Sozialstaates, die Umweltkrise und ihre Verflechtung mit der Unterentwicklung in bedrohlichem Tempo über uns kommen. Denn diese Tiefenprozesse sind es, die die Konkurrenz außerordentlich verschärfen und dazu geführt haben, daß überall das Kapital Auswege in der Expansion nach außen auf dem Rücken der Erwerbsabhängigen und sozial Schwachen sucht. Die Botschaft der Globalisierung ist, daß wir uns diesen durch sie transportierten, bisher ungelösten inneren und globalen Großproblemen der Gesellschaft stellen müssen. Aber diese Botschaft wird verdrängt und stark reduziert auf Sparen. Doch es geht um einen tiefgreifenden Wandel der Gesellschaft, der sie bearbeitungsfähig für die existenziellen Menschheitsprobleme macht.

Wirtschaft und Politik ist durch diese Konstellation ein extremer Balanceakt abgefordert: Wettbewerbsfähigkeit auf den Märkten unter den Bedingungen von heute muß erhalten werden, und zugleich sind mit anderen als nur den herkömmlichen Maßstäben die Weichen in Unternehmen und Gesellschaft so zu stellen, daß eine nachhaltige Bearbeitung der Gesamtheit der aufgestauten Großprobleme eingeleitet und entfaltet wird. Eine Art Doppelstrategie wird notwendig, um nicht entweder auf den Märkten heute oder durch Umweltzerstörung, sozialen Absturz nennenswerter Bevölkerungsteile, Unterentwicklung und Gewalteskalation in Zukunft irreparablen Schaden zu nehmen. Die betriebswirtschaftlich wohl begründete marktradikale Kostensenkungsstrategie entspricht—soweit sie für die Gewinner erfolgreich ist—nur der ersten Dimension.

Deshalb orientiert die Programmatik der PDS darauf, in dieser Gesellschaft zu wirken, Kleinarbeit vor Ort zu leisten, in und am Gewohnten und zugleich orientiert an realitätsnahen Visionen, an dem voraussichtlich langen Prozeß des sozialen Wandels zu einer freien, sozial gerechten und ökologisch zukunftsfähigen Gesellschaft.

Die Auseinandersetzung in der PDS darüber ist nicht abgeschlossen. Ein Teil der Mitgliedschaft, der auf dem letzten Parteitag in allen entscheidenden Abstimmungen in der Minderheit blieb, nimmt die radikale Politik zur Rücknahme der in den zweieinhalb Nachkriegsjahrzehnten erreichten Stufe sozialer Bändigung des Kapitals als Bestätigung dafür wahr, daß weitreichende Reformen eben doch erst jenseits der Beseitigung des Kapitaleigentums durchsetzbar seien. Die Mehrheit geht in Übereinstimmung mit der von den sogenannten Reformsozialisten in der Partei geprägten Programmatik der PDS davon aus, daß nicht die ereignishafte Beseitigung des Kapitaleigentums, sondern seine Aufhebung das Ziel und einer der Lösungswege zugleich sein sollte. Hegel schrieb über solches Aufheben:

> Aufheben hat in der Sprache den gedoppelten Sinn, daß es soviel als bewahren, erhalten bedeutet und zugleich soviel als aufhören lassen, ein Ende machen. Das Aufbewahren schließt schon das Negative in sich ein, daß etwas seiner Unmittelbarkeit... entnommen wird, um es zu erhalten. So ist das Aufgehobene ein zugleich Aufbewahrtes, das nur seine Unmittelbarkeit verloren, aber darum nicht vernichtet ist.[11]

Eine solche 'Aufhebung' des Kapitaleigentums kann in beträchtlichem Maße dadurch geschehen, daß die Wahrnehmung der Verfügungsrechte der Kapitaleigentümer beschränkt und in eine andere Richtung als bisher gelenkt wird. Nicht vorwiegend Enteignung ist der Zauberschlüssel, sondern die Veränderung des Rahmens für die Ausübung der Verfügungsrechte über das Eigentum. Außerdem steht die PDS für einen Pluralismus der Eigentumsformen.

Auf dem Feld der ökologisch zentralen Energiepolitik führt dies beispielsweise zu folgenden Forderungen:

- Einführung einer spürbaren, den Energieverbrauch mindernden Energiesteuer;
- gesetzlich verbindliche Einführung von least-cost-planning;
- Umwandlung der Energieversorgungs- in Energiedienstleistungsunternehmen. Dabei geht es um eine Entkopplung von Gewinnen und herkömmlichem Angebotswachstum und um eine zunehmende Bindung von Gewinnen an Energieeinsparung, an eine Ökonomie des Vermeidens also;
- Durchsetzung und Vervollkommnung des Energieeinspeisegesetzes: alternative Energien müssen kostendeckend bezahlt und transportiert werden—gegen den Widerstand der Energiekonzerne;

- Schwächung der Monopolstellung der Energiekonzerne durch eine Trennung von Energieerzeugung, Energietransport und Energieverteilung. Am logischsten wäre die Überführung der überregionalen Netze in Gemeineigentum gegen Entschädigung;
- Ausstieg aus der Atomenergie gegen die Interessen der Atomwirtschaft;
- Förderung der kommunalen und regionalen Energieversorger und damit der umweltfreundlichen Kraft-Wärme-Kopplung statt ihrer Diskriminierung durch die Energiegesetznovellierung des Bundeswirtschaftsministeriums.

Das alles zielt auf eine Begrenzung der Verfügung der Kapitaleigentümer über ihr Eigentum. Das zielt auf eine andere, sozial und ökologisch mitbestimmte Richtung dieser Verfügung, in der Regel nicht auf einen Akt der Enteignung.

Eine solche Politik hat mit härtestem Widerstand zu rechnen, mit dem Widerstand der internationalen Erdölkonzerne, der großen Energieerzeuger, der Konzerne in der Atomwirtschaft, der mit ihnen verbundenen Großverbraucher, der Automobilproduzenten und anderer den gegenwärtigen Verbrauchsstrukturen verhafteten Akteure.

Deshalb setzt die PDS auf außerparlamentarische Kämpfe und die Institutionalisierung von Gegenmächten, auf Politik von unten. Aber sie ist bemüht, zugleich die Möglichkeiten parlamentarischer Demokratie durch intensive Arbeit auch in den Parlamenten und in ihren Ausschüssen auszuschöpfen. Gleichwohl ist sozialistische Politik eben vor allem Politik aus 'der Perspektive von unten, der Sicht der Mühseligen und Beladenen, dem Blickwinkel derjenigen also, die die Zechen stets zu bezahlen haben.'[12]

Ein solches Konzept bedeutet, im Rahmen der gegebenen Marktordnung zu wirken. Doch zugleich strebt die PDS-Politik einen neuen Mix im Regulationsmechanismus an, von:

- neu konditioniertem Markt;
- stärkeren zivilgesellschaftlichen Anstrengungen zur Demokratisierung des Institutionengefüges;
- langfristig angelegter, sozial und ökologisch orientierter staatlicher Verantwortung;
- und internationalen Regimen zur Beeinflussung der internationalen Kapitalbewegungen.

Auch darin steckt, daß sich die PDS von anderen vor allem dadurch unterscheidet, daß sie die Formierung von demokratischer Gegenmacht und die Suche nach Institutionalisierung von Gegenmächten als entscheidend für den nach ihrer Auffassung notwendigen einschneidenden sozialen Wandel der Gesellschaft ansieht. Wir erleben gegenwärtig, wie die Gesellschaft verstärkt der Wirtschaft untergeordnet wird und wie mehr denn je in der Nachkriegszeit die Kapitalrentabilität in der Wirtschaft dominiert. PDS-Politik zielt dagegen darauf, die rein ökonomische Rationalität in andere sozial, ökologisch, feministisch und solidarisch bestimmte Rationalitäten einzubetten.

Während es möglich ist, daß die Funktion der PDS als Vertreterin ostdeutscher Interessen auf lange Sicht durch unumgehbare Aktivität anderer Parteien zurücktritt, hat es eine langfristige Logik, daß der Druck einer demokratisch-sozialistischen Partei auf SPD und Grüne eine wachsende produktive Bedeutung bekommt. Schon für die Wahlen 1998 ist die Argumentation der PDS, daß ein Regierungswechsel durchaus mit Stimmen für SPD und Bündnis-Grüne erreicht werden kann, ein Politikwechsel jedoch zusätzlich Druck von links verlangt. Etwa nach dem Motto: Wer PDS wählt, bekommt mehr als Regierungswechsel und diesen außerdem.

Bündnis 9O/Die Grünen sind wie die SPD zur Oppositionspartei nach klassischem parlamentarischem Muster geworden — zur Regierungspartei im Wartestand. Der Platz einer Oppositionspartei, deren Ziel nicht die unmittelbare Regierungsübernahme ist, die stark auf außerparlamentarische Opposition setzt, dies von demokratisch-sozialistischen Positionen her tut und sich gleichwohl Mitverantwortung in einer Regierung — zunächst in dem einen oder anderen Bundesland — nicht verweigern würde, ist in der Bundesrepublik vakant. Nicht weil die PDS diesen Platz nicht will, sondern weil sie in den Augen der Wählerinnen und Wähler diesen Platz (noch) nicht eingenommen hat und weil diese ihr mehrheitlich nicht zutrauen, mit sozialistischen Prämissen im Bundesmaßstab Realpolitik betreiben zu können.

Die PDS hat erhebliche konzeptionelle Arbeit für einen Beitrag zu linken Reformprojekten geleistet und stellt sich der Zerreißprobe zwischen sozialistischen Werten und Zielen und den unumgehbaren Kompromissen in der Alltagspolitik mit der Hoffnung, nicht wie SPD und zunehmend Grüne dabei ihre Visionen zu verlieren. Vielleicht befindet sie sich damit in der Nähe zu einer Frage, mit der der Dichter Hermann Hesse den chinesischen Moralphilosophen Kung Fu Tse kennzeichnete: 'Ist das nicht der, der genau weiß, daß es nicht geht und es trotzdem tut?'

Anmerkungen

1   Vgl. Michael Brie, 'Das politische Projekt PDS—eine unmögliche Möglichkeit'. In: M.Brie, M.Herzig, T.Koch (Hrsg.), *Die PDS. Empirische Befunde und kontroverse Analysen*, Köln 1995, S. 10-12.

2   'Mitgliederbefragung '97. Meinungen und Vorschläge zum Wahlkampf', Halle/Berlin 1997, S. 30.

3   Werner Heisenberg: Zitiert nach *Wissenschaft im Zitat*, Leipzig 1987, S. 22.

4   Jürgen Habermas, 'Die neue Unübersichtlichkeit'. In: *Merkur*, 1 (1985), 47.

5   Werner Heisenberg, op.cit., S. 24.

6   Gero Neugebauer und Richard Stöss, *Die PDS. Geschichte, Organisation, Wähler, Konkurrenten*, Opladen 1996, S. 284-5.

7   Isda e.V./Fokus e.V., Projekt 'Gesellschaftskritische Potentiale', 2. Stufe, Berlin/Halle 1996.

8   Neugebauer/Stöss, op.cit., S. 279.

9   Programm der PDS, 1993. In: *Disput* 3/4, 1993, S. 39.

10 André Brie, Michael Brie, Judith Dellheim, Thomas Falkner, Dieter Klein, Michael Schumann und Dietmar Wittich, *Zur Programmatik der Partei des Demokratischen Sozialismus. Ein Kommentar*, Berlin 1997, S. 49.

11 Georg Wilhelm Friedrich Hegel, *Wissenschaft der Logik*, Leipzig 1963, S. 124-5.

12 Walter Jens, *Neues Deutschland*, 23. Juli 1995.

Patrick Moreau

TRANSNATIONALE VERGLEICHE: PARTEI DES DEMOKRATISCHEN SOZIALISMUS, PARTI COMMUNISTE FRANÇAIS, PARTITO DELLA RIFONDAZIONE COMUNISTA. POLITISCHE, IDEOLOGISCHE UND STRATEGISCHE KONVERGENZEN

Anläßlich einer Antwort auf eine parlamentarische Anfrage der liberalen Opposition (UDF-FD) über die Zahl von 85 Mio. Toten, für die die verschiedenen kommunistischen Diktaturen verantwortlich seien, nahm der französische Premierminister Lionel Jospin Stellung zum Wahlkampf- und Regierungsbündnis der französischen Sozialistischen Partei und der französischen Kommunistischen Partei. Als erstes erinnerte er daran, daß die Revolution von 1917 eines der größten Ereignisse unseres Jahrhunderts gewesen sei, und 'Stalins Sowjetunion', wie man sie heute auch beurteilen mag, Verbündete Frankreichs gegen Nazi-Deutschland war. Er schloß seine Ausführungen mit folgenden Worten: 'Der Gulag und der Stalinismus müssen selbstverständlich verurteilt und unmißverständlich abgelehnt werden, und auch wenn man der Meinung sein kann, daß der PCF zu lange gezögert hat, dies zu tun, so hat sie es trotzdem gemacht.' Daraufhin fand der Premierminister auch für den PCF einen Platz in der französischen Geschichte und der demokratischen Tradition: 'Für mich gehört der Kommunismus zum Kartell der Linken, der Volksfront, zu den Kämpfen der Résistance, zu den linken Regierungen von 1945 und 1981 und er hat sich nie an den Freiheiten vergriffen. Er hat aus der Geschichte gelernt. Er ist in meiner Regierung vertreten und ich bin stolz darauf.'[1] Auch wenn sich der italienische Premierminister Prodi noch nicht mit solcher Klarheit über die Rifondazione Comunista geäußert hat, so erscheinen seine Bemühungen, diese Partei in die Regierung voll einzubinden, immer klarer. Die Funktion des PRC als reine Tolerierungsinstanz eines Bündnisses von linken Gruppen, Grünen und Sozialisten ist seit der kurzen Regierungskrise Ende Oktober 1997 immer schwerer zu handhaben. Der für ein Jahr beschlossene Nichtagressionspakt zwischen der Koalition des Olivenbaumes und dem PRC stellt einen Schritt zu dieser Machtbeteiligung dar. Prodi (und die italienische PDS), haben trotz der heftigen Auseinandersetzungen, die die beiden Erben des PCI seit ihrer Spaltung 1991 austragen, nie den Platz des italienischen Kommunismus (der PCI bis 1991 und die Rifondazione seitdem) in der demokratischen Tradition des Landes in Frage gestellt. In Deutschland werden die Bundestagswahlen, wenn sie der christlich-liberalen Koalition ein wahrscheinliches Bündnis der SPD und des Bündnisses 90/Die Grünen entgegensetzen, die Frage nach der Rolle der PDS als Tolerierungsinstanz stellen—auf Bundesebene als mögliche Dulderin einer Linksregierung und auf Länderebene als Regierungspartnerin (Thüringen, Sachsen-Anhalt und Mecklenburg-Vorpommern).

Es ist heute nicht mehr zu leugnen, daß der Kommunismus in Europa eine unerwartete Wiedergeburt erlebt, sowohl organisatorisch als auch bei Wahlen.[2] Über die Unterschiede der jeweiligen Länderspezifika hinaus, auf die hier nicht eingegangen werden kann, zeigen die Fälle des PCF, der Rifondazione und der PDS erstaunliche Gemeinsamkeiten: die allgemeine politische Lage in ihren Heimatländern (Konkurrenz und Druck auf die demokratische Linke, Tolerierung oder Beteiligung an der politischen Macht), die ideologischen Perspektiven (Aufgabe des Marxismus-Leninismus, der Diktatur des Proletariats sowie der Begriff der revolutionären Avantgarde und der Neugestaltung der Ideologie), die organisatorischen Zwänge (Neuorganisierung der Parteien als heterogene und interne Konflikte austragende Bewegungen, Älterung der Basis, starke Führungspersönlichkeiten, Verkleinerung des Parteiapparats) sowie die politischen Strategien (doppelte Orientierung einerseits als Wahlpartei, andererseits außerparlamentarische Bewegung; Schaffung von befreundeten und Vorfeldorganisationen, die nicht mehr einer ständigen Steuerung durch den Apparat unterliegen). Diese drei Parteien mit unterschiedlicher Vergangenheit und mit einer Verankerung in sehr unterschiedlichen politischen Kulturen haben sich, in einer sehr kurzen Zeit, innerhalb ihres politischen Systems in identischen politischen Situationen wiedergefunden, die beinahe austauschbare Strategien und Analysen bedingten.

Über eine gelungene Anpassung hinaus sind diese drei Parteien seit 1995 auf der Grundlage einer organisatorischen Zusammenarbeit und dem regelmäßigen Austausch theoretischen Gedankenguts zum Kern eines Wiederaufbaus eines neuen 'Pols der Radikalität' in Europa geworden, eines Pols, der sich links von der Sozialdemokratie befindet und der antikapitalistischen Utopie der ökologischen Bewegung Konkurrenz macht. Eine internationale kommunistische Bewegung 'neuen Typs' ist dabei, sich neu zu organisieren, und verstärkt ihren Einfluß innerhalb der unterschiedlichen politischen Systeme sowie der Strukturen der europäischen Union.

Hinter diesem 'internationalistischen' Engagement der kommunistischen Parteien verbirgt sich eine Gewißheit: Ihre Zusammenarbeit mit den Parteien der demokratischen Linken ist nicht nur konfliktbeladen, sondern auch unvermeidlich zur Erfolglosigkeit verdammt. Die Parteien der demokratischen Linken bleiben aus der Sicht der Kommunisten die Verwalter eines kapitalistischen Systems, mit dem der PCF, die Rifondazione und die PDS 'keinen Frieden schließen' können. Diese Parteien wissen, daß eine Sozialdemokratisierung mit einem mittelfristigen Verschwinden gleichzusetzen ist. Da sie sich nach dem Zusammenbruch des real existierenden Sozialismus aber gegenwärtig immer noch in einem Zustand der Schwäche befinden, entschlossen sich der PCF und die Rifondazione, auf Zeitgewinn zu arbeiten, um langsam wiederzuerstarken. Sollte sich in baldiger Zeit auch ein Mißerfolg der sozialistischen und sozialdemokratischen Parteien abzeichnen, könnten gerade sie sich zu den nicht mehr wegzudenkenden nationalen und europäischen Politakteuren mausern, die für einen radikalen Bruch mit der kapitalistischen Ordnung eintreten werden.

Dem Kommunismus ist in vielen Ländern die Rückkehr in die Politik gelungen—jetzt heißt es, eine Auswahl der Gründe und angewendeten Methoden dieses Erfolgs nachzuvollziehen.

Bestandsaufnahme des Kommunismus

Seit 1945 gehört die Französische Kommunistische Partei (Parti Communiste Français, PCF) zu den wichtigsten politischen Kräften Frankreichs. Sie hat jahrzehntelang hauptsächlich das linke und gewerkschaftliche Spektrum des Landes (über ihren Einfluß auf die Gewerkschaft CGT) beherrscht. Die neuere Geschichte des PCF kann in zwei Abschnitte unterteilt werden. Der erste Zeitabschnitt fängt mit den 80er Jahren an und geht bis 1992/93: Die Partei stagniert zuerst und erlebt dann einen Niedergang auf allen Gebieten. Ab 1993 und insbesondere ab Mitte der 90er Jahre stabilisiert sich die Partei dank dem Eingreifen einer neuen Führung unter Robert Hue, der es gelingt, eine behutsame organisatorische und ideologische Anpassung des PCF einzuleiten, deren wichtigste Ansätze an dieser Stelle beschrieben werden sollen.

Die anläßlich des 29. Parteitags des PCF im Dezember 1996 beschlossenen organisatorischen Reformen wurden von der Partei als Beweise ihrer Modernisierung und Demokratisierung beschworen. Zu den wichtigsten Änderungen gehörte das tatsächliche Recht auf die Bildung von unterschiedlichen 'Sensibilitäten', (die seit 1921 unter dem Begriff 'Fraktionen' verboten waren), das Recht auf Selbständigkeit der unterschiedlichen 'Fédérations' (Landesverbände) sowie der örtlich gewählten Vertreter und letztendlich das Recht direkter Verbindungsaufnahme der einen oder anderen Strömung mit parteifremden Kräften (z.B. Trotzkisten und 'Ehemalige'/Ausgeschlossene des PCF). Aber diese Demokratisierung ist noch weit davon entfernt, allumfassend zu sein. Parteichef Hue konnte sich aber die Kontrolle über den Führungskern der Partei sichern. Er hat ein 'Bureau d'information et de contact' (Informations- und Kontaktbüro) gegründet, das die Arbeit mit den Medien übernimmt und seiner rechten Hand untersteht. Hue hat zudem den zentralen Parteiapparat in neun Abteilungen umorganisiert, die hauptsächlich von seinen eigenen Leuten geleitet werden. Innerhalb der PDS oder der Rifondazione können seit 1992-93 ähnliche Entwicklungen ausgemacht werden, die den Führungen dieser zwei Parteien die Möglichkeit geben, sich auf ihre basisdemokratische Struktur zu berufen und die 'geschmeidige Diktatur' der engeren Parteiführung zu verbergen.

Diese seit 1994 keimenden organisatorischen Veränderungen wurden von der französischen Bevölkerung gewürdigt. Das Wiederaufleben der kommunistischen Popularität ist eindeutig. Im zweiten Halbjahr 1991 konnte der PCF nur noch 10% der positiven Wertungen für sich verbuchen, Georges Marchais (damals Generalsekretär) kam auf 7%. Bei den Parlamentswahlen von 1993 erreichte der PCF 17% der positiven Zustimmungswerte, Marchais' Beliebheitsquote blieb bei 10% hängen. Ab Herbst 1994 schaffte der neue Generalsekretär Hue einen Durchbruch. Im Laufe von neun Monaten stieg seine Popularität von weniger als 10% auf 38% im Juni 1995, um sich Ende 1995 und 1996 zwischen 30 und 35% zu stabilisieren. Seit Anfang 1995 dient Hue als Zugpferd für die Verbesserung der Umfrageergebnisse für den PCF. Im März 1993 waren für den PCF nur noch 16% positive Bewertungen gegenüber 73% ablehnenden zu verzeichnen. Im September 1996 hat sich das Ergebnis gründlich geändert; die Partei verzeichnete 32% positive und nur noch

54% negative Beurteilungen.[3] Dieser unbestreitbare Popularitätszuwachs ist eng mit dem Politkstil Robert Hues verbunden. Er nimmt oft die Gelegenheit wahr, sich von seiner besten Seite zu zeigen: Als fröhlich-jovialer Politiker, redegewandt, aufrichtig.

Diese Verschönerungskur zeigte aber nur teilweise Wirkung und schlug sich nicht auf die Wahlergebnisse des PCF durch. Die Wahlen vom Mai und Juni 1997 in Frankreich wurden zwar zu einem Erfolg der Linken, die sich von ehemals 91 Abgeordnetensitzen auf 319 verbessern konnte. Die Erhöhung der Sitzzahl des PCF (von ehemals 25 auf 38 Abgeordnete) entsprach aber keinesfalls einem Anwachsen des Wählerstimmenanteils. 1993 entfielen auf die Kommunisten 2.336.254 Stimmen und 6% der eingeschriebenen Wähler, 1997 waren es 2.441.375 Stimmen und 6,4%—ein Unterschied von 105.121 Stimmen. Die Progression ist also sehr schwach, aber sie bedeutet auch, daß es dem PCF höchstens gelungen ist, ihren seit 1981 andauernden Fall abzufangen. Die Partei schaffte es, sich in ihren traditionellen Hochburgen zu halten, insbesondere der wichtigsten Hochburg, der Region Ile de France (acht Départements rund um Paris).[4]

Eine andere beunruhigende Dimension für die Partei stellt der eindeutige Rückgang der Mitgliederzahlen dar.[5] Auf dem Parteitag von Dezember 1996 wurde die Zahl von 274.862 Mitgliedern genannt (600.000 Anhänger hatte der PCF noch offiziell im Jahre 1990 angegeben). Eine Hochrechnung der 'refondateurs' (einer Gruppe von ehemaligen PCF-Mitgliedern) ergibt eine noch niedrigere Zahl von 150.000 Parteimitgliedern, ihre orthodoxen Widersacher in der Partei schätzen sie auf 100.000.[6] Diese konstante Erosion der Mitgliederschaft ist auch nach Robert Hues Führungsübernahme weiter vorangeschritten.

Die zweite Schwierigkeit hängt mit der Handhabung der finanziellen Netzwerke zusammen. Die Partei hat einen Teil ihrer 'okkulten' Einkünfte verloren, die kommunistisch verwalteten Kommunen und Betriebe brachten. Laut Aussagen des Kassenwartes der Partei, Roland Jacquet, in *L'Humanité* vom 18. März 1997, verfügt das 'Comité National' (das Führungsorgan der Partei) derzeit über jährlich 98 Mio. FF. Dieses im Vergleich zum früher bescheidenen Budget verschärft das Problem der zahlreichen hauptamtlichen Mitarbeiter, die direkt von der Partei bezahlt werden. Ihre genaue Zahl bleibt ein Geheimnis, aber gegenwärtig geht ihr Bestand stetig zurück.

Insgesamt ist die Bilanz also äußerst kontrastreich und läßt keinerlei Aussage zum langfristigen Schicksal des PCF zu.

Die Geschichte der Rifondazione beginnt mit dem Zusammenbruch des kommunistischen Systems. Die im Januar 1921 gegründete italienische Kommunistische Partei (PCI) hörte am 3. Februar 1991, am Schlußtag ihres 20. nationalen Kongresses in Rimini, auf zu existieren. Im Verlauf des Kongresses übernahm ihre 'legitime' Erbin, der PDS, Partito democratico della sinistra (Demokratische Partei der Linken)[7], ihre Nachfolgeschaft. Obwohl der PDSi ihre kommunistische politische Tradition nicht leugnete, so setzte sie sich doch explizit von ihr ab. Es handelte sich jedoch dabei nicht um einen überraschenden Beschluß. Der PCI war schon seit vielen Jahren auf dem Weg eines ideologischen Revisionismus,[8] der sie zu einer atypischen kommunistischen Partei machte. Sie hatte sich immer mehr an die sozialdemokratischen Parteien Nordeuropas angenähert. Ein Teil der Parteiführung und der Militanten des PCI weigerte sich aber, unter der Führung von Armando Cossuttas, ihrem Generalsekretär Achille Ochetto auf dem Weg der 'Wende' zu folgen. Die Rifondazione entwickelte sich mit der Überzeugung, daß es nötig und möglich sei, eine autonome kommunistische Organisation am Leben zu halten. Im Dezember 1991 hielt die Bewegung zur Kommunistischen Neugründung in Rom ihren ersten Kongreß ab, in dessen Verlauf die Partei der Kommunistischen Neugründung (Partito della rifondazione comunista, PRC) mühsam entstand.

Die innere Heterogenität des PRC ist seit ihrer Gründung vorhanden[9] und führte einerseits zu starken Spannungen und Abspaltungen innerhalb der Partei,[10] andererseits war die neue Organisation durch diese höchst unterschiedlichen Einflüsse imstande, auch unterschiedlichste gesellschaftliche Themen aufzugreifen (Frauenfrage, Ökologie, Gewerkschaftspolitik). Genauso wie bei dem PCF und der PDS war die Strategie der Partei doppelbödig ausgelegt: Eine Ausrichtung auf Stimmenerfolge bei den Wahlen, eine andere auf den außerparlamentarischen Widerstand, der mit einer italienischen Variante des Radikalitätpols einhergeht.

Trotz dieser Anfangsschwierigkeiten ist die Rifondazione gegenwärtig zusammen mit dem PDSi und der AN (Alleanza nazionale) einer der wenigen Akteure mit einer relativ soliden und über das gesamte Landesterritorium verteilten Organisationsstruktur. Nur wenige Wochen

nach ihrer Gründung zählte Rifondazione mehr als 110.000 Mitglieder.[11]
Sie reproduzierte im wesentlichen die Territorialverteilung, die bereits
die Organisation des PCI charakterisierte. Das politische Ziel, das den
Basisstrukturen besondere Wichtigkeit zubilligte, bestand darin, den
Mitgliedern und allen anderen Sympathisanten, die nicht auf den
'Horizont des Kommunismus' verzichten wollten, einen physischen
Platz—eine Gemeinschaft—zur Verfügung zu stellen, einen Ort der
Solidarität, der ein sichtbares Zeichen der Kontinuität mit der
Vergangenheit bilden sollte. Sowohl die PDS als auch die PCF erfüllen
die Funktion einer 'Gemeinschaft der Gleichgesinnten'.

Die Zahl der PRC-Mitglieder blieb zwischen 1991 und 1996
(127.000)[12] im wesentlichen stabil, während die Zahl ihrer Wähler
zwischen 1992 und 1996 um 50% anstieg (eine Steigerung von ca. einer
Million Stimmen). Dies erinnert an die PDS, die in den neuen
Bundesländern ebenfalls keine neuen Mitgliederschübe verzeichnet,
obwohl sie Wahlerfolge verzeichnen konnte.[13]

Der PRC erhielt bei den Parlamentswahlen von 1992 mehr als
2.200.000 Stimmen (das entspricht 5,6%).[14] Bei den darauffolgenden
Wahlen, z.B. bei den vereinzelten Kommunalwahlen von 1993 sowie vor
allem anläßlich der Parlamentswahlen von 1994 und 1996, wurde dieser
Erfolg bestätigt und vergrößert. Proportional gerechnet erhielt die
Rifondazione 1996 8,6% der gesamten Stimmen (ein Zuwachs von fast
900.000 Stimmen gegenüber 1994) und ist—mit 3.215.960 Stimmen—
die fünftgrößte Partei in Italien.[15] Eine Untersuchung der gebietsmäßigen
Verteilung der Stimmen zeigt, daß die Rifondazione ihre Stimmen in der
'Roten Zone' vermehrte, wo sie schon zuvor seit 1993 ihre besten
Ergebnisse erzielt hatte. In jenen Regionen, in denen bereits der PCI bis
1990 ein Höchstmaß an organisatorischer Stärke und an Wählerkonsens
gezeigt hatte, entschied sich ein beständiger Teil der traditionellen
Wähler des ehemaligen PCI für die 'Treue' und 'Kontinuität', wie sie von
der Rifondazione repräsentiert werden. Es ist daher eindeutig, daß der
PRC, der PCF (die roten Hochburgen des Pariser Vorortgürtels) und die
PDS (Berlin und die ehemaligen Bezirksstädte der DDR) vom Erbe der
Vergangenheit profitieren. Aber die Rifondazione fand auch viel Anklang
in den großen Städten des Nordens (und in einigen des Südens), wo sie
vom 'Klassenvotum' der Industriearbeiter und dem Protestvotum sowohl
einer großen Schar von Jugendlichen als auch der mehr marginalisierten

und wirtschaftlich benachteiligten Gesellschaftsschichten der Vorstädte profitierte.

1997 und insbesondere nach dem Schlagaustausch mit Prodi, ist die Rifondazione zum Objekt steigender Sympathie vor allem seitens zahlreicher Jugendlicher und allgemeiner sozialer, außerhalb der kommunistischen Tradition stehender Gruppen geworden. Dieses Phänomen wird teilweise durch die immer wichtigere Stelle bewirkt, die Fausto Bertinotti[16] für sich in seiner Partei beansprucht. Dadurch hat der PRC in der Öffentlichkeit eine vorher kaum vorstellbare Visibilität und politische Zentralität erobert. Es besteht kein Zweifel, daß ein Teil des Wählerkonsenses der Rifondazione aufgrund der 'Fernseh-Verdienste' eines so telegenen Sekretärs, wie Fausto Bertinotti ihn überzeugend darstellt, erobert wurde. Mit ihm legte sich die Rifondazione einen Parteisekretär vom Schlag Gregor Gysis zu—der Vorsitzende des PRC, Cossutta, könnte, mutatis mutandis, eher mit einem Hans Modrow gleichgesetzt werden.

Mehrere Hemmnisse bremsen eine Organisationsausdehnung der Rifondazione gegenwärtig ab: Anläßlich der letzten Sitzung des Politischen Ausschusses der Partei am 22./23. November 1997 in Rom sprach sich eine starke Minderheit von 300 anwesenden Delegierten gegen die mit der Regierung Prodi eingegangene stillschweigende Vereinbarung aus, da sie befürchteten, dadurch nur zu einem Anhängsel des 'Olivenbaumes' zu werden.[17] Noch schlimmer ist der Konservatismus der Basis (eine absolute Mehrheit von älteren Mitgliedern,[18] die langsam aussterben[19]). Die Führung der PRC bemerkte auch vollkommen nüchtern, daß es bis heute verhindert wurde, daß 'eine positive quantitative und qualitative Änderung der Partei' stattfindet—sie verhindert auch den 'Zugang neuer Kräfte zu den Führungsgruppen'.[20] Auch hier sind die Gemeinsamkeiten mit der PDS eindeutig: die alte Parteibasis bleibt in den neuen Bundesländern sehr 'konservativ'. Ihre Grundeinstellungen entsprechen den 'Kernaussagen' der SED in der Modrow-Fassung, auch wenn sich die Vorstände der Landesverbände und der Partei hauptsächlich aus 'Modernisierern' zusammensetzen (Brie-Bisky-Gysi-Linie). Auch hier fällt eine Voraussage über die Zukunft der Rifondazione schwer, da sich Trümpfe und Schwächen die Waage halten.

Im Vergleich mit der PDS sind Gemeinsamkeiten durchaus nachvollziehbar. Der größte Unterschied—und dieser ist für die Zukunft der kommunistischen Parteien nicht zu unterschätzen—, ist die Fähigkeit des PCF und des PRC, ihre starke Stellung innerhalb des gewerkschaftlichen Raumes (CGT und CGIL) zu behaupten, die PDS dagegen befindet sich auf diesem Gebiet noch in den Anfängen—die Tätigkeiten ihrer AG Gewerkschaftspolitik sind noch sehr bescheiden— und stecken in den Kinderschuhen (Erfurter Erklärung).

Der Prozeß der ideologischen Anpassung

Alle KPs haben sich die doppelte Behauptung Ernst Blochs zu eigen gemacht: 'Die Zukunft ist das, was man sich von ihr erhofft' und: 'Nur wenn das Falsche untergeht, kann das Wahre zum Leben erwachen'.[21] Kommunisten sind überzeugt von der Notwendigkeit und Machbarkeit eines kommunistischen Projektes, das nicht oder nicht mehr dem 'Gesetz der Geschichte' folgt, zu dem aber die kapitalistische Gesellschaft wegen der ihr anhaftenden Ungerechtigkeiten unumkehrbar strebt. Das falsche Vorbild ist selbstverständlich der 'real existierende' Sozialismus, der von der UdSSR und der KPdSU dargestellt wurde. Alle politischen Wiederaufbauversuche der KPs können daher auf zwei Vorgangsweisen zusammengefaßt werden: 'die UdSSR vergessen', und eine neue kommunistische Utopie aufbauen,[22] die, wie Robert Hue es kürzlich behauptet hat, sich zum Endziel die Weiterentwicklung der Menschheit durch die Selbstentfaltung jedes Individuums stellt.[23]

Die Niederlage des real existierenden Sozialismus und die Fehler der kommunistischen Parteiapparate werden von den KPs inzwischen offen zugegeben.[24] Aber die Führungen der KPs sind sich bewußt, daß eine echte, aufrichtige und grundlegende Auseinandersetzung über diese Themen das Auspacken von so vielen bewußten Verblendungen und geschichtlichen Lügen mit sich bringen würde[25], daß sie nur zu einer neuen Krise sowohl bei den noch orthodox eingestellten Anhängern an der Basis als auch bei den Befürwortern einer Erneuerung der Partei führen würde. Die Krise bei den Intellektuellen der Partei würde genauso dramatisch ausfallen, da man die Texte von Marx und die Taten Lenins auf die Frage untersuchen müßte, warum ein Ideal zur Befreiung des Menschen in einem todbringenden Totalitarismus enden müßte. Deutsche, Italiener und Franzosen wählen dann das gleiche Vorgehen: Die Auseinandersetzung der Geschichte der KPs mit der historischen Wirklichkeit (Zeugen und Archive) so lange wie möglich zu verzögern.

Zum Beispiel entschuldigt sich die PDS zwar für die Vergangenheit der SED, aber gleichzeitig ruft sie zur Solidarität mit

Egon Krenz auf und stellt sich eher schüchtern der Auseinandersetzung mit dem Stalinismus. In nur sechs Heften, die mehr als Entschuldigung für die DDR denn als Kritik angelegt sind, hat die Partei bis jetzt versucht, ihre eigene Geschichte zu verarbeiten.[26] Die PDS praktiziert, wie der SPD nahestehende Historiker es treffend beschreiben, einen 'halbherzigen Revisionismus',[27] der von einem ständigen Versuch von Legendenbildungen begleitet wird—so behauptet die PDS zum Beispiel, es hätte keine Zwangsvereinigung von KPD und SPD in der SBZ gegeben. Die Rifondazione beruft sich bei ihrer Argumentation auf die Beanspruchung des PCI-Erbes, einer Partei, die sich bereits seit langem von der Sowjetunion getrennt hatte. Dabei wird verständlicherweise nicht erwähnt, daß die Rifondazione aus dem pro-sowjetischen (und von Moskau finanzierten) Flügel des PCI hervorgegangen ist. Auch die Franzosen behaupten—und biegen dabei die Wahrheit für ihre Zwecke zurecht[28]—auch sie wären 'rechtzeitig' auf Distanz zur UdSSR gegangen und hätten sich redlich bemüht, der sowjetischen Regierung ihre Kritik zukommen zu lassen—auch wenn, wie dies der PCF immer wieder zugibt, dies mit 'nachteiliger Verspätung'[29] geschah. Daher wäre es nicht notwendig, sich für die drei Parteien über die Frage der Beziehungen zur KPdSU weiter auszulassen, auch wenn man gelegentlich zugibt (z.B. bei dem PCF oder der PDS anläßlich des Schweriner Parteitages), daß es sinnvoll wäre, sich irgendwann ernsthaft mit der Geschichte der kommunistischen Bewegung von Graccus Baboeuf bis Michail Gorbatschow näher auseinanderzusetzen.[30] Aber für alle drei Parteien gelten gegenwärtig andere Prioritäten: Das Mitregieren in Italien und Frankreich, die Wahlen in Deutschland, die organisatorische und finanzielle Stabilisierung der Parteistrukturen sowie die Umformung der Ideologie.

Die Bestrebungen zur Anpassung der Ideologie haben sich seit 1994 verstärkt. Die gegenwärtige ideologische Bilanz der drei Parteien kann als eine Reihe von Antagonismen zusammengefaßt werden: Antikapitalismus, Antiimperialismus, Antifaschismus, Antirassismus. Auch wenn diese vier Gegensätze untereinander verbunden sind, bestimmt der Antikapitalismus über die anderen Pole. Nur weil der Kapitalismus vorhanden ist, existieren auch Imperialismus, die Gefahr von Krieg und Faschismus und die Verbreitung des Rassismus.

Die drei KPs definieren sich also grundsätzlich über ihren absoluten Gegensatz zum kapitalistischen System, der die unveränderlichen Grundsätze ihrer Ideologie seit 1917 festlegt. Der Kapitalismus ist die Urquelle des Bösen und bewahrt sich sein eindeutiges, apokalyptisches und katastrophenträchtiges Bild. Daniel Bensaïd, ein dem 'Espace Marx' nahestehender Intellektueller,[31] spricht zum Beispiel von 'einer morbiden Vitalität eines weltbeherrschenden Kapitalismus'.[32] So erkennt die PDS oder die Rifondazione zwar den wissenschaftlichen Fortschritt, die Einführung neuer Techniken und Technologien an, löst aber deren Entwicklung vollkommen vom wirtschaftlichen System, in dem sie gedeihen.[33] Der Kapitalismus gilt als Gefahr für jede Zivilisation, da mit ihm nur ökologische Zerstörung der Erde, Krieg, Arbeitslosigkeit, Elend, die Infragestellung von sozialen Errungenschaften und der moralische Verfall verbunden werden. Und so brauchen die KPs nur noch auf altbewährte Schlagwörter zurückzugreifen, um die Diktatur des Kapitalismus als die Alleinherrschaft des 'Königs Geld' oder 'den marktwirtschaftlichen Totalitarismus' zu brandmarken und ihr politisches Vorgehen zu legitimieren.

Alle KPs behaupten, es sei nötig, mit der Logik des 'Marktes' zu brechen und den Kapitalismus zu überwinden.[34] Damit heben sie den grundsätzlichen Unterschied zu sozialdemokratischen und ökologischen Parteien hervor, die, so lautet der Rifondazione-Vorwurf, den Markt nur 'begradigen' wollen. Die Überwindung des Kapitalismus ist somit zum einzigen Schlüsselbegriff der kommunistischen Partei geworden. Aber die Einzelheiten des geplanten Vorgehens werden nur sehr oberflächlich erklärt, und wenn dies der Fall ist, treten sogleich Ungereimtheiten zutage. Die Kommunisten flüchten sich in eine 'absolute Ablehnung des Kapitalismus', eine Art von neuer Erleuchtungsutopie. Die Forderung nach einer Überwindung des Kapitalismus verbindet sich mit der Behauptung, wonach der 'demokratische Sozialismus' gleichzeitig die Verwirklichung des Humanismus, das Ergebnis einer ethischen Forderung und das Produkt einer historischen Notwendigkeit sei (die Errettung der Menschheit vor ihrer unausweichlichen Zerstörung). So kehren, wie der französische kommunistische Theoretiker, Henri Maler es bemerkt, alle drei Merkmale wieder, die bereits Marx dem Kommunismus zugeschrieben hatte.[35]

Diese Ansätze ermöglichen es Rifondazione und PCF, einen tiefen Bruch mit den Planungsvorbildern vor 1989 zu vollziehen. Im Zusammenhang mit der Beteiligung an der Linksregierung, deren

Programm die Frage der 'Privatisierungen' offen ließ, überwand Robert
Hue am 13. November 1997 anläßlich einer Bilanztagung des Nationalen
Komitees seiner Partei eine neue theoretische Hürde:

> Die Geschichte lehrt uns, daß die Überwindung des Kapitalismus und der
> Verhalten, die er bedingt, so wie wir es uns vorstellen, nicht nur bedeutet, die
> Eigentumsverhältnisse der, wie wir sie lange nannten, 'wichtigen Produktions-
> und Handelsmittel' zu verändern. Es geht auch nicht darum, ein günstiges
> Verhältnis zwischen den unterschiedlichen Wirtschaftsfaktoren in Bezug auf ihren
> öffentlichen oder privaten Eigentumsstatus herzustellen.

Hue erklärt daher,

> die Schlüsselfrage besteht in der wahren Aneignung durch die Gesellschaft—d.h.
> durch die Lohnempfänger und Bürger—ihrer Tätigkeiten, mit allem was nötig ist,
> an juristischem Besitzrecht, aber auch an Wissen, Macht und effektiver Kontrolle.
> Anders ausgedrückt sollen sie mit den Rechten und Fähigkeiten ausgestattet
> werden, die ein Leben lebenswert macht.

Die Stellungnahme könnte von Gregor Gysi stammen. Eine vollkommene
Aufgabe der traditionellen Ideologieschemata findet aber keinesfalls statt,
da sowohl Robert Hue als auch die Rifondazione immer noch vom
Postulat eines vorhandenen Klassenkampfes ausgehen, eine Formel, die
von der PDS aus taktischen Gründen mehr oder weniger aufgegeben
wurde.[36]

Die PDS, die PCF und die Rifondazione haben selbstverständlich
auch andere politische Hauptanliegen, z.B. in Frankreich den Kampf
gegen die Front National, die als Reaktion auf die kapitalistischen
Auswüchse beschrieben wird. Hier wird der traditionelle Reflex des
Antifaschismus, der mit dem gesamten linken, progressiven und
linkschristlichen Spektrum breite Zusammenhänge herstellt sowie
Sympathien bei der extremen Linken (etwa die in Frankreich immer noch
sehr aktiven trotzkistischen Organisationen sowie Reste der Autonomen-
Bewegung) weckt, wiederbelebt. So warnt die Rifondazione vor der
'faschistischen Unterwanderung' der Gesellschaft durch die Allianze
Nationale, den gleichen Ansatz wendet auch die PDS an, wenn sie von
den Gefahren der 'neonazistischen' Einflüsse spricht. Ein anderes Thema,
äußerst traditionell geartet, wird durch das Auftreten der Vereinigten
Staaten als 'einzige imperialistische' Weltmacht verstärkt: Es handelt sich
um den Antiamerikanismus—er und die unbedingte Treue zu Kuba wird
von allen drei Parteien geteilt. Alle KPs widmen sich auch der
Verteidigung der von der Gesellschaft Ausgeschlossenen—Arbeitslose,
Fremdarbeiter, kinderreiche Familien, Arme, sozial Benachteiligte u.a.
Die Idee, ihre Organisationen im täglichen Leben und im Parlament zu

Anwälten für die 'da unten' zu verwandeln, findet sich als Leitmotiv in
den Reden von Hue, Gysi und Bertinotti.

Zusammengefaßt zeigt sich eine grundlegende Systemkritik
(ständige Anprangerung des Liberalismus und Kapitalismus), die eine
militante Kraft in Form von modernisierten Parteien[37]
zusammenschweißt, die imstande sind, sich sowohl national als auch
international zu behaupten.

Die KPs in ihren jeweiligen politischen Systemen

In der Tat haben die kommunistischen Parteien bereits 1989 beim
Zusammenbruch des realexistierenden Sozialismus die bittere Erfahrung
gemacht, daß Wirklichkeit und Utopie nur sehr schlecht vereinbar sind.
Das Schicksal der Regierung Jospin liegt gegenwärtig zwar in den
Händen der französischen kommunistischen Abgeordneten. Wenn die 36
Abgeordneten der kommunistischen Gruppe sich dafür entschieden,
gegen eine Gesetzesvorlage mit den 291 Abgeordneten der RPR (139)
und UDR (112) und den 3 Parteilosen zu stimmen, würde diese 'Nein'-
Koalition mit 290 Stimmen gegen 284 (PS 251 und RCV 33) den Sieg
davontragen. Die dann folgende politische Krise und vorgezogene
Wahlen sind Gefahren, die diese Mehrheitsverhältnisse mit sich bringen
und den geringen Spielraum Jospins mehr als deutlich machen. Die
aktuellen Stellungnahmen des französischen Premierministers zum PCF
sind aber nicht nur auf die Notwendigkeit zurückzuführen, eine
Regierungsmehrheit zu bewahren. Wenn die Sozialisten den PCF
aufrufen, über ihre Zukunft nachzudenken, verlieren sie ihre eigene nicht
aus den Augen. Einer der Vordenker der Sozialistischen Partei (PS),
Jean-Christophe Cambadélis, propagiert die Idee einer 'neuen Allianz',[38]
als Keim einer neuen sozialdemokratischen Organisation, die alle
Strömungen der Linken einbinden würde, unter ihnen auch die
kommunistische Partei—oder besser gesagt, eine kommunistische
Bewegung, nach einer tabula rasa bezüglich aller ihrer vergangenen
Dogmen, durch die die zahlreichen schwarzen Seiten in der Geschichte
der internationalen kommunistischen Bewegungen und ihrer eigenen
kritisiert und verurteilt wurden. Diese 'plurale Linke' (gauche plurielle),
aus zahlreichen Identitäten zusammengesetzt (eine französische Variante
der deutschen Volkspartei) würde sich eine Vormachtstellung sichern, da
das rechte Lager noch lange Zeit brauchen wird, um das Problem der
Nationalen Front (einer unverzichtbaren Partnerin für eine

Wiedereroberung der Macht durch ein liberal-gaullistisches Bündnis) in Griff zu bekommen.

In diesem Zusammenhang gewinnt der PCF zwar landesweit an politischer Glaubwürdigkeit, bleibt aber Gefangener eines schmerzhaften Dilemmas, das sowohl strategischer, organisatorischer als auch wahlpolitischer Art ist. Strategisch will der PCF nicht von der Bühne verschwinden und ist gezwungen, ihre spezifische politische Identität neu zu bestätigen, sowie sich die organisatorischen Mittel zu sichern, um diese Stellung behaupten zu können. Auf dem III. Parteitag der Rifondazione hielt Bertinotti in seinem Bericht fest, daß es 'zwei Linke' gebe und es auch zwei bleiben würden. Die Partei habe nicht die geringste Absicht, sich zu verkleinern, um eine bloße Alibifunktion innerhalb eines politischen 'Behälters' auszuüben. 'Die Rifondazione hat den Ehrgeiz, eine andersartige Politik zu machen, in die Realität einzuschneiden, dazu beizutragen, Massenbewegungen und -aktionen zu kreieren.'39

In der Praxis impliziert der Begriff eines Poles der Radikalität, der von dem PCF vertreten wird, auch den Gedanken, daß der PCF nicht nur einen Antrieb der zukünftigen wirtschaftlichen, sozialen und kulturellen Veränderung darstellt, sondern einer der Hauptakteure des Geschehens sein wird. Unter den Partnern, die der PCF in ihr utopisches Projekt miteinschließen will, finden sich revolutionäre trotzkistische Organisationen, militante antifaschistische Aktivisten, Einwanderer- und Gastarbeiterunterstützungskomitees, eine ganze Reihe von 'progressiven' oder 'Widerstands-' Kräften, die sich auf unzählige mehr oder weniger lästige Extremistengrüppchen aufteilen, die für die staatstragende sozialistische Partei kaum tragbar sind. Die Politik der PDS wendet eine ähnliche Taktik an, die sich gleichzeitig auf die Organisation von politischen Kampagnen gründet, die eine breite Bündnispolitik miteinschließen (siehe das Fallbeispiel der Erfurter Erklärung), sowie eine (seit 1994 viel diskretere) Zusammenarbeit mit extrem-linken Kräften beinhalten—eine Konstellation, die für die SPD theoretisch nicht akzeptabel erscheinen sollte.

In Frankreich ist das europäische Projekt eine Hauptkonfliktzone, deren Grenzen von beiden Parteien, dem PCF und des PS sehr wohl erkannt wurden. Die dort vorhandenen Spannungen zwischen den beiden Parteien könnten jederzeit aufbrechen. Ein Bruch mit dem PS in Bezug auf dieses Thema könnte aber schlimme Folgen für den PCF haben, deren parlamentarisches Überleben von einem guten Wahlergebnis der gesamten Linken im zweiten Wahlgang abhängt. Somit ist der PCF gezwungen, ein unlösbares Problem zu bewältigen: Gleichzeitig Opposition zu spielen und Regierungspartei zu sein. Die letzte Konsequenz aus diesem Dilemma spiegelt sich in der wachsenden Verschiedenartigkeit der Partei wider, der 'fédérations' (Landesverbände) und der kommunistischen Parlamentsgruppe,[40] die immer deutlicher in feindliche Lager gespalten sind: einserseits die 'orthodoxen Traditionalisten', die dem PS gegenüber feindlich eingestellt sind, dann die pragmatischen Traditionalisten, die kritischen Reformer und Mitläufer, zu denen sich die äußerst komplexe und unter sich zerstrittene Familie der 'reconstructeurs' und 'Parteialten' (die in den Jahren 1980/90 die Partei verlassen hatten) gesellt. Kurz gesagt ist die PCF zentrifugalen Versuchungen ausgesetzt, die drohen, die Partei auseinanderbrechen zu lassen und immer hinderlicher beim Versuch werden, die Parteiorganisation zu stabilisieren. Ohne Angabe von Details kann festgehalten werden, daß es der Parteiführung immer schwerer fällt, die parlamentarische Gruppe des PCF zu kontrollieren. Innerhalb des Sprachrohrs des PCF, der Parteizeitung *L'Humanité*, tobt ein Kampf zwischen Traditionalisten und Reformatoren, ganze 'Fédérations' haben der Parteiführung die Gefolgschaft verweigert.[41] Die Zukunft Robert Hues an der Spitze der Partei scheint nach dem Tod des ehemaligen, langjährigen Parteisekretärs Georges Marchais am 16. November 1997 sicherer, aber die gegen Hue gerichteten Kräfte bleiben weiterhin einflußreich und halten noch einen Teil des zentralen und regionalen Parteiapparates sowie die Finanzverwaltung der Partei.

Über das Siegesgeschrei der PDS-Führung hinaus[42] verfolgen die 'Reformer' die neuesten Entwicklungen in Frankreich und Italien sehr genau und ziehen daraus ihre eigenen, gegensätzlichen Schlüsse. Die Entscheidung zur Zubilligung einer 35-Stundenwoche ohne Gehaltseinbußen (eine von Jospin gewollte Entscheidung, die der Regierung Prodi aber durch die Drohung von vorgezogenen Wahlen aufgezwungen wurde) beweist, daß sich eine der Hauptforderungen der kommunistischen Wirtschaftspolitik durchsetzen konnte. Der Druck, den die kommunistische Linke ausübte, wurde belohnt. Im Falle Italiens glaubt die PDS, daß Prodi auf vorgezogene Wahlen verzichtet hat, weil Wählerumfragen hohe Gewinne für die Rifondazione vorhersagten. Andererseits konnte die PDS-Führung feststellen, daß die PCF in

Frankreich als Preis für ihren Durchbruch viele ihrer Forderungen zurückstellen mußte: Staatsbürgerschaftsgesetzgebung, Ausländerrecht und Verteidigungshaushalt wurden im Sinne der SPF definiert. Logischerweise ist der Pol der Radikalität, der die 'neue Identität der PCF' mitgestaltet, von dieser Entwicklung betroffen: Sein 'utopischer Wind' ist bereits ausgehaucht, bevor er zum Zug kam, und die organisatorische Heterogenität steigt weiter an. Innerhalb der Rifondazione wird der mit der Regierung Prodi geschlossene Pakt von der Basis her starken Zweifeln unterworfen.

Die 'Reformer' der PDS müssen sich aber auch dem Unwillen ihrer Basis in den neuen Bundesländern stellen, die sich stillschweigend zu den kritischen Stellungnahmen bekennen, die von den unterschiedlichen marxistischen und revolutionär-marxistischen Strömungen propagiert werden, die in der Partei vertreten sind (Marxistisches Forum, die meisten Anhänger der Landesverbände West der Partei, Kommunistische Plattform). Eine Aussage der AG Junge GenossInnen in und bei der PDS bringt das, was die meisten Mitglieder der PDS denken, auf einen Nenner:[43] 'Die Aufgabe der Oppositionsrolle zwingt die PDS dazu, rechte Politik von links zu flankieren und zu legitimieren, statt linke Politik zu machen.'[44]

Aspekte der kommunistischen Umorganisierung auf internationaler Ebene

In ihrem 'Politischen Dokument' erklärten Bertinotti und Cossuta:

> Es müssen auf supranationaler Ebene neue Kampffelder definiert und neue Ziele gesetzt werden. ...Es geht um das Problem, daß der Klassenkonflikt und die politische Bewegung die nationalen Grenzen überschreiten müssen. ...Europa ist nicht mehr ein Feld internationaler Beziehungen, Europa ist jetzt der Ort unserer direkten Aktion. Die ersten Schritte in diese Richtung haben die linken Parteien im Europäischen Parlament gemacht.[45]

In seinem Vortrag auf dem 29. Parteitag der PCF kam Francis Hurtz zu gleichen Schlüssen.[46] Bei solch deutlichen Gemeinsamkeiten überrascht aus deutscher Sicht die Zurückhaltung der PDS, ihre 'besonderen Beziehungen' zum PCF, und seit 1996/97 immer deutlicher auch zur Rifondazione, auch offen einzugestehen. In der Berichterstattung des *Neuen Deutschland* wird jedenfalls die Achse Paris-Berlin-Rom nicht besonders herausgestellt. Vermutlich wären PDS-Anhänger eher überrascht gewesen, hätten sie erfahren, was PCF-Nationalsekretär Robert Hue im April 1995 anläßlich eines Interviews mit einer deutschen Tageszeitung preisgab: 'Wir haben sehr gute Beziehungen zur PDS. (...)

Wir haben eine permanente Kommission eingesetzt, um in wichtigen Fragen gemeinsame Positionen zu entwickeln'.[47] Noch offener war Hue auch auf dem internationalen Treffen postkommunistischer Parteien in Paris im Mai 1996, als er verkündete: 'Um es ganz klar zu formulieren ... — für uns steht es außer Frage, eine internationale Organisation linker Kräfte zu gründen, in welcher Form auch immer.'[48] Ohne daß an dieser Stelle ausführlicher darauf eingegangen werden kann, sollte festgehalten werden, daß beide Parteien inzwischen in der Tat eine effektive strategische Zusammenarbeit organisiert haben, die ein breites Feld von Aktivitäten abdeckt: Gewerkschaftsfragen, Entwicklungen der politischen Systeme und der Wirtschaft, Bereich der politischen Theorie, Europäische Integration, etc. Diese Zusammenarbeit umfaßt auch gemeinsame, von PCF-Vorfeldorganisationen (Frauen z.B.) angebotene Veranstaltungen, an denen PDS-Parteikader teilnehmen (Verantwortliche auf Bundesebene, aber auch regionale Vertreter, hauptsächlich von den Landesverbänden Berlin und Sachsen-Anhalt). Die Anwesenheit von PCF- und PDS-Parteifunktionären an Treffen in Paris und Berlin gehört bereits zum gewohnten Bild einer 'internationalistischen' politischen Landschaft, die weit über das Dreieck PDS-PCF-Rifondazione hinaus reicht.

Seit 1994 gibt es im Europäischen Parlament links von einer 'grünen' bzw. der 'Regenbogen'-Fraktion einen Zusammenschluß, in dem Kommunisten ganz eindeutig dominieren: die 'Konföderation der vereinigten europäischen Linken/Nordische grüne Linke' (KVEL).[49] Die KVEL verfügte bei ihrer Konstituierung als Fraktion zunächst über 28 Mitglieder (heute sind es 31 mit Vertretern von nordischen Parteien), von denen mindestens 22 Kommunisten sind oder aus postkommunistischen Parteien kommen. Von den neun spanischen Abgeordneten stammen sieben aus der 'Izquierda Unida',[50] von den sieben Franzosen sechs aus der KPF,[51] alle fünf Italiener gehören der Rifondazione[52] an; von den vier Griechen stammt je einer aus 'Kommounistiko Komma Elladas' (KKE) und der 'Synaspismos tis Aristeras kai tis Proodou', die drei Portugiesen aus dem 'Coligaçao Democrática Unitária'.[53] Die PDS, die bei den letzten Wahlen 1994 knapp scheiterte, ist natürlich in dieser Fraktion nicht vertreten. Sie verfügt allerdings — auf Zuspruch des PCF — über einen Beobachterstatus in Brüssel und unterhält dort — obgleich nicht Mitglied im EP — einen bezahlten hauptamtlichen Residenten.

Diese Fraktion hat, unter Mitwirkung der PDS, ihre ideologische Marschroute festgelegt: man wolle ein anderes Europa als das der gegenwärtigen Maastrichter Verträge, ohne Demokratiedefizite und frei von neoliberalistischer, monetaristischer Wirtschaftspolitik. Die Mitglieder der KVEL befürworten eine 'Demokratisierung' der europäischen Institutionen, wollen angeblich die Rolle und die Rechte des Parlaments stärken, eine Priorität für aktive Arbeitsmarktpolitik und eine Sozialcharta setzen, wünschen sich keine 'Festung Europa', sondern einen offenen Raum, der intensiv mit den Staaten der Dritten Welt kooperiert. Die europäische Sicherheitsarchitektur soll ebenfalls verändert und dabei auf die NATO verzichtet werden.[54] Diese Thesen eignen sich trotz oder gerade wegen ihres geringen Gehalts vorzüglich für die Organisierung von populistischen Kampagnen gegen die EU; sie gründen sich hauptsächlich auf einen 'Ablehnungskatalog' ohne Gegenvorschläge. In diesen Stellungnahmen sieht die PDS eine ideologische Brücke zu den 'Organisationen der kritischen Linken' und hat daher 1997 ihre Anti-Maastricht-Kampagne systematisch weitergeführt.[55]

Eine noch wichtigere und zentrale Rolle—sowohl vom organisatorischen als auch ideologischen Aspekt—spielt bei postkommunistischen Reorganisationsbemühungen in Europa das 'New European Left Forum' (NELF). Es entstand 1990 auf Initiative der spanischen 'Izquierda Unida' (IU). Das im November 1991 konstituierte 'Forum' trifft sich regelmäßig an unterschiedlichen Orten in Europa: Bisher fanden Konferenzen statt in Helsinki (Juni 1992), Athen (November 1992), Madrid (Februar 1993), Kopenhagen (Juni 1993), Barcelona (Dezember 1993), Oslo (Juni 1994), Brüssel (Januar 1995), Stockholm (Mai/Juni 1995), Delphi (November 1995), Dublin (Mai 1996) und Helsinki (Oktober 1996).

Das NELF bestand zunächst im Kern aus den europäischen KPs, die sich zu Beginn der 90er Jahre wenigstens teilweise gewendet und dabei auch ideologische Paradigmawechsel vollzogen hatten. In der Folgezeit erlangte es gesteigerte Attraktivität für traditionell gesinnte Gruppen und Parteien. 1995 gehörten ihm 14 Parteien und Gruppen an: 'Socialistisk Volkspartiet' (SAP), Dänemark, eine linkssozialistische Gruppierung mit grünem Einschlag und einem trotzkistischen Flügel; 'Eesti Demokraatlik Toopartei' (Estnische Demokratische Partei der Arbeit); 'Vasemmistolitto/Vänsterforebundet' ('Linksbund'), Finnland;

'Sosialistisk Venstreparti' ('Sozialistische Linkspartei'), Norwegen; 'Democratic Left', Irland—die Gruppierung ist an der aktuellen irischen Regierungskoalition beteiligt; 'Synaspismos', Griechenland; 'Rifondazione Comunista' (PRC), Italien; 'Izquierda Unida' (IU), Spanien; 'Initiativa per Catalunya', Spanien—dabei handelt es sich um die katalanische Variante der IU; 'Partei der Arbeit' (PdA), Schweiz—dabei handelt es sich um die nicht-gewendete traditionell orthodox-kommunistische Partei der Schweiz; 'Groen-Links', Niederlande—die seit 1982 auf linkssozialistisch-grünem Kurs befindliche Partei ist aus der früheren moskautreuen KP hervorgegangen; 'Mouvement des Citoyens', Frankreich—die 'Bürgerbewegung', dessen Vorsitzender, Jean-Pierre Chevenèment gegenwärtig den Posten eines Innenministers in der Regierung Jospin bekleidet; sowie die 'Partei des demokratischen Sozialismus' (PDS), Deutschland (seit Juni 1995).

Seit Ende 1995 verstärkt sich innerhalb der Gruppe der 'ständigen Gäste' die Anwesenheit von traditionalistisch orientierten kommunistischen Parteien: die 'Democratic Left' aus Großbritannien,[56] die 'ADISOK' aus Zypern, die eine 'Massenorganisation' der orthodox-kommunistischen 'Fortschrittspartei des werktätigen Volkes' (AKEL) Zyperns ist, die 'Gauche Unie' aus Belgien, ebenfalls ein Rest der beiden flämisch- bzw. französischsprachigen KP des Landes, und der französische PCF.[57] Auf dem Treffen in Helsinki (Oktober 1996) beantragte der PCF einen Status als Vollmitglied, der ihr im April 1997 zugebilligt wurde.[58] Schließlich spielte sich die PDS in den Vordergrund: Sie wurde Gastgeber des 12. Treffens in Berlin (18./20.April 1997)[59] Die Anwesenheit von Vertretern aus Polen, Bulgarien und Rußland auf einem Treffen, an dem die Gesamtheit der europäischen kommunistischen Parteien teilnahm, zeigte, daß der Wiederaufbau einer 'Internationale eines neuen Typs' voll im Gang ist.

KVEL und NELF fanden sich wieder, um eine systematische und auf internationaler Ebene breit koordinierte Kampagne gegen das 'Europa von Maastricht' in die Wege zu leiten. Die organisatorischen Zentren der Kampagne waren ab 1996 Paris und Berlin, seit 1997 wird auch die Beteiligung der Rifondazione immer ausgeprägter. Die Kampagne wurde mit einer Großveranstaltung am 11. Mai 1996 in Paris eröffnet. Dabei handelte es sich um eine Veranstaltung neuer Art, die einerseits zu einer Kundgebung mit rund 5.000 Teilnehmern rief und andererseits eine Arbeitskonferenz anbot; letztere wurde von zahlreichen kleineren

Besprechungen multilateraler und bilateraler Art begleitet, über deren Inhalt nach außen nichts verlautbart wurde. Zu den Hauptrednern der Kundgebung gehörten PDS-Vorsitzender Lothar Bisky, der 'Generalkoordinator' der 'Izquierda Unida', Julio Anguita, PRC-Sekretär Fausto Bertinotti, PCP-Generalsekretär Carlos Carvalhas und natürlich als Gastgeber PCF-Nationalsekretär Robert Hue. Insgesamt waren Vertreter von 15 Parteien vertreten. Robert Hue sprach von einem großen Tag für die Linke und beschwor den gleichgerichteten Kampfgeist der Teilnehmer. Begeisterung unter dem offensichtlich mehrheitlich traditionell gestimmten Publikum (auch die PDS war durch eine große Delegation vertreten) lösten vor allem die kämpferische Rede des PCP-Generalsekretärs und die Beschwörung eines links-kommunistischen Neuanfangs in Europa durch den PRC-Sekretär aus.

'Der Widerstands-Geist von Paris' trug Früchte: Die Bewertung der letzten Parteitage des PCF und der Rifondazione vom Dezember 1996 sowie der PDS vom Januar 1997[60] brachten nur noch die Bestätigung der bereits allzu deutlich gewordenen Bestrebungen: die Verstärkung der internationalen Zusammenarbeit und die Kampagne gegen die europäische Integration à la Maastricht sind für die PDS, den PCF und die Rifondazione[61] zu einem Hauptanliegen ihres Agierens geworden.[62]

Seitens der PDS existiert eine 'Arbeitsgemeinschaft Europäische Union', die im August 1995 einen 'Katalog der Grundrechte in der Europäischen Union' vorlegte. Dieses Dokument wurde mit anderen Texten vom 17. bis 19. November 1995 auf einer von der Bundestagsgruppe der PDS in Berlin veranstalteten 'Europapolitischen Konferenz' diskutiert, zu der ein Teil der Kooperationspartner der 'Anti-Maastricht' Kampagne eingeladen wurde.[63] Im Dezember 1995 verabschiedete der PDS-Parteivorstand eine 'Erklärung zur Regierungskonferenz und zur Revision des Vertrages über die Europäische Union'.[64]

Das Dokument, das 1997 überarbeitet und ergänzt unter dem Titel 'Warum die PDS NEIN zu diesem EURO sagt' vorgelegt wurde,[65] enthält typischerweise keine Totalablehnung der EU, sondern deren Funktionalisierung für kommunistische Vorstellungen: In den Mittelpunkt gestellt wird die Forderung nach einer 'umfassenden Demokratisierung', womit publikumswirksam darauf hingewiesen wird, daß die Beteiligung der Bevölkerung an dem Vertragswerk unzureichend gewesen sei. So taucht die Forderung nach einem Volksbegehren über diese Fragen auf.[66] Auch die Währungsunion wird nicht generell verworfen, soll aber gekoppelt werden mit einer 'Sozial- und Umweltunion'. Nur so könne verhindert werden, daß 'weiterer massiver Sozialabbau' und die restlose 'Beseitigung des Sozialstaatskompromisses' Ergebnis des 'Wettlaufs um die Erhaltung der geforderten Konvergenzkriterien zur Herstellung der Währungsunion' würden.[67] Sicherheitspolitisch wird der 'Verzicht auf Militarisierung' und die 'Erhaltung des zivilen Charakters' der EU gefordert, ein Passus, der sich unschwer als gegen die NATO gerichtete Programmatik erkennen läßt. Und schließlich bedient die PDS-Erklärung 'antikolonialistische' und 'internationalistische' Bedürfnisse ihrer Klientel mit den Forderungen nach 'Erweiterung der europäischen Union nach Osten und nach Süden' sowie 'Abschaffung aller Maßnahmen an den EU-Außengrenzen, die Menschen in Not den Zugang zur Europäischen Union verwehren'. Alle diese Ansätze wurden auch in den Bundestagswahlkampf der PDS miteingebaut—die Partei hofft damit von den Sorgen zahlreicher Wähler zu profitieren, die von einem nur schwer faßbaren Verfahren europäischer Integration beunruhigt sind, deren langfristige Auswirkungen nur ungenügend bekannt sind.

Erste transnationale Aktionen—die auch symbolisch im 'Geist des Widerstands' organisiert werden—fanden in Gestalt eines 'Europäischen Marsches gegen Arbeitslosigkeit'[68] im Sommer 1997 statt und wurden von einem zu diesem Zweck in Amsterdam angesiedelten Koordinationsbüro gesteuert. In diesem Fall, wie auch auf den letzten Treffen des NELF, wurde die Achse Paris-Berlin-Rom als zentrales Konstruktionselement der Neuorganisierung der kommunistischen Parteien deutlich.

Zusammenfassung

Der III. PRC-Kongreß, der 29. Pariser Kongreß des PCF und der Schweriner PDS-Parteitag zeigen, daß auf ideologischer sowie auf organisatorischer Ebene diese Parteien dabei sind, einen Zyklus ihrer Existenz abzuschließen und sich nun neuen Herausforderungen zu stellen. Die 'Erneuerungs- und Modernisierungprozesse' der drei Parteien gleichen sich erstaunlich. Sie können auf dieselbe Formel gebracht werden: PDS, PCF und Rifondazione erneuerten ihre politische 'Fassade'. Unabhängig von einem zeitgemäß angepaßten Sprachgebrauch und einem neuen Erscheinungsbild wurde jedoch die ideologische Substanz kaum tangiert; sie bewegt sich weiter im Rahmen herkömmlicher kommunistischer Grundbekenntnisse: Antikapitalismus als Herzstück der politischen Botschaft, Antiimperialismus, Antifaschismus, Antiliberalismus. Auch wenn es diesen drei Parteien gelungen ist, ihren organisatorischen Niedergang und den Verlust ihrer Wählerschaft aufzuhalten, so ist ein neuer, wahrer politischer Durchbruch noch nicht sichtbar. Das Dilemma besteht in der Schwierigkeit, ein Gleichgewicht zwischen Modernisierungsmaßnahmen und der Gefahr des eigenen Verschwindens im Falle einer wirklichen Sozialdemokratisierung zu finden. Die Zwickmühle kann am besten mit den Worten eines Rifondazione-Verantwortlichen umschrieben werden, die auch aus dem Mund André Bries hätten stammen können: 'Es gibt ein Problem der Übertragung von Wissen und von Erinnerung', aber gleichzeitig auch 'ein Problem der kulturellen Erneuerung und der Bildung neuer Führungskräfte'.[69] Diese Zwangslage und somit die strukturelle Schwäche der KPs hat Links- und Umweltparteien in Italien und Frankreich dazu bewogen, auf Bündnisse mit den Kommunisten einzugehen und auf die 'Zähmung' der Genossen zu setzen. Die Machtfrage hat dabei über alle anderen möglichen Vorbehalte gesiegt. In Deutschland ist sie gestellt und wartet noch auf Antwort.

Anmerkungen

1   Der Regierung Jospin gehören zwei kommunistische Minister an (Jean-Claude Gayssot, Minister für Landesausbau, Wohnungs- und Transportwesen, sowie Marie-Georges Buffet, Ministerin für Jugend und Sport) sowie ein Staatssekretär (Michelle Demessine, Tourismus).

2   Dieser Beitrag bezieht sich auch auf folgenden Band, der bei Olzog erscheinen wird: Patrick Moreau, Marc Lazar, Gerhard Hirscher (Hrsg), *Der Kommunismus in Westeuropa—Niedergang oder Mutation?*, München 1998; siehe insbesondere die Aufsätze: Stéphane Courtois, 'Das letzte Jahrzehnt des französischen Kommunismus—Agonie oder Mutation?'; Carlo Bachetti, 'Die Transformationen des Kommunismus in Italien: Die Partei der Rifondazione comunista'; Patrick Moreau, 'Die Partei des Demokratischen Sozialismus'; Marc Lazar, 'Die Neugestaltung der kommunistischen Ideologie in Westeuropa'; Herman Gleumes/Patrick Moreau, 'Internationale Kooperationsansätze postkommunistischer Parteien'.

3   SOFRES-Umfrage vom 21.-23. Februar 1996, in SOFRES, 'L'Etat de l'opinion 1997', S. 93.

4   Weitere Hochburgen des PCF: Die Départements des Nordens, die sechs Départements der Landesmitte, die Wahlkreise der Bouches-du-Rhône und des Gard, des Pyrénées Orientales und des Hérault.

5   Der kommunistische Gewerkschaftsverband CGT kämpft mit ähnlichen Schwierigkeiten, die der PCF dazu bewogen haben, der Organisation mehr Freiheiten zu lassen, damit mehr Mitglieder geworben werden können. Siehe dazu zur Frage der Anhäufung von gewerkschafts- und politischen Posten den Beitrag von Claude Harmel, in: *Les cahiers d'histoire sociale*, 8 (1997), S. 19-32.

6   Siehe dazu den Beitrag von Josseline Abonneau, 'Le crépuscule des "camarades"', in: *Le Figaro* vom 15. April 1997.

7   Im folgenden als 'PDSi' abgekürzt, um eventuelle Verwechslungen mit der deutschen 'PDS' zu vermeiden.

8   Die Diktatur des Proletariats, das Kollektiveigentum an den Produktionsmitteln und die Zentralität der Wirtschaftsplanung, das Prinzip des Primats der Partei über den Staat, all dies wurde stillschweigend seit den 70er Jahren fallengelassen.

9   Am Anfang steht der 'stählerne Kern' der Rifondazione, der von der Gruppe Cossuttas gebildet wurde. Diese sehr ideologisierte, aber auch sehr pragmatische Komponente hat immer die Partei selbst, ihre Bewahrung und ihre organisatorische Verstärkung an erste Stelle ihrer politischen Prioritäten gestellt. Daneben existierten ein 'Bewegungs-' und 'Dritte-Welt'-Flügel, ein mehr arbeiterorientierter Flügel mit starken gewerkschaftlichen Bindungen und der sehr kompakte Kern der trotzkistischen Mitglieder der Revolutionären Kommunistischen Liga LCR, italienische Sektion der IV. Internationale. Weitere kleinere Strömungen waren zusätzlich vorhanden.

10   Die größte Abspaltung war die der 'Einheitskommunisten' (Communisti unitari), Anhänger einer Annäherung an den PDSi.

11   Dies entsprach ca. 8% der Gesamtmitgliederschaft des PCI. 1993 beliefen sich die Basisstrukturen des PRC—die 'Zirkel der Rifondazione comunista'—auf gut 2.340 Vertretungen, verteilt auf 18 von 20 Regionen. Insgesamt hatte die Rifondazione 1993 in den vier roten Regionen Mittel- und Norditaliens (der Emilia-Romagna, der Toskana, Umbrien, den Marken) ihre Hochburg mit ca. 40.000 Mitgliedern und 644 Zirkeln. Die Partei verfügt über einen Apparat aus ca. 150 Funktionären, politische und administrative Funktionäre zusammengenommen, ca. dreißig sind beim Parteivorstand, ca. sechzig sind auf den peripheren Apparat verteilt, ca. dreißig sind bei den parlamentarischen Gruppen beschäftigt und weitere dreißig bei den Gemeinderatsgruppen [gruppi consiliari regionali]. Seit dem Frühjahr 1995 verfügt der PRC über eine Tageszeitung, die *Liberazione*, die zuvor als Wochenzeitung erschienen ist. Das theoretische Organ offiziellen Charakters ist die vierteljährlich erscheinende Zeitschrift *Marxismo oggi,* die von der Parteikomponente um den Vorsitzenden Cossutta kontrolliert wird.

12   1996 zählte der PRC 127.734 Mitglieder, darunter 24.380 Frauen und 10.384 Jugendliche unter 30 Jahren, die auf 116 Provinzialverbände und 2.651 Zirkel, Territorialzirkel oder Zirkel am Arbeits- oder Studienplatz verteilt sind.

13   Zwischen Dezember 1989 und Anfang 1991 mußte die SED/PDS hohe Mitgliederverluste hinnehmen (Oktober 1989: 2.300.000; Dezember 1989: 1.463.762; Februar 1990: 650.000/700.000; Mai 1990: 400.000; Juni 1990: 350.491; Dezember 1990: 284.001). Ende 1991 hatte die PDS 172.579 Mitglieder; 1992: 146.742; 1993: 131.406; 1994: 123.751; 1995: 114.940 Ende 1996: 105.029 Mitglieder (davon 102.624 in den neuen Bundesländern).

14 Ca. ein Drittel der von dem PDSi erzielten Stimmen (35 Abgeordnete von 630 und 20 Senatoren von 315).

15 Seit 1996 kann sie auf 3 Europaparlamentarier, 34 Abgeordnete, 11 Senatoren, 66 Regionalräte und 107 Provinzialräte hoffen.

16 Fausto Bertinotti ist ein Gewerkschafter sozialistischer Herkunft, der ideologisch der Tradition der 'offenen' kommunistischen Linken nahe steht. Er trat erst 1972 in den PCI ein. Er ist Mitglied des Landessekretariats der CGIL (Confederazione generale italiana del lavoro) gewesen. Seine Kandidatur und Wahl als Generalsekretär des PRC waren das Ergebnis einer Einigung zwischen den verschiedenen Strömungen der Partei.

17 Olivero Diliberto, Sprecher des PRC in der Abgeordnetenkammer, ist ein Sprachrohr dieser Richtung.

18 Bereits 1988 betrug das Durchschnittsalter der PCI-Mitglieder 51,9 Jahre.

19 Carlo Bachetti, 'Die Transformation des Kommunismus in Italien...', a.a.O. (Anm. 2): 'Man kann beobachten, daß neben der Verschanzung sich an mehreren Stellen auch das entgegengesetzte Phänomen des "Rückzugs" von der Militanz und von der Teilnahme am Organisationsleben eines Teils der Mitglieder der ersten Stunde verifiziert, ein Rückzug, der oft auf ein fast immer eher fortgeschrittenes Alter zurückzuführen ist und auch auf die Befriedigung und die Überzeugung, die Aufgabe, die sich viele von ihnen als ehemalige Mitglieder und Militante der KPI zum Ziel gesetzt hatten, auf jeden Fall die Existenz einer "kommunistischen Partei" zu sichern, erfüllt zu haben.'

20 Vgl. das Bertinotti-Cossutta Kongreß-Dokument, a.a.O.

21 Ernst Bloch, Le principe espérance, Paris 1991, S. 37.

22 Robert Hue war sich der Notwendigkeit einer Erneuerung der PCF bewußt, als er Ende 1995 sein Buch *Communisme: la mutation* veröffentlichte. Sein zweites, vor kurzem herausgegebenes Buch *Il faut qu'on se parle* (1997) richtet sich an die Jugend und führt die ideologischen Bemühungen in dieser Richtung fort.

23 Robert Hue, in: *L'Humanité*, 14. November 1996, S. 1.

24 Robert Hue erklärte der Zeitung *Figaro* am 5. März 1997: 'Es ist durchaus möglich, daß sich in den Reihen der Kommunistischen Partei Nostalgiker aus einer anderen Epoche befinden, aber die KP kann nicht mehr so handeln, als würde die UdSSR weiter existieren.'

25 Die teilweise erfolgte Öffnung der Moskauer Archive liefert zahlreiche entsprechende Beispiele.

26 Siehe: *Ansichten zur Geschichte der DDR*, 6 Bände, Berlin 1993-7.

27 Rainer Eckert, Bernd Faulenbach (Hsg.), *Halherziger Revisionismus: Zum postkommunistischen Geschichtsbild,* München 1996; Patrick Moreau, Jürgen Lang, *Linksextremismus,* Bonn 1996, Kapitel 7: 'Die Aufarbeitung der Geschichte durch die PDS und ihr Umfeld', S. 155-87.

[28] Hue bezieht sich auf den Anschluß der PCF an den Eurokommunismus der 70er Jahre, obwohl die französischen Genossen damals unter der Führung von Georges Marchais maßgeblich zum Scheitern dieser von Moskau bekämpften ideologischen Mutation beigetragen hatten.

[29] 'La politique du Parti communiste français', vom 29. Parteitag angenommenes Dokument, 18. bis 22. Dezember 1996, veröffentlicht in der Tageszeitung *L'Humanité*, 23. Dezember 1996.

[30] 'Sich zur Modernität zu bekennen, bedeutet auch die Auseinandersetzung mit dem weiterzuführen, was sich im Namen des Kommunismus und auf der Fährte des Stalinismus in unserer eigenen Geschichte ereignet hat' (ebenda).

[31] Es handelt sich um eine offene Diskussionsstruktur, an der kommunistische oder kritische Intellektuelle teilnehmen und die theoretische Überlegungen für den PCF ausarbeitet.

[32] Daniel Bensaïd, *Marx l'intempestif, grandeurs et misères d'une aventure critique (XIX-XXe siècles)*, Paris 1995, S. 9.

[33] André Brie et al., *Zur Programmatik der Partei des Demokratischen Sozialismus. Ein Kommentar*, Berlin 1997, siehe Teil I: 'Sozialismus. Ursprünge, Widersprüche, Wandlungen', S. 11-97.

[34] Rifondazione Communista, 3. Parteitag, 12.-15. Dezember 1996, 'Erneuerung der Politik zur Veränderung der Gesellschaft. Politisches Dokument Bertinotti-Cossuta', Absätze 'Radikalität und Einheit: Unsere Politik' und 'Von antikapitalistischer Kritik zur Transformation der Gesellschaft: unser Projekt', Manuskript.

[35] Henri Maler, *Convoiter l'impossible, L'utopie avec Marx, malgré Marx*, Paris 1995.

[36] 'Klassentheorie—Möglichkeiten und Grenzen', in: *Zur Programmatik ...*, a.a.O., S. 225ff.

[37] Bertinotti-Cossuta, a.a.O., *Eine neue kommunistische Massenpartei*; Robert Hue, 'Rapport. Situation nouvelle, responsabilités nouvelles'. Siehe den Absatz 'Avec audace, sans complexe: le PCF tel qu'il est', in: *L'Humanité*, No. 16263, 14. November 1997, S. 10-15.

[38] Jean-Christophe Cambadélis, *Pour une nouvelle alliance*, Stock 1996.

[39] 'Heute gibt es zwei Linke, nicht nur weil ihre Politik verschieden ist, sondern auch ihre politische Kultur und sogar tendenziell die sozialen Kräfte des strategischen Bezugs.' Vgl. den einführenden Bericht von Bertinotti, a.a.O.

[40] François Bazin, 'Le PCF en quatre morceaux', in: *Le Nouvel Observateur*, 25. September 1996, S. 60.

[41] Pierre Zarka, ein 'Orthodoxer', Direktor der Partei-Tageszeitung *L'Humanité*, verweigert dem neuen Führer den Kniefall. Seit Mitte März 1997 ist deshalb innerhalb der Zeitschrift die Auseinandersetzung zwischen zwei Richtungen offen ausgebrochen. Zusätzlich findet eine beschleunigte 'Regionalisisierung' statt, da

einige mächtige Gebietsverbände auf ihre Eigenständigkeit pochen: so z.B. der Verband Pas-de-Calais (sehr orthodox und stark antisozialistisch eingestellt), der Norden, die Region Marseille, die von den 'refondateurs' und Guy Hermier beherrscht wird.

42 Zum Wahlsieg der Linken in Frankreich vgl. die Erklärung von Lothar Bisky und Gregor Gysi: 'Der Wahlsieg der Linken in Frankreich wird Europa verändern!', in: *PID*, 23 (6. Juni 1997), S. 1.

43 Vgl. Lothar Probst, 'Die PDS in Rostock. Eine Lokalstudie über die Anatomie einer postkommunistischen Partei', in diesem Band, S. 68-9.

44 Rattenpost, Nr. 3/96.

45 Bertinotti-Cossuta, 'Politisches Dokument', a.a.O., S. 8.

46 Francis Hurtz, 'Adresse aux délégations et aux personnalités étrangères invitées au 29e Congrès', in: *Cahier du communisme*, No. 1-2/97, Absätze 'Pour un forum des nations d'Europe' et 'Une année d'intense activité sur l'Europe', S. 121ff.

47 *Junge Welt* vom 19.4.1995; ähnlich Francis Hurtz, 'Adresse', der bestätigt: 'Eine gemischte Kommission, die von dem PCF und der PDS ins Leben gerufen wurde, gibt Betriebskadern, Historikern, Mandatsträgern die Möglichkeit, sich zu treffen.'

48 Zit. nach *PDS-international*, Informationsschrift der AG Friedens-und Internationale Politik, 2. Quartal 1996, S.17.

49 Die 'Könföderation der vereinigten europäischen Linken/Nordische grüne Linke' (KVEL)/'Confédération des Gauches Européennes Unies—Gauche Nordique Verte'/, 'Confederal Group of the United Left—Northern Green Left' (GUE). Zunächst hieß diese Fraktion nur 'Könföderation der vereinigten europäischen Linken'; der Zusatz 'Nordische Grüne Linke' wurde erst angefügt, als mit der Erweiterung der EU je ein EU-Abgeordneter der schwedischen 'Vänsterförbundet' ('Linksbund'), der finnischen 'Vänsterpartiet' ('Linkspartei') sowie der dänischen 'Socialistisk Folkpartiet' ('Sozialistische Volkspartei') hinzustießen. Die 'grüne Komponente', typischerweise aus den Zerfallsprodukten kommunistischer Parteien in Nordeuropa, ist also nicht sonderlich stark.

50 IU ist ein Zusammenschluß revolutionärer spanischer Organisationen unter maßgeblicher Führung der 'Partido Comunista de España' (PCE), also der früher moskauorientierten spanischen KP.

51 Ein Abgeordneter gilt als 'unabhängig'.

52 Die Aussage ist zu relativieren: Am 14. Juni 1995 verließ eine Reihe von PRC-Funktionären, darunter auch die Europaabgeordneten Luciano Pettinari und Luciana Castellina die Partei. Gemeinsam mit anderen Dissidenten gründeten sie das 'Movimento dei Comunisti Unitari', das aber keine größere Ausstrahlungskraft erlangte. Die Gründe für die Abspaltung waren soweit erkennbar Differenzen über taktisches Vorgehen gegenüber der seinerzeitigen Rechtskoalition in Italien. Natürlich ist das 'Movimento' inzwischen wieder Mitglied im NELF (siehe S. 146).

53 Dabei handelt es sich um das seinerzeitige Erscheinungsgewand der portugiesischen Kommunistischen Partei, die bisweilen versuchte, durch 'neutral' wirkende Frontorganisationen zu mehr Zuspruch zu kommen.

54 So Alonso Puerta im *UZ*-Interview, Ausgabe vom 12. Mai 1995.

55 Siehe: 'Friedlich und antimilitarisch. Vorstellungen zu nichtmilitarischer, ziviler Sicherheit in Europa', in: *PDS-International Extra*, 3/1996, Berlin, S. 8.

56 'Democratic Left' ist ein Zerfallsprodukt der 'Communist Party of Great Britain' (CPGB), entstanden 1991.

57 KVEL ist im übrigen schon seit Jahren mit Gaststatus bei NELF vertreten.

58 Die zypriotische AKEL war erstmals als Gast zugegen—auch hier ist die Taktik, zunächst die Vorfeldorganisationen das Terrain abklären zu lassen, deutlich sichtbar.

59 Lothar Bisky zur Eröffnung von NELF XII, 'Zur Situation in der Bundesrepublik Deutschland ca. ein Jahr vor der geplanten Währungsunion in der EU', 18. April 1997, in: *PDS-International*, 2. Quartal 1997, S. 2-5. Siehe auch die Beiträge ab S. 5ff.

60 Dazu das von Robert Hue veröffentlichte Werk *Communisme: La Mutation*, Paris 1995 sowie die PDS-Bände *Schweriner Parteitag. Arbeitsunterlagen* und *PDS-Pressedienst*, 46/1996 vom 15.11.1996; zum 3. Parteitag der Partei der Kommunistischen Neugründungs Italiens vgl. *PDS-International*, 1. Quartal 1997, S. 23-32.

61 Das Treffen vom 24. Mai 1997 in Lissabon, an dem alle kommunistischen sowie einige grüne Parteien Europas sowie ein Vertreter der Labour Party Großbritanniens teilnahmen, zeigte, daß diese strategische Ausrichtung allen Beteiligten zusagte.

62 Lothar Bisky führte in seiner Rede auf einer Strategiekonferenz der PDS im November 1996 folgendes aus: 'Die sozialökonomischen Entwicklungen der nächsten Jahre werden auch in der Bundesrepublik wesentlich beeinflußt durch Maastricht II. In diesem Jahr hat sich die PDS ganz entschieden und aktiv für eine Zusammenarbeit mit der europäischen Linken engagiert, ich erinnere an die Protestkundgebung in Paris am 11.Mai dieses Jahres mit zwölf anderen linken Parteien gegen Sozialabbau und für die Bekämpfung der Massenarbeitslosigkeit. Ich erinnere daran, daß die PDS in diesem Jahr Mitglied des Forums der neuen europäischen Linken wurde, ich erinnere an die Beratung von Vorsitzenden von 18 westeuropäischen Linksparteien in Madrid. Wir sollten uns für ein langfristiges strategisches Zusammenwirken der selbständigen linkssozialistischen Parteien in der EU engagieren und zusammenfinden im Kampf gegen die neoliberale Politik mit ihren verheerenden Folgen.' Zit. nach *PDS-Pressedienst*, 46/1996 vom 15. November 1996.

63 *PDS-Pressedienst*, 47/1995 vom 24. November 1995, S.2 ff.

64 *Neues Deutschland* vom 13.Dezember 1995; vollständiger Text in: *PDS-Pressedienst*, 50/1995 vom 22. Dezember 1995, S. 7-9.

65 Sylvia-Yvonne Kaufmann unter Mitarbeit der Arbeitsgruppe EU der AG Friedens- und Internationale Politik beim Parteivorstand der PDS, 'Warum die PDS NEIN zu diesem EURO sagt!', Berlin, Juni 1997, S. 63.

66 PDS fordert Volksentscheid zu Maastricht II, in: *PDS-International*, 2. Quartal 1997, S.1.

67 Ibid., Kapitel: 'Das Diktat der Maastrichter Konvergenzkriterien und westeuropaweiter Sozialabbau und Buchungstricks', S. 14ff.

68 'Auf nach Amsterdam', *PDS-Pressedienst* 14. Juni 1996; 'Sozial und Solidarisch'. Für das Projekt 'Europäische Märsche gegen Erwerbslosigkeit, ungeschützte Beschäftigung und Ausgrenzung', in: *PDS-International*, 1. Quartal 1997, S.1.

69 M. Berlinguer, 'Eine Partei in Bewegung', in: *Rifondazione, Nummer Null*, Dezember 1996, S. 6.

Jens Bastian

FOUR-WAY STREET:
THE PDS VIS-À-VIS FORMER COMMUNIST PARTIES IN CENTRAL AND EASTERN EUROPE

Introduction

At the end of 1995 former communists governed in Poland and Hungary, Bulgaria and Romania, Lithuania and Serbia, Belarus and Slovakia. In Germany, the PDS—heir to the Socialist Unity Party (SED) which ruled over East Germany—scored huge minority votes in regional elections. The similarity of this development across Central and Eastern Europe invites us to draw sweeping parallels between these countries. But caution is appropriate, thereby separating hype from reality. Post-communist parties can be a mélange of old communists and nationalists, a mixture of ideologically disillusioned people with those still waiting to benefit from the transition to market economies. In a word, far from making monolithic arguments as during the Soviet era, post-communism expresses different things, appears in a variety of colours and strikes any number of contradictory attitudes.

What they all have in common is their respective point of departure, the process of going into labour and giving birth to parties under the socialist or social democrat banner. The experience of initially falling from power, throwing out the old leadership and accepting multi-party elections constituted a major departure from the Leninist principles before 1989. However, this is where the parallels end. The diversity of post-communist parties in Central and Eastern Europe reflects the varying degree to which they have kept earlier reform promises, both with regard to the party organisation as well as advancing liberal democracy and a privatised market economy. The rhetoric of reform is frequently not matched by performance as the examples in Serbia, Bulgaria, Slovakia and Belarus illustrate.

Long before 1989, ruling communist parties were an expression of, and evolved to suit, local conditions. Romania and former Yugoslavia exemplified the capacity to adapt and carve out a niche most explicitly. In what was erroneously seen by many Western observers as obedient departments of the Soviet Empire, communist parties were as different as the empire was diverse in history, economic conditions and cultural outlook. What unites Slobodan Milosevic in Serbia, Ion Iliescu in Romania, Vladimir Meciar in Slovakia and Gennadi Zhuganov in Russia is that they all established a more or less smooth combination of post-communism with the rhetoric of nationalism. In the course of this transition process, the new post-communist parties also offered a more bearable pace of change in a turbulent economic environment, they presented themselves as examples of professional government against the first wave of post-1989 dissident rulers, and had a proper party organization at their disposal.

Former communist parties have renamed themselves in many of the countries once constituting the so-called Soviet orbit. The prefixes 'former' and/or 'post' require a working definition of these organisations. Henceforth, former or post-communist parties shall be understood as parties that directly succeeded the pre-1989 ruling communist parties (including legal succession), and/or people who were members of these parties until the collapse of communism. This working definition constitutes a terminological approximation. This is all the more necessary when bearing in mind that the variety of post-communist parties is not easily covered by one comprehensive definition. In contemporary Germany for instance, the rather pejorative term 'Wende-Kommunisten' (U-turn communists) is used by conservative representatives of the party political spectrum when labelling the PDS. Post-communist parties can turn into good ones and dire ones, into westward-looking democrats or despots spouting the rhetoric of ethnic cleansing. Examples of this mixture—disquieting as it is—are all around us. However, neither milder versions of post-communism nor the crude, despotic and authoritarian kind will be able to revive the old Soviet model.

As mentioned before, post-communist parties have not only achieved electoral viability, but also managed to return to power in a number of countries in Central and Eastern Europe. Furthermore, renamed former communist parties have fared much better than any of the social-democratic parties existing during the inter-war period, and for a short time, after the end of the Second World War. Post-communist parties' electoral resurgence has enabled them to move into the political space left vacant by the weak performance of the historical social-democratic parties. Moreover, the successful occupation of this political geography has allowed these parties to be identified with social-democratic positions. This extraordinary achievement in the course of—

sometimes—only three years after the fall of communism, is best exemplified by a number of communist successor parties being admitted to the Socialist International (Waller et al., 1994).[1]

Equally, where the reign of 'socialists' or 'social democrats' is flourishing, another reason for this success story must be found in the failure of respectable right-wing and centre-right parties to establish a footing in the new political geography of Central and Eastern Europe. With the notable exception of the Czech Republic, the opposite end of the political spectrum is a near disaster area. Liberal sects, servile church parties and farmer organisations, nationalists under the banner of liberal democracy as Zhirinovsky in Russia, royalists as in Romania and neofascists as in Slovakia signify the absence of a coherent version of Christian democracy or even conservative party profile. Hence, the success of post-communist parties must also be seen in relation to, and is the result of, any ideological rivals failing to prosper in Central and Eastern Europe. Such rivals have yet to mount a formidable challenge to former communists, thereby greatly facilitating the latter's endeavour.

If the rebirth of social democracy in east-central Europe has hardly taken place since 1989, then the core reason for this absence must rest in reformed communist parties' capacity to fill the respective voids and push potential rivals to the sidelines. In three of the four countries, which this contribution will focus on, historic social democratic parties are not represented in national parliaments. The major exception to date concerns the SPD in unified Germany. However, the German social democrats have to struggle hard against the former SED, now abbreviated PDS, in eastern Germany in order to maintain this political space. For the purpose of our comparative perspective, the subsequent analysis will focus on Poland, Hungary and Bulgaria where former communist parties have returned to power during the first half of the nineties.

This choice of countries represents a comparative sample that makes it possible to highlight the diversity, complexity and possible similarities between former communist parties. In the German case the PDS has seen considerable electoral success, but is excluded from government office at the federal and the Länder level. Until recently, this exclusion was not only a result of the other two major parties in Germany—the CDU and the SPD—refusing to enter into coalition agreements with the former communists. In the same vein the PDS itself saw no reason to 'dirty its hands' by forming alliances for government power (Bastian, 1995). As one of their slogans for the October 1994 general election put it so simplistically: 'Veränderung beginnt durch Opposition' (change begins through opposition).

By contrast, both the SdRP in Poland and the MSZP in Hungary have not only returned to power after a rather brief interlude, but they have also done so by entering into coalition agreements. In the former case power sharing includes an alliance with a well-known partner before 1989, the Peasant Party (PSL).[2] In the latter, the renamed Hungarian socialists formed a coalition with the Alliance of Free Democrats (SZDSZ) in 1994, although their parliamentary majority did not oblige them to do so. Finally, the renamed Bulgarian BSP is probably the most significant example of a former communist party that has spent more years in power since 1990 than on the hard benches of the opposition. Only with the outcome of the recent general elections in April 1997 can it be safely argued that the BSP is starting to learn the primary rule of the democratic game: alternating between opposition and government. With reference to the aforementioned PDS slogan it could be said that the spirit of change might begin for the BSP in opposition.

The Changing Nature of Former Communist Parties
When analysing the birth of post-communist parties one has to beware of avoiding sweeping generalisations. Unlike their predecessors these parties are without external sustenance. There does not exist anymore a Pax Sovietica. Hence the fundamentally changed contextual conditions in which post-communist parties emerged and have since grown obliges any comparative examination to consider the respective differences and highlight the historical specificities of such organisations. Having said that some similarities among our sample are striking. In the process of birth the parties:
- changed their names;
- threw out he old leadership;
- scrapped their Leninist structure and ideology;
- pledged themselves to multi-party elections.

These common points of departure require specification. A major difference between the PDS and other former communist parties in Central and Eastern Europe consists in the avenues which these parties have taken with regard to their own internal process of change and reorganisation. In the case of the PDS a special path can be identified, not available to other parties in 1989/90: transformation through unification. This avenue, as will be argued subsequently, made the endeavour of change simultaneously more challenging and easier.[3]

The point of departure for former communist parties in Poland, Hungary, the former GDR and Bulgaria varied considerably according to two parameters: (i) was the predecessor party legally dissolved, and (ii) who inherited the substantial material resources and financial assets of the organisation? In the case of the PDS in East Germany, its predecessor the SED was not dissolved. The extraordinary party congress in December 1989 elected Gregor Gysi as new chairman. He argued that dissolution was irresponsible towards the 43,000 functionaries that the SED employed at the time. Additionally, he suggested that the then Soviet president Gorbachev was against the dissolution. By adopting a new party statute and name—SED-PDS—the organisation opted for renewal, but also inherited the resources of its predecessor. This procedure also allowed the members of the SED to transfer automatically to the PDS.

In Poland, the PZPR was officially dissolved at the last party congress in January 1990. In its place as legal heir the SdRP was founded. However, the property and assets of the PZPR were nationalised through legislation. Equally, the remaining members of the PZPR were not automatically forwarded into the newly established SdRP. Although an independent party with a considerable membership base (see figure 1 next page), the SdRP is rather peculiar as a post-communist party. At elections it does not stand on its own but is part of a wider organisational alliance, the so-called SLD. This capacity to form strategic alliances in order to pool resources and advance the parliamentary representation of left-of-centre representatives is a hallmark of the SdRP.

In Hungary, the MSZMP was dissolved at its fourteenth party congress in October 1989. The self-liquidation of the MSZMP was far-reaching. More than ninety percent of the party assets and almost all its physical property were handed over to the state. The MSZP was created in October 1989, but instantly faced a competing claim for the political succession to the MSZMP. The Social Democratic Party of Hungary (MSZDP) was established by a minority of delegates who had taken part in the dissolution of the MSZMP but refused to take part in the European-type socialist party which the MSZP was seeking to become. This refusal reflected a historical legacy in Hungarian politics: the forced alliance of the Communists and the Social Democrats in 1948. Finally, the case of Bulgaria is similar to the East German example. The BSP was the result of a renamed but not dissolved Communist Party. The latter's members were integrated into the new organisation as was the material property of the CPB.

Figure 1: Membership in Post-Communist Parties 1996

PDS Established December 1989	104,000 Downward trend
SdRP Established January 1990	60,000 Gradual increase
MSZP Established October 1989	46,000 Stagnation
BSP Established November 1989	370,000 Dramatic losses in 1997

The advantageous conditions for the PDS can be illuminated further. Their favourable point of departure also reflected the consequences of the wholesale institutional transfer of the West German party system to the East. Strange as it may sound at first, the PDS benefited enormously in material and organisational ways. The benefits were mainly threefold:

- The healthy financial basis of the PDS is also enhanced by the reimbursement of electoral campaigning costs, the so-called 'Wahlkampfkostenrückerstattungspauschale';
- The peculiarities of the electoral laws in 1990 and 1994 which saw the PDS enter the Bundestag without having to overcome the five percent threshold in the whole of unified Germany;
- The party's capacity to hold on to most of its assets despite legal action taken against it.

The PDS's exclusion from participation in government responsibility as well as the decision not to involve itself in the business of coalition formation at the Länder level between 1990 and 1994 implied that the party did not have to identify, and publicly discuss, reform proposals of its own and alternatives to the policies implemented by either the CDU or the SPD. In other words, being pushed to the sidelines by the mainstream parties and placing itself on the fringes of the emerging party system was an experience available to the PDS, but a luxury that other former communist parties could not afford. While the PDS's programmatic views did not have to stand the—arduous—test of sustainability and implementation, and could thus be radicalised without much fear of negative sanctions, the Bulgarian BSP, Hungarian MSZP and the Polish SdRP were obliged to provide practical policy alternatives at much earlier stages of their transformation processes.

The three parties' reintegration into the mainstream of politics and institutional responsibility was either a result of the inability of other parties in government (coalitions) to carry through parliament their respective legislative initiatives, or followed electoral victories, for the BSP and SDL in 1993, while the MSZP was voted into office in 1994. To illustrate: even before the former communists in Poland won the elections, the then Prime Minister Hanna Suchochka (Freedom Union Party) could only reach a parliamentary majority for a privatization law with the help of the opposition SDL. Its own five-party coalition was so riven by internal disagreements that Shuchochka had to rely on the votes of the former communists, thus giving them a formidable opportunity to display their newly-gained legislative responsibility outside government, while post-Solidarnosc parties were preoccupied with fighting coalition partners.

Figure 2: Electoral Success of Post-Communist Parties

Germany: **PDS** October 1994	4.4 percent overall 19.8 percent in East Germany
Poland: **SLD** September 1993 September 1997	20.4 percent Coalition government with PSL 27.1 percent Parliamentary opposition
Hungary: **MSZP** May 1994	32.5 percent Coalition government with AFD
Bulgaria: **BSP** December 1994 April 1997	44.2 percent Absolute majority 22.1 percent Opposition benches
Russia: **CPRF** December 1995 June 1996	21.3 percent Strongest party in the Duma. Over 6 million votes in Presidential elections[4]

The electoral comebacks—and returns to government office—by former communist parties in Poland, Hungary and Bulgaria (as exemplified in figure 2) were preceded by successful survival strategies in economic and administrative tiers of society. The labels ascribed to such performance such as 'nest-feathering practices', 'repackaging', 'fancy footwork' or 'patron-client networks' highlight the mixture of change and élite continuity within former communist parties. This argument does not apply to the top leadership of these parties, but rather underlines the career mobility and ideological flexibility of its many (younger) deputies. The former had to step aside, and some were prosecuted. The latter quickly emerged as the new faces of renamed former communist parties, individuals with a shallow commitment to ideology, but good commercial ties and a knowledge of the party apparatus, its resources and clientelistic practices. This mixed bag of orientations and practices has enabled these new faces of leftist politics in Central and Eastern Europe to become part of a smooth transition into democratic institutions. Moreover, in the process they have accepted and used to their advantage the new rules of the game. In doing so democratic politics and electoral competition have not jeopardised their ascendancy (Segert and Machos, 1995).

Facing Central and Eastern Europe's Ghosts

The manner in which post-communist parties in Central and Eastern Europe attempt to confront legacies of the past in their countries' respective histories is one of the most telling indicators of these organisations' willingness to reconstruct and redefine themselves. There are plenty of skeletons in the cupboards of post-communist parties, all the more since the opening of archives and the determination of individuals to come forward and speak their mind uncovers just how much is hidden under their respective carpets. In a country like Poland, it is eight years since communism collapsed, but so sensitive are Poles to their nation's history that the past continues to be a crucial dividing line. More specifically, Poles tend to differ not so much over policies but over the degree to which they supported or opposed the communist regime. Calls for 'historic reconciliation' or a 'historic compromise' between the two poles of the political spectrum, the post-communists and the Solidarity-led organisations, have repeatedly been voiced in the run-up to the parliamentary elections of September 1997.

Figure 3: Post-Communist Parties Facing Legacies of the Past

PDS	Forced merger between KPD/SPD 1946 Mass uprising 17 June 1953 Berlin Wall 1961 The collapse of GDR socialism Opening of the *Stasi* files
SdRP	Katyn massacre 1940 Gdansk uprising 1970 Martial law December 1981 The collapse of Polish socialism The 'Thick line'—no 'Lustration'
MSZP	Mass uprising 1956 Execution of Imre Nagy The collapse of 'Goulash communism'
BSP	Murder of dissident Georgi Markov in London 1978 Forced Bulgarisation of Turkish population in 1986/87 The collapse of Zhivkov socialism

One legacy that all post-communist parties share is the collapse of their respective socialist regimes during 1989/90. While the nature of this implosion differed in the various countries, the challenge to confront this collapse remains the same: why did the system prove to be incapable of reforming itself without subsequently self-destructing? In other words, the raison d'être of post-communist parties is crucially linked to their willingness to explain the demise of a political and economic system based on the socialist ideology. This process of self-clarification includes the question how these parties are prepared to describe the political reality exercised by their predecessors. To illustrate: terms such as 'Stalinist regime' or 'totalitarian power' are still highly controversial classifications for members of the PDS when explaining the nature of government in the former GDR.

Figure 3 highlights some, but by no means all, of the legacies that need to be, or are being addressed by post-communist parties. In saying so, it is nevertheless important to underline the fact that the arduous process of publicly debating such highly charged signposts is frequently begun involuntarily, either kick-started by parliamentary inquiries, the opening of secret police files, or by disillusioned former party members who want to come to terms with their own personal involvement in past events (Ash, 1997).

The Case of the PDS

In the case of the PDS in former East Germany the party has recently addressed one of the three aforementioned legacies in surprisingly clear, and new, terms. The mass uprising in East Berlin in 1953 had been labelled an 'attempted fascist coup' or a 'counter-revolution', directed by West German agents, for forty years (Kowalczuk, 1996, p. 69ff.). On the eve of the forty-fourth anniversary of the popular uprising against the ruling SED the head of the Berlin PDS, Petra Pau, issued a statement which emphasized the '*democratic* (emphasis by J.B.) uprising'. For the first time the ex-communists unconditionally praised the revolt, calling it 'necessary' and the subsequent crushing 'illegitimate'. Pau underlined the need to address the past, thus confronting the 'mirror of history' (*FAZ*, 17 June 1997).

Notwithstanding such statements, they nevertheless beg the question of whether the new interpretation is enough? How impressive do these statements look in the cold light of day? The proof of the pudding would for instance rest in PDS support, even financial, for the creation of a commemorative symbol for the victims of the uprising against its own predecessor party, the SED? Until this issue is resolved in a manner satisfactory to the victims, the PDS may issue statements and arrive at new interpretations, but will continue to be tarnished with the appearance of only half-hearted determination to revise its historical legacies.

The Polish Case

The legacies of the past are most explicitly addressed in two highly charged events of Polish history: (i) the Katyn forest massacre in Byelorussia in 1940, and (ii) the attempt to assess General Wojciech Jaruzelski's responsibility—let alone guilt—for the imposition of martial law on 13 December 1981. The Katyn massacre concerns Stalin's order to the NKVD to take 15,000 Polish officers from POW camps and shoot them in the aforementioned forest. Until 1990 the Soviets maintained, and Poland's communist party adhered to, the fiction that the Nazis had committed the slaughter.

The Committee on Constitutional Responsibility of the Sejm, the Polish House of Representatives, probed Jaruzelski in September 1992.[5] A variety of charges were levelled against Jaruzelski, some of which had to be dropped or were supplemented in the course of the proceedings. The two most important, but equally ambiguous, charges were: (i) violation of article 246 of the criminal code, i.e. abuse of power, and (ii) violation of article 123 of the criminal code, i.e. treason. As is well documented in his French memoirs,[6] the general and former President of the country defended himself by arguing that martial law 'saved us from national tragedy', and allowed Poland to outmanœuvre the looming Soviet intervention.

The struggle over the responsibility for the imposition of martial law is a 'dispute about whom to inscribe on the list of the guilty' (Rosenberg, 1995: 239). Jaruzelski is the most prominent figure implicated in this matter. But the controversy surrounding the general ultimately extends so far to include the role of the party he once headed, the PZPR, and the legal heir to the Polish Communist party, the post-communist SdRP, which is part of the reformed communist Democratic Left Alliance (SLD).

The SLD's electoral success in 1993 has to be placed in context. Together with the PSL both parties achieved 38 percent of the vote. However, due to the specificities of the electoral law, which benefits the largest party, this share of the vote translated into a two-thirds majority of parliamentary seats. Furthermore, the then anti-communist right as a whole, including Solidarity, won 30 percent of the vote, but no individual party crossed the five percent barrier needed to enter into parliament. In other words, the formation of an alliance strongly benefited the post-communists, while their political opponents could or would not establish a unifying umbrella in 1993.

The SLD comprises a total of 29 organisations, including the largest trade union in Poland, the OPZZ. The current leader of the SdRP is Jozef Oleksy, former prime minister of Poland who had to resign from that office in 1996 amidst allegations of espionage for Moscow. However, when Kwasniewski was elected president of Poland, and subsequently resigned the SdRP leadership, Oleksy quickly returned to party prominence.

The crucial importance of forming broad electoral alliances is illustrated by the dire effects of failing to do so. In order to prevent a repeat of the 1993 nightmare, an alliance of thirty-six right-of-centre parties grouped around the Solidarity trade union was established for the September 1997 general election. The so-called Solidarity Election Action (AWS) comprises an intriguing mix of organisations, parties and associations. These form a cocktail of political positions, which appear almost impossible to reconcile. AWS stretches from a liberal conservative wing arguing in favour of tough fiscal policies to a syndicalist wing inspired by the movement's trade union membership, in particular from the state sector. The latter endorses government support for state-owned industries and higher spending on social services. The AWS manifesto spoke of speeding up privatisation and upholding 'patriotic and Christian values'.

The single idea that ties all groups within the alliance together is resentment of an ex-communist élite that is accused of having profited more than anyone else from Poland's revolution. Therefore, a major element of the AWS electoral campaign consisted in calls to purge ex-communists from public life. This feature of vendetta-style policy-making against patronage practices of the SLD/PSL government only underlines how deeply resentment continues to run in Polish politics. The AWS, which does not constitute a party, and only plans to register as such after the September 1997 general elections,[7] is presided over by Marian Krzaklewski. Since 1991 he is the leader of the legendary trade union Solidarnosc, having succeeded Lech Walesa. During the electoral campaign he has repeatedly emphasised that he does not intend to become prime minister if AWS were to win the general elections. What should not be forgotten about Krzaklewski is the fact that as leader of Solidarnosc he was largely held responsible for bringing down the Suchochka reform government in 1993 when the trade union refused to support her privatisation programme. Her resignation subsequently led to early general elections which the post-communists won.

The political map of Poland is unique for another reason. Representatives of the SLD now control the three core pillars of machinery of government: the presidency, Parliament and the prime ministership. This current political arrangement easily creates fears of a country that went from one-party rule to one-party democratic government. But this institutional specificity and the spectrum of ideological barriers existing in Polish politics since 1989/90 should not obscure the fact that a sea change has taken place in terms of the generation that now forms the new post-communist élite. The President Aleksander Kwasniewski is 42 years old. The Prime minister, Wlodzimierz Cimoszewicz, is 47. Both politicians represent a new generation that has started to alter the face of Polish politics. This assessment is more convincingly argued when both representatives are compared with two neighbouring politicians. Between 1990 and spring 1997 the 65-year-old Ion Iliescu was president of Romania. The Prime minister of Hungary, Gyula Horn, is 62 years old. Both politicians received university degrees in the Soviet Union, and held government office at a time during the seventies when Kwasniewski and Cimoszewicz chose the United States for study or vacation.[8]

Kwasniewski and Cimoszewicz' political roots rest in the former Communist Party's Association of Polish Students. They are both known in Poland as the so-called 'boys from Ordynacka', a reference to the street in which the association had its headquarters. Even before communism's collapse in Poland the orientation of politicians like Kwasniewski reflected a mixture of pragmatism and cynicism. Kwasniewski was a junior minister in Poland's last communist government. Interviewed after his election as Poland's president in November 1995, he described his past career in the following words:

> From an ideological point of view, I was never a Communist. In Poland I've seen very few Communists, especially since the 1970s. I met a lot of technocrats, opportunists, reformers, liberals. (Higley et al., 1996, p. 139)

In other words, such representatives did not believe in communism. But this state of mind of younger communist party officials does not automatically imply that they believed in its collapse either. Nevertheless, a defining element in the career of representatives such as Kwasniewski is the experience of having been thrown out of office by a combination of elections and mass protests. Hence, in order to avoid the humiliation of such an experience again, Kwasniewski and Cimoszewicz appear to have shed their Communist heritage to such an extent that their opponents are even calling them 'a version of a Polish yuppie' (*IHT*, April 8, 1996).

The Hungarian Case

Gyula Horn leads the Hungarian Socialist Party (MSZP). In 1989 he was minister of the exterior. Horn became known to a wider audience outside Hungary as the 'man who cut open the iron curtain', a reference to his initiative to cut the barbed-wire fence at the Austrio-Hungarian border in June 1989, thus allowing less restricted travel to the West. Horn's transition into post-1989 democratic politics was relatively smooth. However, since he became prime minister of a coalition government with the Free Democrats in 1994 he has had to repeatedly shed light on his involvement in the crushing of the 1956 uprising.

The MSZP is one of two parties competing for the legal and political succession to the former Hungarian Communist Party (MSZMP). The second party, virtually isolated from Hungarian political life and not represented in any of the freely elected parliaments since 1990, is the so-called Social Democratic Party of Hungary (MSZDP). It was founded in January 1989. In our sample of post-communist parties, the Hungarian case is the only example where the communist party disintegrated and subsequently split into two rival organisations. Since then a conflict persists over who is the legal heir to the MSZMP. The durability of this controversy is explained by the implications its resolution has for the resource base of the two feuding organisations (Hankiss, 1990: 258).

As is the case in Poland and Bulgaria (see below), the MSZP casts a wide organisational net. The trade union wing (MsZOSZ) considerably influences the party's programmatic profile and organisational resources. During the electoral campaign leading up to the second free general elections in 1994 the MSZP presented its leadership as a team of experts, with experienced professionals who knew how to run the machinery of government. This form of political positioning was a response to the first generation of dissident politicians in Hungary who were labelled as incompetent and not sufficiently prepared to carry out state administrative functions. The government of the late Joseph Antall, prime minister of a centre-right coalition comprising the MDF, the FKgP and the KDNP between 1990 and 1994, lacked adequate middle-range professional cadres that would be capable of replacing the nomenclature milieus and of running the state apparatus.

Let us further illustrate the argument. It is difficult to understand why Lajos Bokros, the former finance minister of Hungary until 1996, considers himself a socialist. His austerity package from 1994 included painful cuts in welfare provisions, fee increases in higher education and further reductions in disposal income for large parts of the population. The programme could have been written by a Thatcherite free marketeer, but it originated from the pen of a finance minister from the MZSP, who claimed in an interview that 'our task as socialists is to dismantle the state' (*IHT*, January 6, 1996).

The Bulgarian Case

Turning our attention to Bulgaria, the then party leader Zhivkov initiated the brutal bulgarisation of ethnic Turks in the mid-eighties. Not only did Turkish citizens have to change their surnames into a Bulgarian version, but they were equally obliged to relocate inside the country or face the alternative of emigration. The latter option was taken up by an estimated 60,000 Turks between 1985 and 1987. The other major skeleton in the BSP's cupboard concerns the murder of the critic of the Bulgarian regime Georgi Markov, who was poisoned by an umbrella tip in 1978 in London. The political legacy of this crime rests uncomfortably on the shoulders of the renamed Socialist Party. But to date, not even legal proceedings have been brought against any former representative of the communist party. When the anti-communist opposition briefly governed Bulgaria in 1990/91 the state attorney's office did not dare open a legal case against Zhivkov or others in relation to the Markov murder.

When Bulgaria's Socialist Party (BSP) gave up the mandate to form a new government in early February 1997, the decision was seen as a significant victory against looming civil war and economic as well as financial collapse of the country. Much of the credit was attributed to two individuals: (i) the newly elected President of Bulgaria, Petar Stoyanov from the Union of Democratic Forces (UDF), and (ii) Nikolai Dobrev, at the time interior minister and former Socialist prime minister-designate. The former, a 44-year-old lawyer, quickly established himself as a relatively neutral figure who was clearly sympathetic to the mass protesters in the streets of Sofia calling for immediate early elections. His call for restraint in the national interest was adhered to by the latter, when Dobrev defied the Marxist faction hard-liners in the BSP who wanted him to form a new Socialist Party-led government at any cost. However, the prime minister-designate knew the danger of uncontrollable civil disorder after 30 days of mostly peaceful demonstrations, against a backdrop of hyperinflation, petrol shortages and disappearance of goods from the shops. In the end, Dobrev's agreement with president Stoyanov allowed political animosities to be channelled into more ritualised battles of an early general election campaign in Bulgaria.

The depth of polarisation inside the BSP and the party's final removal from government office in April 1997 illustrated a dramatic change of events not only for Bulgarian politics, but even more so for a party which had retained power directly or indirectly for six of the past seven years. The origins of the BSP's crisis lie in the failure of its successive governments to restructure a Soviet-style economy,[9] which conducted 80 percent of its trade with Comecon, the Soviet-controlled trade bloc existing until 1989. By the same token, the more political roots of the crisis lie in the incapacity of the late Andrei Lukanov (see below) to split the former communist party in 1990 shortly after the Gorbachev-style reformist pushed aside Todor Zhivkov,[10] the wily communist dictator. This change from 'Zhivkov socialism' to a renamed BSP did not constitute a U-turn in the party's ideological outlook, nor was it accompanied by a coherent restructuring of the party's apparatus, including its personnel.

In 1995 the BSP claimed to have approximately 370,000 members and over 10,000 grass-roots organisations across the country. This impressive membership base was the result of a complex web of networking between different organisations and groups forming the party architecture. Up to 1997 this complexity can be untangled by highlighting two individuals who represented opposite camps of the party spectrum. Petrov Lilov represented the ideological attachment to the pre-1989/90 era, while the more modern, technocratic constituency grouped around Lukanov. Together with the former komsomol Zhan Widenov, who subsequently became Prime Minister (see below), they formed a triumvirate at the top of the BSP.

The BSP membership and its electoral success between 1990 and 1997 were characterised by strong support from pensioners, of which over three million are registered in Bulgaria. In its electoral manifesto for the December 1994 general election the BSP emphasised a 'regulated market economy' and came out in favour of 'democratic socialism'. Following its huge victory at the polls, the party leader, Zhan Widenov, became Prime Minister in January 1995 at the 'tender' age of 36 years. He was forced to resign from government office in December 1996. Widenov is a textbook example of post-communist élites. He ran a regional branch of a communist youth organisation during the mid-eighties. A changed party name and the attempt to alter its image transported representatives of the younger generation up the party machinery. Widenov manœuvred his way to the party leadership with the backing not only of change-minded technocrats, but also a new class of wealthy former Communists inside the BSP. That he subsequently became Prime Minister was also the result of the instability of political coalitions in Bulgaria since 1990. In a span of five years the country had six heads of government!

When the Socialist party gained an absolute majority of the vote and seats during the December 1994 general elections, the core of its support came from four constituencies: (i) the poor(-er) classes, (ii) workers, (iii) pensioners, and (iv) the nouveaux riches. As is the case with other post-communist parties in Central and Eastern Europe, the view that the BSP is a party whose base rests on impoverished supporters is a misleading interpretation. As one non-socialist MP observed in 1995:

> It's a matter of self-preservation. There are 1,000 millionaires in Bulgaria, and 5 billionaires. All of them are members of the Socialist Party, because no one else has had the access to capital, education and networks that you need to get rich here. Naturally, these people support capitalist-type policies. (*IHT*, 21 March 1995)

By keeping all factions within the renamed Socialist Party, the organisational umbrella of the BSP cast a wide net. While this embrace initially proved instrumental in retaining not only political power, but simultaneously let the party appear entrenched at the grass-roots level, the move blocked the emergence of a modern social democratic party, as happened in Hungary and Poland. With the BSP's resounding defeats—first during the presidential elections in October 1996, when its candidate, the then cultural minister Ivan Marazov, only polled 27.4 percent of the vote,[11] and secondly at the early general elections in April 1997, when the BSP received 22.1 percent—the long-delayed reshuffling of political cards inside the party organisation is now under way.

With the disintegration of the traditional socialist electorate the Socialist Party subsequently also started to fall apart. This is illustrated by the defection of so-called 'euro-leftists' and social democrats. The 'Euro-Left' was formed just before the general election in April 1997 and managed to attain 5.5 percent of the vote outright. This new party formation has manifested its willingness to become the respectable face of leftist politics in Bulgaria by supporting various policy initiatives of the Kostow government in parliament.

A more dramatic, and equally telling, example for the state of the BSP is the murder of Andrei Lukanov, who was prime minister in 1990 and gunned down outside his house in Sofia in October 1996. The crime against a leading member of the party appeared to have been a contract killing in connection with disputes over corruption in the BSP. [12]

Hence the biggest question mark hanging over the party apparatus during the forthcoming frustrating years of parliamentary opposition concerns how much its remaining members as well as voters are prepared to learn from a turbulent past for which they must be held politically responsible. The remaining 58 MPs of the BSP thus face a daunting, but inevitable task on the hard benches of parliamentary opposition: exercising the party's capacity for internal reforms.

Comparative Conclusions

The process of remodelling is in full swing. The resurgence of former communist parties across Central and Eastern Europe has attracted the attention of those who thought that with the collapse of the regimes they once governed the respective parties would equally face oblivion. Initially, the surprise among Western observers was considerable. How could Alexander Kwasniewski, a former communist minister, triumph in presidential elections over Lech Walesa, the historic symbol of Polish resistance against the communists? The extraordinary political comeback for a supposedly failed and buried ideology raised the fear that former communists are 'wolves in sheep's clothing', gradually derailing the arduous transition process begun by those individuals who they once imprisoned, and who subsequently contributed to their downfall in 1989/90.

Although former communists are in power in many states across Central and Eastern Europe, their respective parties' resemblance to their ancestors varies. With the exception of Bulgaria until spring 1997, the post-communist parties under consideration have been part of, and contributed to, democratic change. This process of establishing roots in the soil of democratic politics has advanced change within former communist parties in Hungary, Poland and eastern Germany. In other words, the spectre of post-communist parties and élites haunting Central and Eastern European transformations may make 'juicy' journalistic stereotyping, but it does not stand up to analytic scrutiny. The assumption that the collapse of communist rule involved no comprehensive turnover of élites is therefore misleading. However, there are still numerous questions searching for answers, some of which these new faces of leftist politics in Central and Eastern Europe will have to confront repeatedly.

Generalisations are a convenient means of ignoring the arduous task of sorting out the details. In countries like Poland and Hungary the old ideological labels do not apply anymore. But in others, like Serbia and Bulgaria, renamed communist parties are anything but comprehensively re-organised entities. In the latter two cases it would be fair to ask to what degree former communist parties are reincarnations of their former selves. In the case of Hungary or Poland, the applicability of old labels would only highlight their ambiguity. The MZSP calls itself 'socialist' but governs in a coalition with a party comprising many former dissidents, the Alliance of Free Democrats. The coalition's austerity policies have been subject to rigorous criticism domestically, but the measures proposed could also have come from the hands of Margaret Thatcher.

Sometimes comparisons with the 'odd man out' underline the essence of an argument. Post-communist parties have a common ancestry in the communist parties which ruled the former Soviet Empire. But do they share anything else, and are they still of one family with the parties that continue to hold power in China, North Korea, Vietnam or Cuba? In answereing this question we should not forget that it was only eight years ago that the last leader of the SED, Egon Krenz, praised the 'Chinese solution' to popular dissent on the streets of Peking. In August 1997 Krenz received a six-and-a-half-year prison sentence for his guilt in the shooting of East German citizens wanting to flee the Honecker regime. But the way PDS members have reacted to the sentence, wanting to portray Krenz as the principal victim of the West German justice system, must lead to questions about their democratic orientations.

In the case of Poland and Hungary, the post-communists' return to power has not delayed economic reform nor stopped the process of privatisation. Some of the emphasis, sequencing and procedures have changed, such as the introduction or extension of voucher privatisation, but on the whole the SLD in Poland and the MZSP in Hungary have maintained the commitment to bring their respective economies into line with a view to joining the European Union. This achievement is reflected in the improvement in the countries' credit risk ratings since 1994.[13] The SLD, once the champion of capitalism's losers in Poland, announced itself during the 1997 campaign for the general elections as the party of winners. Its slogan was 'Good Today—Better Tomorrow'.[14]

However, at the micro-economic level the assessments are not as positive. Ex-communist parties in government have repeatedly been accused of confounding public and private interests, muddling up favouritism with competition, and thus re-enforcing a system of cosy patronage in sectors such as banking, telecommunications and commercial trade.

Furthermore, post-communist parties will have to illustrate their adherence to the rules of the democratic game when it comes to handing over governmental power as a result of losing general elections. In the case of the Bulgarian BSP this credibility test took some time. While it accepted the outcome at the ballot box, the BSP needed convincing to agree to early elections in 1997, which the party's leadership knew they would lose. By contrast, the Polish case illustrates that during the 1997 general election campaign nobody assumed that the SLD would not voluntarily hand back power in case if it lost the elections. The same holds for the Hungarian MZSP, which faces re-election in the spring of 1998. Seven years after their predecessors' demise most post-communist parties are thus not only taking part in the democratic process, but also adhering to its parameters.

This assessment leads to the question of whether there is a danger of recommunisation of these parties. The short answer is a clear no. Leninist ideology and organising principles have been not only scrapped from the parties' platforms, but equally rejected in their essence. In particular the Polish and Hungarian examples illustrate the transformation from a party of apparatchiks into one of technocrats. By the same token, post-communist parties have observed the institutional architecture of democratic politics. Moreover, they have used this architecture to their advantage when mobilising grass-roots support, organising electoral campaigns and initiating activities in the machinery of government and/or parliament. Even in the case of Bulgaria the BSP leadership has no appetite for a return to Zhivkov's brand of socialism. During their time in office up to 1997 many top-level representatives of the BSP economically benefited from democratisation and marketisation à la Widenov, Lukanov etc. Their successful transformation of nomenclature milieux into capitalists has paid dividends under the umbrella of democratic politics.

A further indicator that recommunisation is not on the cards concerns the support which post-communist parties proclaim for joining the EU, and in most cases also entering NATO. The leaderships of the SdRP in Poland and the MZSP in Hungary emphatically embrace both goals. By contrast, the PDS in Germany is only gradually starting to reconsider its position on the European Union, so far rejecting the single currency, and being ambiguous about EU enlargement eastwards. Only the BSP clearly rejects a possible membership bid for NATO, but is more open to EU integration.

Finally, a word of caution is appropriate. One should not become too excited about post-communist parties. In particular the political debate in Germany sometimes gives the impression that the PDS is the most important issue in current German politics. It is not at all. Post-communist parties are neither the torchbearers of social democracy in Central and Eastern Europe, nor do they represent gloom and doom scenarios for the region's further development. Post-communist parties have been voted into office. But as the examples of Bulgaria and Poland illustrated in 1997, the electorate has equally voted them out of office.

This turn of events tells us as much about the parties' electoral appeal as it highlights the existence of substantial electoral volatility. Voters in Central and Eastern European countries ruthlessly punish those parties in government who fail to deliver on their economic and social promises, lack a coherent reform concept, and appear to be more concerned with enriching themselves then serving the citizens. The events in Bulgaria at the beginning of 1997 are a telling reminder of such punishment. This form of exercising sovereignty at the ballot box signifies that stable, long-term party preferences cannot be taken for granted by those holding elected office. While the profile of political parties is maturing, and parliaments in Poland, Hungary, Germany and Bulgaria are increasingly characterised by a narrowing of the number of parties represented, the pendulum swings from one side to the other are still eye-catching. This underlines nothing less then a process of consolidation of the democratic polity. The turbulent environment in which this takes place will persist for some time, but normality is taking hold, and the clock cannot be turned back.

Abbreviations

AWS	Solidarity Electoral Action
BSP	Bulgarian Socialist Party
CDU	Christian Democratic Union
CPRF	Communist Party of the Russian Federation
FKgP	Independent Smallholders' Party
GDR	German Democratic Republic
KDNP	Christian Democratic Peoples' Party
MDF	Hungarian Democratic Forum
MSZDP	Social Democratic Party of Hungary
MSZMP	Hungarian Socialist Workers' Party
MZSP	Hungarian Socialist Party
NKVD	Stalin's Secret Service
PDS	Party of Democratic Socialism
PSL	Polish Peasant Party
PZPR	United Polish Workers Party
SED	Socialist Unity Party
SdRP	Social Democratic Party of Poland
SLD	Democratic Left Alliance
SPD	Social Democratic Party of Germany
SZDSZ	Alliance of Free Democrats
UDF	Union of Democratic Forces

References

Ash, Timothy G., *The File. A Personal History*, London 1997.

Bastian, Jens, 'The Enfant Terrible of German Politics: The PDS Between GDR Nostalgia and Democratic Socialism', in: *German Politics*, vol. 4, 2 (1995), 95-110.

FAZ = Frankfurter Allgemeine Zeitung: 'PDS würdigt den Aufstand vom 17. Juni', 17 June 1997.

Gillespie, Richard, Michael Waller and Lourdes Lopez Nieto (eds), *Factional Politics and Democratization*, London 1995.

Hankiss, Elemér, *East European Alternatives*, Oxford 1990.

Higley, John, Judith Kullberg and Jan Pakulski, 'The Persistence of Postcommunist Elites', in: *Journal of Democracy*, vol. 7, 2 (1996), 135-147.

IHT = *International Herald Tribune*, 'In Sofia, Can Youth Succeed Where Experience Failed?' 21 March 1995.

--- 6 January 1996, 'Communism's Resurgence: Separating Hype from Reality'.

--- 8 April 1996, '"Boys from Ordynacka" are Turning to the West'.

Jaruzelski, Wojciech, *Les Chaînes et le Refuge: Mémoires*, Paris 1992.

Kowalczuk, Ilko-Sascha, '"Faschistischer Putsch" — "Konterrevolution" — "Arbeitererhebung": Der 17. Juni 1953 im Urteil von SED und PDS', in: Eckert, Rainer and Bernd Faulenbach (eds), *Halbherziger Revisionismus: Zum postkommunistischen Geschichtsbild*, Landsberg am Lech 1996, pp. 69-82.

Meuschel, Sigrid, *Legitimation und Parteiherrschaft in der DDR*, Frankfurt a.M. 1992.

Rosenberg, Tina, *The Haunted Land. Facing Europe's Ghosts After Communism*, New York 1995.

Segert, Dieter and Csilla Machos, *Parteien in Osteuropa. Kontexte und Akteure*, Opladen 1995.

Waller, Michael, Bruno Coppieters and Kris Deschouwer (eds), *Social Democracy in a Post-Communist Europe*, Ilford, Essex 1994.

Wiesenthal, Helmut (ed.), *Einheit als Privileg. Vergleichende Perspektiven auf die Transformation Ostdeutschlands*, Frankfurt a. M. 1996.

Zubek, Voytek, 'The Phoenix Out of the Ashes: The Rise to Power of Poland's Post-Communist SdRP', in: *Communist and Post-Communist Studies*, vol. 28, 3 (1995), 275-306.

Notes

1   Since 1995 the Polish SdRP has observer status in the Socialist International.

2   Apart from the SdRP, the PSL is the second reconditioned communist-era party in Poland. The party chairman, Waldemar Pawlak, was prime minister in 1992. Its attempt to shed the communist stigma as a former bloc party affiliated to the PZPR is a controversial undertaking. In the government coalition with the SLD, the party has positioned itself as a Christian-social organization with predominant support in the rural areas of Poland. This endeavour has nevertheless not prevented the PSL from being labelled a 'water melon', i.e. green on the outside, but red inside.

3   This line of argument links with Wiesenthal's (1996) so-called 'Transformation durch Vereinigung' which he applies to the overall transformation process of East Germany.

4   The leader of the Russian Communist Party, Gennady Zhuganov, urged the army in 1992 to fight 'the destructive might of rootless democracy'. When the party was outlawed in 1992, Zhuganov helped set up a so-called 'National Salvation Front'. In 1993 the CPRF was legalised. Apart from their fervent nationalism, this Front was united by its hostility to the dismantling of the former Soviet Union. Zhuganov is a clear-cut example of the new communist bigwigs who are typically officials who held modest posts in the central apparatus or in regional committees of the old Soviet party. A revealing, but equally worrying characteristic of Zhuganov is his unconcealed admiration for Stalin and his contempt for Gorbachev.

5   In 1993 Jaruzelski faced another parliamentary investigation into his role in the shooting of Gdansk protesters during the 1970 riots.

6   His memoirs were published in France in 1992. See Jaruzelski 1992.

7   Transforming the AWS alliance into a party under the proposed name Social Movement AWS will be a testing experience. The process implies that the different organisations currently comprising the electoral alliance will have to renounce their independent existence and come under the organisational umbrella of formal party structures. The broader issue this challenge addresses concerns whether it is at present possible in Poland to unite liberal, conservative and national-catholic groups as well as the Solidarity trade union into one Christian party organisation. It remains to be seen if the post-Solidarnosc camp can achieve such a merger. The example its protagonists encouragingly point to is the German CDU, which successfully united such diverse branches into one common party tree after 1945.

8   Kwasniewski studied economics and earned money as an unregistered worker in Sweden to pay for a trip to America for the bicentennial celebrations in 1976. Cimoszewicz is a law graduate from Warsaw University and won a Fulbright scholarship to Columbia University in the early eighties. It is a telling reminder of his experiences overseas that Cimoszewicz on his return from the United States retreated to the family pig farm in eastern Poland for four years. He turned it into a model operation—of the capitalist kind. He maintains that he was 'tremendously successful' financially.

9   A typical example is the Soviet-era Kremikovtsi steel plant north of Sofia, which employs over 16,000 workers and is a chronically loss-making company. Until mid-1997 each BSP-led or -influenced government continued to bail out such loss-making enterprises.

10 Zhivkov was the longest ruling head of state and Communist Party leader in the former Warsaw pact. Gorbachev termed him the 'Chinese emperor of Bulgaria'. In September 1992 he received a seven-year prison term from the Supreme Court because of embezzlement. He served part of the sentence under house arrest until the same court acquitted him after the post-communists took office in 1995.

11 These results reflected the first round of presidential elections. Since neither candidate gained an absolute majority, the two front-runners, P. Stoyanov and I. Marazov, faced a deciding round of voting one week later, which the former comfortably won with a 60 percent share of the vote. The stinging defeat for Bulgaria's former communists was a vote of no confidence in the then governing BSP. The Socialist party lost votes to protest candidates, including George Ganchev of the Bulgarian Business Bloc, who polled 22.8 percent in the first

round. In total the BSP is said to have lost one million of its voters, many of whom did not vote at all. The first warning signs of eroding electoral support for the governing socialists came when the BSP lost close to 700,000 votes during the local government elections in the fall of 1995.

12 Lukanov was a member of the Communist party since 1965. He was deputy prime minister under the former party leader T. Zhivkov. After the removal of Zhivkov, in which Lukanov is said to have had a major hand, he became prime minister in February 1990, and was confirmed in this position at the first free elections in June of the same year. He was forced to resign in November 1990. The precise nature of the corruption claim is not yet known. Some observers have spoken of foreign-exchange dealings with which parts of the BSP were associated. While he did not hold political office again, Lukanov became managing director of the Russian-Bulgarian energy company Topenergy, which earned him the term 'red millionaire' inside the Socialist Party.

13 The European credit rating agency IBCA awarded Poland a so-called BBB long-term sovereign rating in March 1997. At the height of the general election campaign the US rating agency Moody's Investors Service issued a report in which it argued that an election victory by AWS could lead to unfavourable economic policy changes. Hence, a continuation of the existing SLD/PSL coalition was the implicit preference of Moody's. This public endorsement of post-communist parties through an international credit rating agency quickly became a heated issue in an otherwise low-key election campaign.

14 Aptly enough, the old Communist Party headquarters has been transformed into the financial banking centre of Warsaw, including the stock exchange.

Klaus-Jürgen Scherer

DIE SPD UND DIE PDS

Der folgende Beitrag stellt selbstverständlich keine wissenschaftliche parteisoziologische oder parteihistorische Analyse dar. Vielmehr soll es an dieser Stelle meine Rolle sein, eine Momentaufnahme der aktuellen sozialdemokratischen Diskussion zu liefern und Bemerkungen zum Umgang mit der PDS in fünf Komplexen zuzuspitzen.

1.

Es ist unstrittig, daß die PDS auch acht Jahre nach der 'Wende', in der die DDR-Bürger die SED-Diktatur zu Fall brachten, ungeachtet beachtlicher realpolitischer Bemühungen ihrer 'Erneuererführung', immer noch kein normaler demokratischer Konkurrent geworden ist. Selbst in der ansonsten auf ein linkes Bündnis hin orientierten 'Erfurter Erklärung' heißt in diesem Sinne: 'Von der PDS fordern wir: Ihre Positionen zum historisch gescheiterten Sozialismusmodell weiter zu klären... Es geht um demokratische Zuverlässigkeit....'[1] Selbst der Parteivorsitzende Bisky spricht davon, daß die PDS erst 'dabei ist, sich liberale und demokratische Ziele anzueignen'.[2]

Zwar trifft dieser grundsätzliche Vorbehalt aus sozialdemokratischer Sicht gegen die PDS nicht unbedingt alle PDS-Aktivitäten und -Aktivisten. Es gibt aber nach wie vor eine Fülle von Tendenzen, Strömungen, Erklärungen und Beschlüsse, in denen im Marxismus-Leninismus wurzelnde Erblasten in der PDS weiterleben:

- Die PDS hat als umbenannte SED keineswegs konsequent mit allen Spielarten des staatsautoritären Sozialismus und der diktatorischen Traditionslinien des Marxismus gebrochen. (Beispielsweise bleibt die Kommunistische Plattform auch nach den Beschlüssen des Schweriner Parteitages vom Januar 1997 mit besonderen statuarischen Rechten, wie automatische Parteitagsmandate, dauerhaft akzeptierter Bestandteil der Partei.)
- Die PDS besitzt trotz ihres—reichlich oberflächlichen—Bekenntnisses zur Demokratie häufig ein Verfassungsverständnis, in dem Pluralismus, parlamentarische Demokratie sowie Gewaltenteilung nicht wirklich akzeptiert werden und in dem die

Unverletzlichkeit der Würde des Menschen gering geschätzt wird. (Beispielsweise wurde dies jüngst einmal mehr deutlich in der Erklärung des PDS-Bundesvorstandes vom 25. August 1997 zur Verurteilung von Egon Krenz und anderen, in der von 'Siegerjustiz' die Rede ist und in der auf Argumentationen zurückgegriffen wird, mit der bereits die SED-Führung die Rechtmäßigkeit des Grenzregimes versucht hat zu legitimieren.)

- Die PDS verharmlost in vielen Beiträgen das Unrecht und den Bankrott der SED-Diktatur in Ostdeutschland. (Beispielsweise hat sie sich keineswegs gänzlich von der Legitimationsgeschichtsschreibung des 'ersten sozialistischen Versuchs auf deutschem Boden' verabschiedet. In den meisten Debatten des Jahres 1996 wurden der wahre Charakter der Zwangsvereinigung von SPD und KPD vor fünfzig Jahren geleugnet und die — gerade auch sozialdemokratischen — Opfer der stalinistischen Phase der SED geringgeschätzt).

- Die PDS besteht zu neunzig Prozent aus alten SED-Mitgliedern, die durch den Macht- und Wahrheitsanspruch der ehemaligen SED politisch sozialisiert wurden. Daneben existieren zahlreiche Übergänge zu linksextremistischen Gruppen. (Beispielsweise will die PDS gewissermaßen fast alle in Ostdeutschland 'mitnehmen', die in der DDR Partei- und Staats-Verantwortung trugen und grenzt auch niemanden mit marxistisch-leninistischen Positionen aus; gerade im Westen hat — wie etwa in Hamburg — ein Bewegungsradikalismus, der auch politische Gewaltaktionen nicht prinzipiell ausschließt, an der PDS-Basis großen Einfluß).

Dieser fundamentale Einwand, daß die PDS noch weit davon entfernt ist, eine normale demokratische Partei wie andere zu sein, sollte allerdings nicht dazu führen — wie bei einigen ehemaligen Bürgerbewegten, die nicht von ungefähr zur CDU gegangen sind —, alle Entwicklungen nach sieben Jahren deutscher Einheit immer noch ausschließlich über den Leisten 'Freiheit versus SED/PDS-Totalitarismus' zu schlagen. Es wäre makaber, nach dem Ende der kommunistischen Bedrohung durch das Sowjetimperium erst richtig mit dem Antikommunismus loszulegen. Konstruktive realpolitische Erfahrungen mit der PDS in den letzten Jahren, von denen viele ostdeutsche Sozialdemokraten auf kommunaler und z.T. auch auf Landes-Ebene berichten, sind ernstzunehmen.

2.

Da die PDS bisher zu wenig glaubwürdige Brüche vollzogen hat und aus zu vielen untolerierbaren Kontinuitäten besteht, kann sie für Sozialdemokraten über ostdeutsche kommunale und regionale Kooperationsnotwendigkeiten hinaus kein Regierungspartner sein. Die PDS ist bundespolitisch nicht politik- und regierungsfähig:

- solange eine Zwiespältigkeit der ostdeutschen Sammlungspartei PDS dominiert, die auch antipluralistische und antidemokratische Tendenzen einschließt;
- solange die PDS nicht ganz geklärt hat, ob für sie 'Opposition' Fundamentalabsage an die Bundesrepublik oder Regierung im Wartestand bedeutet;
- solange sie als postkommunistisches Lernprojekt Richtung Reformpolitik und westliche Demokratie höchstens erste Schritte getan hat;
- solange sie auch alle neostalinistischen Altkader und die letzten linksradikalen Splittergruppen und Sekten auf ihrem Weg mitnehmen will.

Beispielsweise sei darauf hingewiesen, daß ihr Parteileben unverändert durch Kompromisse der Reformsozialisten mit undemokratischen Strömungen (traditionalistisch-autoritären Staatssozialisten und basisdemokratischen Fundamentalisten) bestimmt ist. Neben der seit 1989/90 bestehenden Parteiführung intellektueller SED-Reformer ('moderne Sozialisten') und neben sozialen Pragmatikern besonders aus der Kommunalpolitik sind ideologisch restaurative und DDR-nostalgische Gruppierungen (Marxistisches Forum, Kommunistische Plattform) sowie radikalalternative, antimarktwirtschaftliche, antiparlamentarische und fundamentaloppositionelle Strömungen (vor allem AG Junge GenossInnen, West-PDS) weiterhin akzeptierte Bestandteile des falschen PDS-Pluralismus.

Den symbolischen Bekenntnissen der Parteiführung zu demokratischer Reformpolitik steht entgegen, daß der politische Erneuerungsprozeß der PDS seit der letzten Bundestagswahl ins Stocken geraten ist. In mancher Hinsicht gibt es sogar ein Rollback, z.B. scheint es innerparteilich wieder unproblematisch, sich zur Stasi-Mitarbeit zu bekennen. Die PDS bietet sich schamlos an als politischer Ausdruck für

Einstellungsmuster aus Erwartungstäuschungen, pessimistischer Weltsicht, Benachteiligungs-, Ausgrenzungs- und Kolonialisierungsgefühlen, Abwehrhaltungen gegenüber dem Rechtfertigungsdruck bezüglich der

Vorwendebiographie, nostalgischen Verklärungen der DDR-Vergangenheit, geringer Akzeptanz des westdeutschen Demokratiemodells, Mißtrauen gegenüber den Parteien und verschiedenen staatlichen Institutionen.[3]

Die PDS kann auf der Basis der ökonomischen Probleme und sozialen Verwerfungen derartige Haltungen ostdeutscher Bürger aufgreifen und diese verstärken. Die PDS vertieft damit im Grunde die mentalen Spaltungen in Deutschland und erschwert die Verwirklichung der Einheit.

Die politische Programmatik der PDS ist wenig orginell und ihre konkreten Alternativen wirken wie abgeschrieben aus sozialdemokratischen Debatten der siebziger Jahre, aus ökologischen Ideen der Grünen der achtziger Jahre und älteren politischen Erklärungen des DGB. Der Versuch, eine direkte Entwicklungslinie von etwas nachdenklicheren intellektuellen SED-Kadern hin zu modernen Debatten der europäischen Linken zu ziehen, blieb ein hilfloser Ansatz innerparteilicher Bildungsarbeit.[4] Die PDS ist programmatisch unentschieden, versteht sich 'als einen Zusammenschluß unterschiedlicher linker Kräfte',[5] der niemanden ausgrenzen will, und tritt als diffuse Weltanschauungspartei auf.

Inhaltlich Unvereinbares wird immer wieder nebeneinandergestellt, was hier wenigstens in zwei Dimensionen angedeutet werden soll:

- Einerseits bekennt sich die PDS wie die SPD zum 'Demokratischen Sozialismus'. Andererseits enthält ihr 'sozialistischer Charakter' ein Sozialismusverständnis, wie es das Godesberger Programm gerade überwunden hat: Sozialismus als fundamentaler Systemumschlag der Überwindung der Herrschaft des Kapitals bei ausreichender staatlicher Planung. Eigentlich läßt diese Alles-oder-nichts Alternative ('Lösung der Menschheitsprobleme' versus 'Existenzkrise der Zivilisation') Demokratie trotz des formalen Bekenntnisses, daß 'unser Sozialismus-Begriff ein Höchstmaß an Demokratie und Liberalität einschließt'[6] doch wieder zweitrangig werden.
- Einerseits hat die PDS auf ihrem Schweriner Parteitag im Januar 1997 mehrheitlich beschlossen, daß neben der Oppositionsrolle auch die Situation des Tolerierens einer Regierung oder die Koalitionsrolle möglich ist. Andererseits schimmert die prinzipielle Radikalopposition gegenüber der westlichen Demokratie immer wieder durch. Im geltenden Grundsatzprogramm heißt es:

> In der PDS haben sowohl Menschen einen Platz, die der kapitalistischen
> Gesellschaft Widerstand entgegensetzen wollen und die gegebenen
> Verhältnisse fundamental ablehnen, als auch jene, die ihren Widerstand damit
> verbinden, die gegebenen Verhältnisse positiv zu verändern und schrittweise
> zu überwinden. Die PDS hält den außerparlamentarischen Kampf um
> gesellschaftliche Veränderungen für entscheidend'.[7]

Auch wenn manche Praxis der PDS anders sein mag: In diesem
Zitat sind die Wertvorstellungen des demokratischen
Verfassungsstaates jedenfalls noch in weiter Ferne!

Eine derartige prinzipielle Ebene der Kritik, die die Widersprüche der
PDS herausarbeitet und mit ihren nicht zweifelsfrei demokratischen
Inhalten hart ins Gericht geht, spielt in der Sozialdemokratie auch
deshalb weiterhin eine Rolle, weil die SPD-Ost als selbständige
Parteigründung und als Resultat intellektueller Auseinandersetzung mit
dem SED-Regime, eingebettet in die Protest- und Oppositionskultur der
Wendezeit, entstanden ist.

3.

Die PDS ist eine gegnerische Partei, mit der die SPD um Wählerstimmen
und gesellschaftlichen Einfluß konkurriert. Die SPD wirbt um die
Stimmen der bisherigen PDS-Wähler und hat gelernt—u.a. durch ihr
'Forum Ostdeutschland e.V.'—, ebenfalls an der Ostidentität anzuknüpfen
und ihr Profil als ostdeutsche Interessenvertretung zu schärfen.
Selbstverständlich ist es eines der Wahlziele der SPD, daß die PDS am
27. September 1998 nicht wieder in den Bundestag einzieht und auf
höchstens ein oder zwei der Berliner Direktmandate beschränkt bleibt.
Um es ganz klar zu sagen: Es kann 1998 keine SPD-geführte
Bundesregierung in Abhängigkeit von der PDS geben. PDS-Stimmen
sind für den rot-grünen Regierungs- und Politikwechsel in Bonn
verschenkt. Noch zugespitzter hat dies Wolfgang Thierse formuliert,
wenn er sagt, bundespolitisch gilt, 'wer PDS wählt, stützt Kohl'.[8]

An dieser Stelle ist die Haltung des SPD-Präsidiums eindeutig.
Allerdings hat die Sozialdemokratie kein Interesse daran, daß lautstark
die—hier skizzierte—historisch-moralische Grundsatzkritik an der PDS
die Agenda der poltischen Themen dominiert. In der öffentlichen
Argumentation wird sich die SPD zuvörderst auf die Auseinandersetzung
mit dem politischen Versagen der Bundesregierung konzentrieren. Eine
Polarisierung unserer politischen Kultur, eine zugespitzte
Entscheidungsalternative zwischen der abgewirtschafteten Regierung
Kohl oder einem SPD-geführten Regierungswechsel unter dem Motto

Innovation und soziale Gerechtigkeit, dürfte zudem die überzeugendste Situation sein, in der PDS-Wähler diesmal für die Wahl der SPD zu gewinnen sind.

Auch die SPD muß dem Rechnung tragen, daß in der tagespolitischen Diskussion mit der Zeit die moralisch-demokratische Entrüstung verblaßt. Für die Mehrheit der Ostdeutschen, die ja weder herausragende Täter noch Opfer waren, ist es eine verständliche Entwicklung, daß gewissermaßen langsam 'Gras über die Sache wächst'. Das sollte nicht wundern, erinnert man sich, wieweit in Westdeutschland 1952/53, nach der unvergleichbaren Nazi-Barbarei und dem II. Weltkrieg, bereits wieder Normalität hergestellt war. Die wirkliche Gefährdung der Unterdrückung von Freiheit, Demokratie und Menschenrechten ist ja schließlich mit dem Fall der Mauer und dem Abzug der sowjetischen Panzer—unabhängig davon, was einige neostalinistische Rentner an Nostalgie mit ins Grab nehmen werden—erst einmal endgültig beendet.

Eine lautstarke historisch-moralische Verurteilung der PDS wegen ihrer Unklarheiten zur Bewahrung und Stärkung der Demokratie würde in Ostdeutschland heute vor allem auf Abwehr stoßen. Dies würde von vielen als weiteres Indiz der Globalverurteilung und Nichtanerkennung ostdeutscher Biographien, Erfahrungen und Interessen erlebt, und der Verdacht gegenüber allen gesamtdeutschen Institutionen, heimlich doch nur westdeutsche Interessen gegenüber dem Osten zu vertreten, bekäme einmal mehr Nahrung. Selbst die CDU ist mittlerweile in sich gespalten, ob sie an ihre 'Rote-Socken'-Kampagne von 1994 anknüpfen soll und ob die erneute aggressive Ausgrenzung der PDS nicht vor allem zu ostdeutschen Solidarisierungseffekten gegen die Union führen würde.

Demgegenüber sind die beiden entscheidenderen Argumente dafür, daß es 1998 mit der PDS in Bonn nicht gehen wird:
- Es reicht nicht aus, wie es in der 'Erfurter Erklärung' heißt, SPD, Bündnisgrüne und PDS 'dürfen der Verantwortung nicht ausweichen, sobald die Mehrheit für den Wechsel möglich wird'.[9] Hinzukommen muß zur Bundestags-Mehrheit eine Grundakzeptanz einer Regierung in der Gesellschaft, die eine Bundesregierung mit Duldung oder Beteiligung der PDS in Westdeutschland derzeit niemals haben würde. Die politische Kultur ist in Deutschland nach wie vor tief gespalten, die Ablehnung der PDS im Westen hat sich seit 1994 sogar noch verschärft: Einschätzungen wie 'die PDS ist nicht demokratisch,

die PDS darf auf keinen Fall Regierungseinfluß erlangen, die PDS ist nicht erneuerungsfähig' haben 1994 rd. 40% der Westdeutschen vertreten, inzwischen sind es 60-70%, während im Osten etwa gleichviele das Gegenteil behaupten. In den Worten des stellvertretenden Parteivorsitzenden Wolfgang Thierse:

> Als nur in den ostdeutschen Ländern tatsächlich vertretene Partei verfügt sie (...) über kein demokratisches Mandat durch und für die Bürgerinnen und Bürger der ganzen Bundesrepublik. Bundespolitische Verantwortung kann aber keine Partei übernehmen, die nur regionale Interessen vertritt und im größten Teil des Landes keine Akzeptanz findet.[10]

- Neben diesem Argument, daß — salopp gesagt — jede politische Kraft in Westdeutschland einpacken kann, die sich mit der PDS einläßt, ist die PDS aber auch deshalb kein bundespolitischer Partner, weil sie zutiefst politikunfähig ist. Sie ist mit ihrer chaotischen Vielfalt, mit sich widersprechenden innerparteilichen Strömungen, ihrer Zerstrittenheit bei zentralen Grundwerten und grundlegenden Fragen der Demokratie, mit immer noch zu vielen undurchdachten Forderungen und populistischen Parolen im Grunde weiterhin mehr Milieu als Partei. Was die PDS zusammenhält, brachten die Parteienforscher Gero Neugebauer und Richard Stöss folgendermaßen auf den Punkt: 'Die PDS repräsentiert ein abgegrenztes und mittlerweile wohl stabiles Milieu, das sich mental nicht in die Ordnung der Bundesrepublik integrieren lassen will.'[11] Zusammensetzung und Einfluß neostalinistischer oder demokratischer, DDR-nostalgischer oder moderner, populistischer oder pragmatisch-realitätsorientierter Kräfte sind je nach Landesverband äußerst verschieden. Daß eine derartige Partei im Wandel und voller Widersprüche nicht auf Bundesebene politikfähig ist, kann man übigens auch in einer ganzen Reihe von Beiträgen aus den eigenen Reihen, etwa 1996 von André Brie, Manfred Müller oder Gregor Gysi, nachlesen.

4.

Die strategische Situation der SPD im Wahljahr 1998 ist dadurch mitbestimmt, daß am 26. April 1998 in Sachsen-Anhalt Landtagswahlen stattfinden. Jedes Wahlergebnis, das dort SPD und Bündnisgrünen keine absolute Mehrheit beschert, wird — trotz innerparteilicher Bedenken in der Ost-CDU — bis zur Bundestagswahl wahrscheinlich erneut zu einer 'Linksfront'-Kampagne der Union führen. Die Versuchung besteht für

CDU/CSU darin, ob es nicht wie 1994 noch einmal gelingen könnte, hierdurch im Westen Wähler zu mobilisieren und im Osten der PDS Wähler auf Kosten der SPD zuzutreiben. Es bleibt das strategische Dilemma der SPD, daß ihr jede offenere Haltung gegenüber der PDS im Osten, wo die demokratische Akzeptanz der PDS mittlerweile bei rund drei Vierteln der Bevölkerung liegt, dort zwar möglicherweise nützen könnte, im Westen allerdings—auch gerade in der eigenen Stammwählerschaft—überwiegend schaden würde.

Es ist der SPD in den letzten Monaten gelungen, daß die gemeinsamen Forderungen und inhaltlichen Positionen gegen den wirtschaftlichen Absturz Ostdeutschlands ihr Erscheinungsbild prägten. Es bleibt aber innerparteiliche Realität, daß es nach wie vor Differenzen dazu gibt, wie man sich gegenüber der PDS positionieren soll—übrigens nicht von Ost gegen West, sondern mittlerweile gesamtdeutsch innerhalb des Ostens ebenso wie innerhalb des Westens.

Auf der einen Seite am Rande des Spektrums steht die Position, die etwa Rolf Schwanitz für die sächsische SPD formulierte:[12] Dort wird in der Magdeburger Minderheitsregierung die Grenzlinie dessen gesehen, was auf ostdeutscher Länderebene noch akzeptabel sei. Sein Kernargument: Die Grundwertefrage, das sozialdemokratische Streben nach Freiheit und Demokratie, dürfe nicht machtpolitischen Optionen untergeordnet werden. Koalitionen mit der PDS auf Landesebene würden die ostdeutschen SPD-Landesverbände vor eine noch nicht dagewesene Zerreißprobe stellen.

Auf der anderen Seite des Spektrums, zunehmend auch aus Mecklenburg-Vorpommern und Thüringen, gibt es die Position, daß auf ostdeutscher Landesebene linke Regierungen Großen Koalitionen allemal vorzuziehen seien. Derartige Bündnisüberlegungen sind sicher auch durch den Wahlsieg der französischen Linken beflügelt. Von den sogenannten 'Crossover'-Diskussionsveranstaltungen der Parteilinken, über die im Grunde weitgehend linkssozialdemokratisch und linksprotestantisch initiierte 'Erfurter Erklärung' bis hin zu innerparteilichen Kreisen, wie etwa dem 'Mansfelder Forum' in Sachsen-Anhalt, gilt im Kern: Es wird die Position eines 'breiten Reformbündnisses aller progressiven, nach sozialer Gerechtigkeit strebenden Kräfte' vertreten und in der PDS mittlerweile ein 'ernsthafter politischer Partner'—so immerhin SDP-Mitbegründer Frank Bogisch[13]—gesehen.

Jenseits dieser Flügelpositionen—der totalen Absage an jede Kooperation mit der PDS auf der einen bzw. einer idealisierten linken Bündnispolitik auf der anderen Seite—sei hier auf eine wohlüberlegte Formulierung von Wolfgang Thierse zurückgegriffen, die gewissermaßen die integrierende Mittel-Position der Parteiführung markiert:

> Anders als auf Bundesebene ist die Situation in den ostdeutschen Kommunen und Ländern. Die PDS steht in zahlreichen Kommunen in politischer Verantwortung, und zwar in ganz unterschiedlichen Koalitionen, auch mit der CDU. Sie ist damit zum Teil selbst Mitträgerin des Transformationsprozesses in Ostdeutschland. Die SPD kann deshalb in Ostdeutschland einer Zusammenarbeit mit der PDS nicht ausweichen, wenn und insofern sie damit den politischen Auftrag ihrer Wählerinnen und Wähler erfüllt. Das ist ein selbstverständliches Gebot der Demokratie und bereits (nicht allein die SPD betreffende) Realität im Osten unserer Republik.[14]

Vor allem aber macht es für die SPD Sinn, öffentlich so zu argumentieren, wie es der Parteivorsitzende Oskar Lafontaine zur Frage 'Koalitionen mit der PDS auf Landesebene' wiederholt auf den schönen Satz brachte, derzeit stehe eine solche Koalition nicht an und 'über ungelegte Eier gackern wir nicht'.[15]

5.

Abschließend geht es noch um ein paar Klarstellungen zu den politischen Verhältnissen in Sachsen-Anhalt, die ja die heiße Phase des Bundestagswahlkampfes 1994 prägten und die möglicherweise im nächsten Jahr wieder heftig diskutiert werden.

In Sachsen-Anhalt regiert auf der Basis des 94er Wahlergebnisses (CDU 34,4%, SPD 34,0%, PDS 19,9%, Bündnisgrüne 5,1%) eine rot-grüne Minderheitsregierung, die bei ihren eigenen Vorschlägen jeweils suchen muß, wo sie Mehrheiten findet. Grundlage war die Zusage der PDS, die Wahl von Reinhard Höppner zum Ministerpräsidenten zu tolerieren. Diese klassische Minderheitsregierung erwies sich als stabiler als die vorherigen skandalgebeutelten CDU-Regierungen (3 in einer Legislaturperiode) und—sieht man zum Beispiel die höchste Investitionsrate pro Kopf aller neuen Länder—als durchaus erfolgreich.

Anders als man in ideologischen Verzerrungen der Union den Eindruck haben kann, ist in Sachsen-Anhalt nicht der Totalitarismus zurückgekehrt. Die Minderheitsregierung hat die parlamentarische Demokratie durch offenere Diskussionsprozesse und Kompromißfindungen eher gestärkt. Ein neuer, auf Dialog angelegter, kooperativer Führungsstil ist das eine. Das andere ist, daß die Abgeordneten jetzt mehr Gesamtverantwortung zu tragen haben, d.h. sie müssen selbst entscheiden, ob sie Vernünftiges von der Regierung bei Parlamentsentscheidungen auch mittragen können. Daß dies in der Regel bei der PDS und nur selten bei der CDU der Fall ist, hat etwas mit den Inhalten der Politik und damit zu tun, daß die CDU streckenweise eine Art Fundamentalopposition und Verweigerungshaltung verfolgte.

Die Akzeptanz, daß sich die Minderheitsregierung erfolgreich von der PDS tolerieren lassen kann, hängt wesentlich damit zusammen, daß in Sachsen-Anhalt mittlerweile 83% der Bevölkerung der Meinung sind, die PDS solle wie eine ganz normale Partei behandelt werden, was auf Bundesebene bekanntlich keineswegs der Fall wäre.

Die Grenzlinie der Magdeburger Regierung besteht darin, daß es keine offiziellen Gespräche oder gar Abstimmungen zwischen den Parteigremien und Landesvorständen von SPD und PDS gibt. Es gibt nie eine Mitwirkung der PDS bei der Erstellung von Kabinettsvorlagen, sondern es werden immer erst im Anschluß daran im Parlament Gespräche darüber geführt, wie man zu Mehrheiten kommen kann. Das führt allerdings dann oft dazu, daß Vorlagen stärker verändert werden, als das sonst in der Republik üblich ist. Es sind gleichzeitig vor allem die beiden Fraktionsgeschäftsführer von SPD und PDS, die auf informeller Ebene prüfen, wieweit Gesetzesvorlagen mehrheitsfähig sind. Dort werden durchaus, etwa damit die PDS den Haushalt passieren läßt, Kompromisse gefunden. Das ist aber keine Erpressungssituation, denn die PDS in Sachsen-Anhalt hat gleichermaßen ein Interesse daran, daß die Minderheitsregierung auf jeden Fall bis zum Ende der Legislaturperiode hält. Um eine Große Koalition zu verhindern, muß auch die PDS bittere Entscheidungen schlucken und hat sich so von einem leichtfertigen Populismus einen weiteren Schritt entfernt.

Vom 'Magdeburger Modell' sollte man dennoch nicht sprechen:
- Es waren konkrete, nicht übertragbare Bedingungen, die zu dieser Regierung führten. Nicht zuletzt ist - anders als etwa in Nordrhein-Westfalen - die enge Kooperation zwischen rot und grün ein Stablitätsfaktor. Dieser hat damit zu tun, daß sich die Haupakteure aus der gemeinsamen Zeit in der DDR Bürgerbewegung seit langem kennen und schätzen.
- Und das Wahlziel der SPD für den 26. April 1998 ist natürlich nicht eine Fortsetzung dieses 'Modells', sondern daß eine eigenständige rot-grüne Mehrheit zustande kommt, die nicht mehr auf die Tolerierung der PDS angewiesen ist.

Ein Modell ist Magdeburg vielleicht höchstens im Hinblick auf die PDS. Wird sie gezwungen, ein Stück politischer Verantwortung wahrzunehmen, das zeigt ihre Landespolitik in Sachsen-Anhalt, kommen wir ihrer fundamentaloppositionellen 'Entzauberung' ein Stück näher, beschleunigt sich ihr Wandel und rückwärtsgewandte, populistische und linksradikale Elemente werden deutlich in den Hintergrund gedrängt.

Ein Schlußsatz: Die PDS ist im Übergang. Solange sie noch Einfluß hat, ist es die Verantwortung aller politischen Kräfte, zu wollen, daß sie in der bundesrepublikanischen Demokratie ankommt. Das bedeutet grundsätzliche Kritik aller unzeitgemäßen und ideologischen Haltungen, das heißt aber auch anzuerkennen, daß es den meisten PDS-Wählern heute nicht mehr um den Kommunismus, sondern um alles das geht, was oft als ostdeutsches Sonderbewußtsein in der Phase von Transformation und Integration bezeichnet wurde. Die Sozialdemokratie wird hier mit der PDS gerade an dieser Stelle in Zukunft noch stärker konkurrieren, denn sie meint natürlich, daß die soziale Demokratie in Ostdeutschland und die Vertretung ostdeutscher Interessen und Identitäten besser in einer gesamtdeutsch hegemoniefähigen SPD aufgehoben sind.

Anmerkungen

[1]   *Frankfurter Rundschau*, 10. Januar 1997.

[2]   Zitiert nach einem internen Papier aus der SPD-Bundestagsfraktion vom 31. Oktober 1994.

[3]   Oskar Niedermayer: 'Das intermediäre System', in: Max Kaase u.a.: *Politisches System, Berichte der KSPW 3*, Opladen 1996, S. 182.

[4]   Vgl. André Brie u.a., *Zur Programmatik der Partei des Demokratischen Sozialismus. Ein Kommentar*, Berlin 1997.

[5]   PDS-Programm 1993 in: *Disput* 3/4, 1993, 47.

[6]   Vgl. Lothar Bisky, Gregor Gysi, Hans Modrow: 'Sozialismus ist Weg, Methode, Wertorientierung und Ziel. Zu den fünf wichtigsten Diskussionspunkten der gegenwärtigen Debatte in der PDS.' Beschluß des 4. Parteitages/1. Tagung der PDS, 27-29. Januar 1995, Berlin.

[7]   Ebenda.

[8]   So Wolfgang Thierse auf einer öffentlichen Diskussionsveranstaltung mit Gregor Gysi, Petra Pau, Wolfgang Ulmann und Sibylle Klotz am 20. April 1997 im Kulturhaus Pfefferberg, Berlin-Prenzlauer Berg. Vgl. hierzu auch: 'Thierse sagte,

wäre die PDS eine berechenbare linke Kraft, "dann würde sie 1998 Verantwortung zeigen, sich als Regionalpartei, die sie nun mal ist, auf die Landtagswahlkämpfe konzentrieren und bei den Bundestagswahlen zur Wahl von SPD und Grünen aufrufen—als einzig realisierbare Chance *Zeitung*, 22. März. 1997, S. 5)

9 *Frankfurter Rundschau*, 10. Januar 1997.

10 *Frankfurter Rundschau* , 19. Dezember 1996.

11 Gero Neugebauer und Richard Stöss, *Die PDS. Geschichte. Organisation. Wähler. Konkurrenten*, Opladen 1996.

12 Vgl. Papier vom 27. 12. 1996, in der *Frankfurter Rundschau* vom 9. Januar 1997 abgedruckt.

13 Vgl. *Neue Gesellschaft/Frankfurter Hefte*, 4/97, S. 357ff.

14 *Frankfurter Rundschau*, 19. Dezember 1996.

15 Interview im *Spiegel*, 52/1996, S. 27.

Elisabeth Schroedter

DIE AUSEINANDERSETZUNGEN VON BÜNDNIS 90/DIE GRÜNEN MIT DER PDS

1. Politische Hintergründe:
Zur Entstehungs- und Entwicklungsgeschichte der Parteien um und nach der Wende 1989

Als Michael Gorbatschow im Land des Großen Bruders Glasnost und Perestroika einführte, gab es in Kreisen der Oppositionellen und Kritiker in der DDR verstärkt Bemühungen, das diktatorische System unter SED-Herrschaft zu öffnen und zu demokratisieren. Diejenigen, die nach legalen Formen der Veränderung suchten, wollten ihren Lebensmittelpunkt in der DDR beibehalten. Deshalb wollten sie sich und ihre Familien nicht gefährden.

Aus den Kreisen der Kritiker gab es bewußte Beitrittsgesuche zur SED mit dem Ziel, die Veränderung im Herzen des Machtapparates zu beginnen. Allerdings überschätzten sie die tatsächliche Macht des Parteiapparates. Die in viele winzige Grüppchen versprengte Opposition suchte gesetzlich erlaubte Formen des öffentlichen Lebens, um ihre Forderung nach Meinungsfreiheit, demokratische Mitbestimmung und Veränderung in die breite Öffentlichkeit tragen zu können.

Zur Erklärung einige Beispiele:

- die Opposition versuchte an der zentralen Demonstration zum Todestag von Karl Liebknecht und Rosa Luxemburg mit einer eigenen Losung—das Wort von Rosa Luxemburg: 'Freiheit ist immer die Freiheit des Andersdenkenden'— aufzutreten;
- sie organisierte die flächendeckende Kontrolle der Wahlergebnisse in der Kommunalwahl im Mai 1989 und konnte Nachweis der Wahlfälschung erbringen;
- die Grüne Bewegung in der Opposition deckte über eigene Gründungen von Stadtökologiegruppen im Rahmen des Kulturbundes Umweltvergehen auf. In der herrschenden Ideologie waren Sozialismus und saubere Umwelt identisch, was Menschen, die auf Umweltverschmutzung hinwiesen, zu Staatsfeinden machten;
- besonders hervorzuheben ist die Gründung des Neuen Forums im Rahmen der gesetzlichen Möglichkeiten als gesellschaftliche Vereinigung und die Gründungsinitiative der SDP, die die rechtliche

Situation des Nichtvorhandenseins eines Parteiengesetzes in der DDR auszunutzen versuchte.

Die Reformkräfte in der PDS, die Bürgerbewegungen und die ostdeutschen SPD-Landesverbände haben eine gemeinsame Vergangenheit. Allerdings unterschieden sie sich in ihrer Nähe und ihrem Einverständnis zur herrschenden Diktatur der SED.

Als die 30 ErstunterzeichnerInnen im September 1989 mit dem Aufruf zur Bildung einer politischen Plattform, 'Aufbruch 89 - Neues Forum', über die Westmedien und die Flüsterpropaganda die Nischen der DDR-BürgerInnen erreichten, ahnten sie nicht, daß sie mit dem Aufruf zum demokratischen und kritischen Dialog und zur gesellschaftlichen Reform diese wirklich herauslocken konnten und die friedliche Revolution in der DDR eingeleitet hatten.

Nachdem die Bürgerbewegungen die MfS-Zentralen erstürmt hatten und deren Kontrolle übernahmen, wurde der DDR-Diktatur das entscheidende Machtinstrument genommen, und das Regime brach zusammen. Die inzwischen vielzählig entstandenen Bewegungen, Initiativen und Parteien übernahmen gemeinsam die politische Verantwortung durch die auf allen Ebenen gegründeten Runden Tische.

Die dabei notwendige programmatische Arbeit und die kurzfristig angesetzte Volkskammerwahl setzte einen starken politischen Differenzierungsprozeß der verschiedenen Gründungsinitiativen in Gang, der für die Bewegung des Neuen Forums im Desaster endete, denn es behielt am Ende nichts weiter als seinen inzwischen berühmten Namen. Da es sich ganz darauf konzentrierte, das westliche Parteiensystem abzulehnen—seine Vertreter betonen bis heute 'quer zu den Parteien' zu liegen—übersah es die zentrale Bedeutung programmatischer Arbeit für die Gestaltung des gesellschaftlichen Reformprozesses und blieb bei dem Rückblick und der Aufarbeitung der DDR-Vergangenheit stehen.

Auch die hauptsächlich von Dissidenten gegründete 'Initiative für Frieden und Menschenrechte' konzentrierte sich auf die Rechtsverletzungen des alten DDR-Regimes unter der Losung 'Das darf nie wieder passieren'. Ob für ihr Gesellschaftskonzept der Begriff 'Sozialismus' zutrifft 'oder ein anderer...' erschien ihnen weniger wichtig.

Die kleine Gruppe 'Demokratie Jetzt' brachte dagegen programmatische Stärke in die Bürgerbewegungen ein, welche sich vor allem auf die Entwicklung eines demokratischen Rechtsstaats mit einer sozial und ökologisch verpflichteten Marktwirtschaft konzentrierte, eine weltweite solidarische Verantwortung im Blick hatte, sich aber auch mit der Frage der Neuordnung der Eigentumsrechte auseinandersetzte.

Am 24. November 1989 wurde die 'Grüne Partei in der DDR' öffentlich—nicht mehr konspirativ—in der Bekenntnisgemeinde Berlin-Treptow mit einer gemeinsamen Erklärung gegründet. Die Parteigründung war ein langer konfliktreicher Prozeß der Vernetzung der bisher parallel und eigenständig agierenden Gruppen, die hauptsächlich aus dem Spektrum kirchlicher Umweltgruppen und der Stadtökologiegruppen kamen, und ein unterschiedliches politisches Selbstverständnis innerhalb der Ökologiebewegung in der DDR hatten. An den im Dezember auf allen Ebenen einberufenen Runden Tischen war die Grüne Partei mit ihrem konzeptionellen Ansätzen einer ökologischen, demokratischen, feministischen und den Frieden verpflichteten Politik bereits vertreten.

Die erste freie Wahl zur Volkskammer am 18. März 1990 war für die Bürgerbewegungen zu früh, um persönliche und ideologische und organisatorische Widerstände und Unterschiede zu überwinden. So traten sie getrennt in zwei Wahlbündnissen (Neues Forum/ Demokratie Jetzt; Initiative für Frieden und Menschenrechte und Grüne Partei/Unabhängiger Frauenverband) an. Aus dem politischen Selbstverständnis und der inhaltlichen Zusammenarbeit sowie aus wahltaktischen Gränden schlossen sich die Grüne Partei in der DDR und die westdeutschen Grünen bereits vor der ersten gesamtdeutschen Wahl zu einem gemeinsamen Bundesverband zusammen.

Die von den Bürgerbewegungen eingeleitete Wende hatte auch den Reformkräften innerhalb der SED ermöglicht, den überfälligen Generationswechsel zu vollziehen. Die in der DDR tief verankerte Volkspartei dachte zu keinem Zeitpunkt daran, sich aufzulösen. Im Gegenteil, mit Gregor Gysi an der Spitze tat die neue Führungsriege alles für eine Neuetablierung der Partei und damit für ihr Fortbestehen mit dem zentralen Ziel, das Vertrauen der DDR-Bevölkerung zurückzugewinnen, ohne dabei ihr politisches Ziel 'für die DDR - für demokratischen Sozialismus' aufgeben zu müssen.

Der Parteivorstand gab im Dezember 1989 bekannt, daß die Partei sich nicht aus der geschichtlichen Verantwortung stehlen werde und den Bruch mit dem Stalinismus vollziehen wolle. Die Partei hieß von da ab Sozialistische Einheitspartei Deutschlands - Partei des Demokratischen Sozialismus (SED-PDS), ließ aber später endgültig den mit den

Verbrechen in der Diktatur beschmutzten Namen SED fallen. Gregor Gysi hatte bereits damals erkannt, daß die Stärke der Partei in den jahrzehntelang ausgebauten Basisstrukturen liegt: 'Es gibt keine andere Partei oder demokratische Bewegung in unserem Land, die auch nur annähernd soviel organisatorische Kraft in sich vereinigt.'[1]

Die Rollenverteilung im Parteienspektrum

Es ist beachtlich, daß die PDS trotz der geschichtsträchtigen Ereignisse der letzten Jahre in Ostdeutschland bis heute konsequent mit folgenden zentralen Programmlinien der Reform im Dezember 1989 festhält und mit der damals festgelegten Strategie auf Erfolgskurs ist.

Das sind:

- eine radikale Erneuerung der Gesellschaft mit dem Ziel des demokratischen Sozialismus auf deutschem Boden (Kapitalismuskritik);
- der Protest gegen den volkswirtschaftlichen Ausverkauf der DDR und die Mißachtung der Eigentums- und Rechtsformen in der DDR;
- uneingeschränkte Volksherrschaft, Rechtsstaatlichkeit und der Parlamentarismus ergänzt durch außerparlamentarische Mitbestimmung;
- ökonomische leistungsfähige und ökologische Wirtschaft, die durch ihr erfolgreiches Wachstum der Bevölkerung eine hohe Qualität an sozialer Absicherung ermöglicht;
- die besondere Unterstützung der sozial Schwachen und die Garantie von Chancengleichheit;
- Chancengleichheit und Gleichstellung von Frauen in der Gesellschaft;
- Antimilitarismus;
- Antifaschismus.

An der Programmatik lassen sich eine ganze Reihe von Schnittstellen zum Reformprojekt der Bündnisgrünen ausmachen. In der Forderung nach einem gesellschaftlichen Wandel, aber auch auf solchen Politikfeldern wie Antimilitarismus und Feminismus waren in der BRD die Grünen allein die treibende Reformkraft.

Die Programmatik der PDS entsteht aus ihrer Systemkritik und hat die Opposition zum System zum Ziel, verharrt deshalb im allgemeinen Forderungslevel. Dagegen konzentrieren sich die konkreten Handlungsforderungen auf die Vertretung der spezifischen Ossi-Interessen mit einer gehörigen Portion DDR-Nostalgie. In ihrer

Selbsternennung als Partei für die ostdeutschen Interessen stellt sie in ihrer Programmatik und in der Arbeit im Bundestag solche Themen wie Arbeit der Treuhand, Fortbestand der LPG-Strukturen, Beendigung der Privatisierung und Akzeptanz unterschiedlicher Eigentumsformen, öffentlich geförderter Beschäftigungssektor, keine Diskriminierung von Personen mit DDR-Biographien, keine politisch juristische Verfolgung in Ostdeutschland in den Vordergrund.

Dagegen steht für die Bündnisgrünen die ökologische und soziale Strukturkrise des marktwirtschaftlich-kapitalistischen Gesellschafts-systems mit der Folge von Entdemokratisierung und Entsolidarisierung im Mittelpunkt ihrer Aktivitäten und politischen Programmatik. Wir diskutieren nicht über die Schaffung einer gesellschaftlichen Alternative zum Kapitalismus. Es geht uns, die wir als erste Generation die Grenzen des Wachstums bewußt wahrgenommen haben, darum, mit einer ökologischen, aber gleichzeitig sozialen Reformpolitik eine postmoderne nachhaltige Wirtschaftsweise zu entwickeln. Diese Reformpolitik soll jetzt und heute stattfinden, da die zunehmende Zerstörung des Planeten keinen Zeitaufschub erlaubt, deshalb ist die grüne Programmatik neben der Vision durch konkrete Reformkonzepte, die die einzelnen Schritte beinhalten, geprägt. Daneben tritt die Systemfrage inzwischen in den Hintergrund.

Hingegen lebt die PDS in den sozialistischen und sozialdemokratischen Traditionen des produktivistisch-industriellen Wachstumsmodells fort. Die Formulierungen im Wahlprogramm 1994 zum ökologischen Umbau wirken aufgesetzt—sie sind eine Sammlung allgemeiner Forderungen aus den Programmen der Grünen—und ohne Zusammenhang zur sonstigen Systemkritik. In der neuen Wahlkampfstrategie (1998/1999) spielt die ökologische Reform praktische keine Rolle mehr. Die einzelnen Forderungen nach ökologischen Veränderungen in der Verkehrspolitik und der Energiepolitik—Aktivitäten der Bundestags-Fraktion—ergeben sich aus der konsequenten Oppositionsposition gegen die neoliberal-konservative Bundesregierung bzw. aus der Hoffnung für Verbesserung von Exportchancen auf den Zukunftsmärkten zur Erhaltung der Produktion und der Arbeitsplätze in Deutschland.[2] Aus dem Reformflügel heraus, besonders dort, wo gemeinsame Traditionen mit den Bündnisgrünen existierten (s.o.) gibt es auch konkrete Forderungen nach Ökologisierung der Wirtschaft, meist verstanden als Systemalternative zur vorherrschenden neoliberalen Deregulierungspolitik.

Allerdings finden diese Forderungen bei der großen Mehrheit der traditionellen Sozialisten und Kommunisten innerhalb der PDS wenig Anklang. Beispiele dafür sind der Streit um die Braunkohlepolitik in Brandenburg, wo die Solidarität mit den ostdeutschen Bergarbeitern gegenüber den ökologischen Erfordernissen überwog, oder die Frage des Flughafenneubaues in Berlin, wo nach Aussage des Vorsitzenden des Umweltausschusses im Landtag Brandenburg und SED/PDS-Mitglied Gonnermann die PDS dem Ausbau der Flugkapazitäten zustimmen sollte, weil 'Fliegen die internationale Völkerverständigung unterstützt'.

Im Moment werden diese wirklichen politischen Differenzen und Auseinandersetzungen zwischen dem Politikansatz der Bündnisgrünen und dem der PDS durch die Fragen der DDR-Vergangenheitsbewältigung überschattet. Die Unversöhnlichkeit diese Konfliktes liegt nicht nur in den alten Fronten, geprägt durch die Personen, die auf der einen Seite politische Verantwortung im DDR-System getragen hatten und solche, die auf der anderen Seite als Oppositionelle unter den Repressalien gelitten hatten, sondern vor allem darin, daß in der PDS die Aufarbeitung der jüngeren Vergangenheit praktisch nicht stattfindet. Offiziell gab es bereits im Dezember 1989 eine klare Distanzierung von der stalinistischen Vergangenheit und seinen Verbrechen, aber die Diskussionen innerhalb der PDS über den Stalinismus und seine Verbrechen beginnen erst jetzt. Das ist nur das späte Nachholen der Glasnost- und Perestroikazeit von Michael Gorbatschow.

Für eine Auseinandersetzung zur Mitträgerschaft an dem Unrecht der DDR-Vergangenheit hingegen ist die Partei zu feige. So bleibt z.B. Hanno Harnisch, obwohl ihm seine Tätigkeit als Inoffizieller Mitarbeiter des MfS nachgewiesen wurde, Pressesprecher der Partei. Ebenso unterstützt die PDS als einzige politische Kraft in Deutschland Egon Krenz's Behauptung, er wäre Opfer einer 'Siegerjustiz' (August 1997). Egon Krenz wurde verurteilt, weil ihm seine Verantwortung für die Erschießung von Menschen an der Berliner Mauer vom Berliner Landgericht nachgewiesen werden konnte. Er warf dem Gericht daraufhin vor, 'sich das Recht hingebogen und -gefeilt zu haben'.[3] Für die neuen politischen Kräfte aus der Wendezeit—Sozialdemokraten und Bündnisgrüne—bleibt die PDS gerade deshalb politisch unberechenbar, denn an solchen Stellen wird deutlich, daß die Reformkräfte an der Front in der Partei selbst nur eine Minderheit sind.

Das offenbart sich auch dort, wo die PDS auf kommunaler Ebene durch Bürgermeisterämter oder Mehrheitsverhältnisse politische Verantwortung trägt. Da verfällt sie eher in einen populistischen Konservatismus. Aber sie hat ihre strukturelle Stärke als Volkspartei, ist erfolgreich in ihrem Alleinvertretungsanspruch für die Ostprobleme, ihrer Anwaltfunktion für 'die da unten' und in ihrer populistischen Oppositionpolitik. Sie bedient im Osten so das Spektrum von der traditionell-konservativen Seite bis zur antikapitalistischen und antiwestlichen Strömung, vor allem auch alle Forderungen nach der politischen Alternative.

Im Osten, wo die Bündnisgrünen im Gegensatz zu den Westgrünen zur Durchsetzung ihrer programmatischen Ziele von Anfang an eine Regierungsbeteiligung anstrebten, obwohl sie als junge Partei erst im Aufbau begriffen waren, haben sie bisher versäumt, eine konsistente Linie ihrer Oppositionspolitik neben der PDS zu entwickeln. Aber selbst dann wird es ihnen in nächster Zeit nicht gelingen, mit der Qualität und Glaubwürdigkeit ihrer Reformalternative soviel politisches Gewicht zu gewinnen, daß sie damit ihre strukturelle Schwäche gegenüber der PDS ausgleichen können. Sie werden keinen Einfluß auf die Stärke der ca. 100.000-Mitglieder-Partei PDS (15-20%) ausüben. Und: Auf der Oppositionsbank sitzen sie immer mit der PDS.

2. Regierungszusammenarbeit:
Von der PDS tolerierte Minderheitsregierung in Sachsen-Anhalt

Nach Regierungskrisen und Korruptionsskandalen der CDU kam es in Sachsen-Anhalt, dem neuen Bundesland mit der höchsten Arbeitslosigkeit, zu vorgezogenen Neuwahlen. Im Ergebnis lag die CDU wieder mit 0,1% vor der SPD. Zur Überraschung aller verzichtete SPD-Chef Reinhard Höppner auf die Juniorpartnerschaft mit der CDU und wagte die rechnerische und politische Alternative. Er holte die PDS, die zuvor mit Sozialdemokraten und Bündnisgrünen erfolgreich in der Opposition zusammengearbeitet hatten, in die politische Verantwortung, indem er eine rot-grüne Minderheitsregierung unter Tolerierung der PDS bildete. Es kam bundesweit in allen politischen Parteien zum Aufschrei und zur Verunsicherung. Die Sozialdemokraten hatten sich bundesweit gerade auf Abgrenzungs- und Ausgrenzungsbeschlüsse zur PDS geeinigt.

Die Bürgerbewegten in den Bündnisgrünen verstanden die Welt nicht mehr. Marianne Birthler, Bürgerrechtlerin und damals Sprecherin der jungen Bündnispartei Bündnis 90/Die Grünen, schrieb wenige Wochen davor: 'Eine Partei, die hohe SED-Funktionäre und IM's als Spitzenkandidaten aufstellt, ist unabhängig von ihren programmatischen Behauptungen für Bündnis 90/Die Grünen nicht bündnisfähig.'[4] Da entschloß sich der bündnisgrüne Fraktionsvorsitzende Pfarrer Hans Jochen Tschiche, einer der Erstunterzeichner des Aufrufes 89 des Neuen Forums, mit diesem 'Erzfeind', der SED-Nachfolgepartei, zusammenzuarbeiten. In der Koalition der Bundesregierung bekam man kalte Füße, angesichts der Tatsache, daß der Zusammenschluß des linken Spektrums für eine Reformalternative Realität wurde. Die Bündnisgrünen in Sachsen-Anhalt hatten erkannt, daß die Bedeutung des Magdeburger Modells darin liegt, mit der rechnerischen Allianz links von der CDU eine stabile Regierungsarbeit zu leisten, die in der Lage ist, Reformansätze gegenüber dem westlich-neoliberalen Modell erfolgreich umzusetzen. So ist ihnen die Moderatorenrolle wichtiger als einzelne grüne Inhalte in der Hoffnung, dadurch eine stärkere Ostidentifikation zu gewinnen und in Zukunft auch für die PDS-Wähler eine mögliche Alternative darstellen zu können.

H. J. Tschiche sieht in der gesellschaftlichen Versöhnungsarbeit, die die DDR-Oppositionellen so im linken Parteienspektrum leisten, einen Weg, welchen die Bündnisgrünen gerade im Transformationsprozeß der Ex-DDR gehen müssen, um den ökologischen Umbau, die Demokratisierung der Gesellschaft und die soziale Gerechtigkeit voranzubringen, und das Feld nicht konservativen Kräften zu überlassen. Allerdings verdeckt das persönliche Engagement der Koalitionäre für ihren Weg die Tatsache, daß die Bündnisgrünen als Juniorpartner auf der Regierungsbank neben der Moderationsrolle auf Dauer in eine unerträgliche Lage kommen, da sich der größere Koalitionspartner seine Zustimmung dort holen kann, wo er sie bekommt, während der Junior alle Kröten schlucken muß. Die tolerierte Partei hat eine komfortable Position. Sie kann mitregieren und zugleich ihre Rolle als Opposition pflegen. Bei dieser Konstellation ist die Gefahr groß, daß die Bündnisgrünen zwischen SPD und PDS völlig zerrieben werden, weil ihnen keine Möglichkeit bleibt, das eigene Profil zu entwickeln, und so ihre strukturelle Schwäche gegenüber der PDS zunimmt. Auf der anderen

Seite hat dieses Modell den Vorteil, daß es die PDS aus ihrer wohlgehüteten Total-Oppositionsrolle herausgeholt hat.

Auseinandersetzungen in den Bündnisgrünen im Zusammenhang mit Koalitionsaussagen im Hinblick auf die kommenden Wahlen

Auch in Berlin, Thüringen und Mecklenburg-Vorpommern würde laut Umfragen die linke Reformalternative zur großen Koalition nur unter Beteiligung der PDS zustande kommen. In Berlin, welches gleichzeitig das Zentrum der DDR-Oppositionellen und der Wohnsitz der DDR-Nomenklatura ist—in Ost-Berlin entwickelt sich die PDS zur stärksten Partei—ist klar, und wo die große Koalition nach acht Jahren wie eine 'Käseglocke' allen Drang nach Veränderung zum Stillstand bringt, könnte sie nur abgelöst werden, wenn SPD und Bündnis 90/Die Grünen mit der PDS zusammen die Verantwortung übernehmen würden.

Das Magdeburger Tolerierungsmodell könnte bei der Konfliktstruktur der Stadt—insbesondere der Ost-West-Spaltung—nicht die notwendige Stabilität zum Regieren erreichen. Insbesondere die Bündnisgrünen kämen bei einem solchen Regieren mit unterschiedlichen Mehrheiten noch schneller zwischen die Mahlsteine von SPD und PDS. Während sie zu schmerzlichen Kompromissen mit der SPD gezwungen würden, könnte die PDS in der Oppositionsrolle von ihnen die konsequente Umsetzung des grünen Programms einfordern. Strategisch scheint es nur einen Ausweg aus diesem Dilemma zu geben: Die PDS durch Beteiligung an der Regierungsverantwortung zur Umsetzung ihrer Fundamentalalternativen zu zwingen. Das ist wiederum für viele Mitglieder von Bündnis 90/Die Grünen aus dem Ostteil der Stadt unvorstellbar, solange die PDS zum radikalen Bruch mit den alten Repressionsstrukturen nicht bereit ist. Nun hat aber gerade die Berliner PDS ihre strukturelle Stärke im Ostteil durch die staatstragenden Personen aus der DDR.

Diese Diskussion stellt den Berliner Landesverband wenige Jahre nach dem mühevollen Konfliktmanagement im Zusammengehen von Bürgerrechtlern (aus dem Ostteil) und West-Grünen (aus dem Westteil) vor eine Zerreißprobe. Obwohl aufgrund der Schnittmengen die drei Parteien der Massenarbeitslosigkeit und ihrer Folgeerscheinung Konzeptionen entgegenzusetzen haben, und auf der anderen Seite Bündnis 90/Die Grünen als Zentrum des Bündnisses in die komfortable Situation kommen würden, die Qualität bestimmen zu können, ist es im

Moment unvorstellbar, daß der Landesverband sich dazu entschließen könnte. Anders als im Magdeburger Modell ist hier klar, daß es in erster Linie nicht die Reform-PDS ist, mit der er sich in einer solchen Koalition auseinandersetzen müßte.

Auseinandersetzung in Bündnis 90/Die Grünen in Thüringen führte zum Wechsel von Vera Lengsfeld (früher Wollenberger) zur CDU

In Thüringen begriff die SPD, daß sie sich in noch einer Legislatur als Juniorpartner der CDU sich verschleißt und will sich deshalb der Zusammenarbeit mit der PDS öffnen. Sollten die Bündnisgrünen wieder den Sprung in den Landtag schaffen, hätten sie bei einer solchen Konstellation die Wahl zwischen der Oppositionsbank neben der CDU oder der Moderationsposition zwischen SPD und PDS. Auf dem kleinen Parteitag im November 1996 befanden die Delegierten deshalb über eine Klärung des Verhältnisses zur PDS, welches ihnen eine Zusammenarbeit ermöglichen könnte.

Als Reaktion darauf kündigte ihnen ihre Bundestagsabgeordnete Vera Lengsfeld (ehem. Wollenberger, bekannte Bürgerrechtlerin der Grünen Partei in der DDR) die Freundschaft und wechselte zusammen mit sechs ihrer Weggefährten, u. a. der SDP-Gründerin Angelika Barbe und dem ehemaligen Bündnis 90-Fraktionschef aus Brandenburg Günther Nooke, in die CDU über, mit der Begründung, nur noch dort verhindern zu können, daß der PDS eine Machtbeteiligung angeboten wird. Dieser Wechsel hat nicht nur große Enttäuschung selbst bei den engsten Freunden der Bürgerrechtler ausgelöst, sondern in die ostdeutsche Parteienlandschaft kräftigen Wirbel gebracht, der ihre Auswirkungen bis zur Bundestagswahl haben könnte.

In den betroffenen Parteien Bündnis 90/Die Grünen und SPD gewannen diejenigen Oberwasser, die schon immer für klare Abgrenzungserklärungen ihrer Parteien zur PDS drängten und die Angst verbreiteten, dem Beispiel könnten noch weitere ostdeutsche Mitglieder in populistischer Weise folgen, was nicht ohne Schaden an den jungen Ostverbänden vorübergehen würde. Die CDU hingegen kann nun mit Bürgerrechtlern in ihren Reihen ihr angeschlagenes Ost-Image aufbessern und damit im Osten vor allem im Wählerspektrum der Bündnisgrünen und der SPD grasen.

Die 'Erfurter Erklärung' und die PDS

Angesichts der zunehmenden Zerstörung des sozialen Konsenses in Deutschland forderten im Januar 1997 linke Intellektuelle in einer 'Erfurter Erklärung' die Parteien des linken Spektrums zu einem Bündnis für soziale Demokratie auf, um eine neue soziale Politik durchzusetzen, denn das Land sehnt sich nach einer anderen Politik. Sie schlossen dabei die PDS implizit mit ein.

Die Reaktionen, insbesondere von seiten der Bündnisgrünen, waren verheerend. Während der sächsische Bundestagsabgeordnete und parlamentarische Geschäftsführer der grünen Bundestags-Fraktion, Werner Schulz, ungehobelt die Unterzeichner der inhaltlich sehr bedeutenden Erklärung zu Steigbügelhaltern für die Machteroberung der PDS zeichnete, unterstützten Europaabgeordnete, einzelne Bundestagsabgeordnete, Landtagsabgeordnete aus NRW und Berlin, und Mitglieder verschiedener Landesvorstände sowie ein Mitglied des Bundesvorstandes die Unterzeichner in ihrem Anliegen. Die Bundestagsfraktion hingegen reagierte mit einer verfrühten Koalitionsaussage mit der SPD, worin sie für die Zusammenarbeit mit der PDS die Bedingungen für eine Erneuerung der Partei und eine Aufarbeitung ihrer historischen Schuld aus der SED-Nachfolge stellten (Wörlitzer Erklärung). Abgeordneten verschiedener Ebenen und Wortführern aus der Berliner Auseinandersetzung ging das noch nicht weit genug. Sie forderten vehement eine klare Absage an jegliche Zusammenarbeit mit der PDS und einen grundsätzlichen Parteibeschluß. Bundessprecher Trittin wiederum distanzierte sich von der Wörlitzer Erklärung, kritisierte voreilige Abgrenzungsbeschlüsse und stellte sich damit schützend vor das Magdeburger Modell und mögliche Modelle zukünftiger Zusammenarbeit mit der PDS unter verschiedenen Umständen auf Landesebene. Für die Bundesebene hoffte er jedoch, daß eine rot-grüne Mehrheit für den Regierungswechsel ausreicht und der Partei so diese Selbstzerfleischung beim Thema Zusammenarbeit mit der PDS erspart bleibt. Am nächsten Tag bekräftigte aber der Bundesvorstand in einem Beschluß die Wörlitzer Erklärung der Bundestagsfraktion: 'Eine Zusammenarbeit mit der PDS, sei es in Form einer Koalition oder in Form einer Tolerierung auf Bundesebene' wird ausgeschlossen.[5]

3. Das Dilemma der Linken:
Probleme der Positionsfindung von Bündnis 90/Die Grünen

Zwar steht die Mehrheit in den Bündnisgrünen hinter ihrem linken Konzept, welches allerdings in bezug auf die SPD und die PDS neu profiliert werden und an Unverwechselbarkeit gewinnen muß, aber gerade unter den ostdeutschen Bürgerrechtlern wird das linke Profil abgelehnt, weil sofort die Nähe zur PDS vermutet wird und sie damit den Konsens innerhalb der Partei zerstört sehen. Sie wollen eine Bündnisgrüne Partei, die sich nicht nach links einordnen läßt. Seit 1990 versuchen VertreterInnen des liberalen Flügels in den Bündnisgrünen, damals noch in getrennten Parteien (Bündnis 90 und Die Grünen), eine ökologische Bürgerrechtspartei zu gründen, die den Platz der FDP einnimmt, mit Themen wie ökologische Marktwirtschaft, Abbau staatlicher Regulierung und Verteidigung rechtsstaatlicher Prinzipien um jeden Preis. Die Attraktion läge in der wechselnden Mehrheitbeschaffung.

Da eine Parteineugründung jetzt nicht zeitgemäß ist, sehen die Linken in den Bündnisgrünen sich einer Debatte ausgesetzt, die das reformpolitische Profil soweit verwässern will, daß die Partei ein beliebter Regierungspartner bis in das konservative Lager wird und sich deutlich genug zur PDS abgrenzt. So steuern die Bündnisgrünen dahin, wohin SPD und CDU sie wollen, nämlich daß die neue Alt-Partei nicht dem Rechtsruck-Trend in Deutschland auszuscheren versucht und etwa durch neue rechnerische Allianzen der Motor für eine Gegensteuerung nach links zu werden droht.

Der Fakt, daß sich das Parteienspektrum in Ost und West so unterschiedlich strukturiert und die Konkurrenz für die Grünen durch die PDS besonders bei den jungen Wählerinnen spürbar zunimmt, geht die Diskussion über die Frage nach dem Inhalt des linken Etiketts innerhalb der Bündnisgrünen los. Kehren die Bündnisgrünen dem linken Profil den Rücken, verlieren sie weiter Wähler an die PDS. Können sie der PDS nicht im einzelnen nachweisen, wo ihre populären Forderungen unrealistisch sind, bekommen sie von ihr den Spiegel aus der eigenen 'Nur-Oppositionszeit' vorgehalten. Die Aufgabe der Bündnisgrünen ist es, mit der SPD und der PDS um die Qualität der Oppositionsrolle zu konkurrieren, und sie sollten dabei diejenigen sein, die den beiden anderen angesichts ihres Wachstumsfetischismus den Spiegel der

Grenzen des Wachstums vorhalten und so dem linken Reformprojekt den postmateriellen Stempel aufdrücken.

Der Crossover-Prozeß

Mit Crossover, einer gemeinsamen Initiative von drei Zeitschriften *SPW - Zeitschrift für Sozialistische Politik und Wirtschaft, Andere Zeiten* und *Utopie kreativ* versuchen unterschiedliche politische Kräfte aus SPD, Bündnis 90/Die Grünen und PDS ein Forum für einen Dialog zu entwickeln. Es geht dabei darum, die widerspruchsvolle Geschichte der Linken in Ost und West kritisch zu reflektieren, Gemeinsamkeiten auszuloten und auseinanderdivergierende Positionen produktiv zu verarbeiten.

Probleme wie die Entpolitisierung von Politik als strategischer Kern eines neuen Konservatismus, der die bestehende Macht- und Reichtumsverteilung bewahren möchte, obwohl sie die Spaltung der Gesellschaft weiter vorantreibt, sollen die linken Reformkräfte aus der Schmollecke herauslocken. Debatten um den Zusammenhalt von der alternativen Ökobewegung, um die Zukunft des Sozialstaates, um die Entwicklung nationaler und transnationaler Spielräume angesichts des 'Monsters Weltmarkt' sollen der Wiederherstellung einer politischen Öffentlichkeit dienen. Auf der letzten Tagung im Frühjahr dieses Jahres ging es um die Frage, wie angesichts der Massenarbeitslosigkeit ein grundlegender Richtungswechsel eingeleitet werden kann, um eine Politik der Vollbeschäftigung, der Erneuerung des Sozialstaates und der ökologisch nachhaltigen Wirtschaftsweise in Angriff zu nehmen.

Crossover nahm die Initiative der Erfurter Erklärung auf, bestehende Blockaden für die politischen Handlungsweisen zu durchbrechen und will oppositionelle Diskussionsprozesse in Deutschland zusammenführen, um Gestaltungsperspektiven für eine neue Politik einzuleiten.

4. Ausblick:

Beginnen wir mit dem letzten:

- Der Crossoverprozeß ist zwar eine Hoffnung, die bestehenden Blockaden im linken Lager zu durchbrechen; innerhalb der drei Parteien des linken Spektrums führt er aber noch ein Nischendasein.
- Nach dem Stand der Diskussion zu urteilen, werden die Bündnisgrünen auch in den kommenden Wahlen (1998/1999) die

Zusammenarbeit mit der PDS an Forderungen ihrer Aufarbeitung der DDR-Vergangenheit knüpfen. Es ist nicht zu erwarten, daß insbesondere die Ostmitglieder aus ihrer Opferperspektive heraus erste Schritte der gesellschaftlichen Versöhnung gehen.

- Wäre die SPD bei einer rechnerischen Mehrheit des linken Spektrums bereit, mit der PDS Koalitionsgespräche zu führen, würden die Bündnisgrünen darauf drängen, dabei zu sein; das gilt für Bundes- und Landesebene. Würden sie sich dabei auf die Tolerierungsvariante einlassen, würde das vor allem ihnen Nachteile bringen. Die Perspektive des Politikwechsels würde in so einem Fall die ernsthaften Vorbehalte gegenüber der PDS beiseite schieben. Die notwendige postmoderne Qualität einer solchen Zusammenarbeit kann aber nur von Bündnis 90/Die Grünen ausgehen.
- Würden die Bündnisgrünen versuchen, ihre Zukunft in der gesellschaftlichen Mitte zu suchen, überließen sie der PDS konkurrenzlos das gesamte linke Wählerspektrum und würden so einen entscheidenden Beitrag zu ihrer Stärkung im Osten und Westen leisten. Die ostgrünen Landesverbände würden in die Bedeutungslosigkeit verschwinden, während die PDS ihren Platz der progressiven gesellschaftlichen Kraft einnimmt.
- Es gibt keinen Anlaß, zu vermuten, daß die PDS angesichts ihrer strukturellen Stärke, ihrer tiefen sozialen Verwurzelung als Milieupartei im Osten aus der bundesdeutschen Parteienlandschaft wieder verschwindet. Auch wenn sie keine wirkliche Bereicherung der politischen Parteienlandschaft darstellt, ist sie eine Herausforderung an die Bündnisgrünen, sich nicht weiter im Trend angeblicher Sachzwänge zu verlieren, sondern die eigene Profilierung als postmaterialistische Reformpartei voranzutreiben und die Mobilisierungs- und Durchsetzungsfähigkeit zu qualifizieren, mit dem Ziel, den Reformdruck zu erhöhen. Leider wird dies in den Bündnisgrünen selbst zu wenig begriffen.
- Die Bündnisgrünen stehen sowohl auf Landesebene als auch auf Bundesebene vor den Wahlen in der Frage der Zusammenarbeit zur PDS noch vor einer Zerreißprobe.

Anmerkungen

1 Gregor Gysi, 'Wir kämpfen für die DDR, für soziale Sicherheit, für Stabilität und Frieden', *Neues Deutschland,* 18. Dezember 1989.

2   Vgl. 'Arbeitspapier zur Tagung "Ökologischer Umbau der Gesellschaft" der PDS
     Brandenburg am 14. Juni 1997', Pkt.26, in: *Utopie Kreativ*, 79 (Mai 1997), 46.

3   Vgl. 'Ideologischer Schießbefehl', *Spiegel*', 36 (1. September 1997), S. 34-8.

4   Marianne Birthler, 'Eine (n)ostalgische Selbsthilfegruppe', *Schrägstrich* , 6/94, 18.

5   Vorstandsbeschluß von Bündnis 90/Die Grünen vom 14. Januar 1997.

Günter Minnerup

THE PDS AND THE STRATEGIC DILEMMAS OF THE GERMAN LEFT

The nearer the date of the 1998 federal election, the more any discussion of the future of the PDS is going to be drawn into speculation on whether or not the party will be represented again in the next Bundestag. As I am not going to address issues of electoral arithmetic explicitly in this paper, I should make clear that much of what follows will be affected by the outcome of the elections: the pressure to withdraw from nationwide political competition with the other parties of the Left, and retreat into regionalism—as discussed further below—would certainly become much greater if the PDS failed to either achieve the required 5% of the vote or to win three constituencies. The perspectives on which this paper is based therefore not only assume that the PDS will continue to be a factor on the national political stage, including the Bundestag, but indeed imply a preference for such a result this year. This is in contrast to most of the existing literature on the PDS, and the journalism covering its activities, which are overwhelmingly hostile to the party, treating it as some kind of alien intruder into parliamentary politics, the anachronistic relic of a Soviet-imposed dictatorial regime with no long-term future in the German body politic once the initial difficulties of unification have been successfully overcome. My own approach is not only sympathetic to the PDS—though not uncritically so—but also allows for a very important long-term role of the PDS in the evolution of the German Left as the heir to the Marxist-communist tradition in Germany—hence as an organic part of German politics rather than as an alien implant—even if this role may at some point involve the dissolution of the PDS, as it is constituted today, into some party-political realignment of the German Left.

The German Left as a whole is undoubtedly in a crisis of identity and purpose that pervades all three of its principal components—the SPD, the Greens and the PDS. The differences between them are, primarily, defined by the principal clientèles which they serve and address: in the case of the SPD, the trade-unionised blue and white-collar workers, in the case of the Greens, an educated and (generally) well-paid urban intelligentsia shaped by the revolt of 1968 and the subsequent feminist and ecological 'new social movements', and in the case of the

PDS those East Germans who built their lives and careers around the realities of 'actually existing socialism' and therefore do not regard the incorporation of the former GDR into the capitalist Federal Republic as an unqualified blessing. In terms of political and social issues, however, the lines of demarcation between the three are fluid and blurred: on almost every important issue today, there are currents in the SPD, Greens and PDS which have more in common with each other than with their own respective political parties. This very post-modern patchwork quilt of policies and positions that cut across party lines might be seen as a sign of strength and healthy diversity were it not overlaid by the loss of the unifying 'grand narratives' of capitalism and socialism that used to inform the Left's confidence in its own mission and a better society of the future. With the welfare state under constant attack from capitalist globalisation and the 'socialist world' nothing but a bad memory, the anti-capitalist Left appears to be in a historic retreat, defeated and demoralised, full of self-doubt about its historic role and, in some quarters, inclined to agree with its liberal and conservative critics that to resist market forces is to deny human nature. To quote a historian of European socialism, by the 1980s 'socialists looked like an army which, though once powerful, was now everywhere in retreat, demoralised, anxious to regroup around a few ideas which it sought, unconvincingly, to defend, while accepting that much of what it had supported in the past should be discarded.'[1]

Yet, in purely electoral terms, the Left as a whole seems in surprisingly good health. In the last Bundestag elections, the combined vote for the SPD, Greens and PDS was higher than it has been for any combination of left-wing parties at any previous point in German history. It is a fair bet that the combined total for the three parties in the forthcoming federal elections of 1998 will be close to, and perhaps even above, the 50% mark. We therefore have the strange historical paradox that, just as the intellectual self-confidence and programmatic cohesion of the Left reaches its lowest point, an ever widening social base of support is apparently propelling it towards power.

The 'strategic dilemmas' referred to in the title of this paper stem from this paradox. What, given its intellectual disarray, is the Left going to do with any power that comes its way? Although it is not likely to be involved in any government majority in the near future—at least not at the federal level—the presence of the PDS in the spectrum of the German

Left will in itself have an important impact on the answers given to that question: as a competitor of the SPD and the Greens, it exerts pressure on these parties and its positions will fundamentally affect the political culture and the parameters of programmatic discourse on the German Left as a whole.

A 'long-wave' model of the anti-capitalist Left

The PDS, of course, represents the wreckage of Stalinism, one of the two failed models of the classic anti-capitalist Left—the other one being the capitalist welfare state based on what we now know were historically unique conditions of rapid and continuous growth. The collapse of the one and the evident crisis of the other may seem to be at the heart of the current programmatic disarray of the Left, but closer inspection soon reveals that the decline of Social Democracy and Stalinism goes back far beyond the events of the last decade. Any assessment of the place of the PDS as the heir to the Stalinist-Communist tradition in today's Left must take a longer-term view of what has happened to the anti-capitalist labour movement.

To do this, it may be helpful to borrow from economic theory the concept of 'long waves'. According to this model, usually associated with the Russian economist Kondratieff, economic development is not just a question of short-term business cycles but underlying long-wave patterns of prosperity, usually explained in terms of major technological innovations and the investment patterns that result from these. In analogy with this, I would like to introduce the heuristic concept of 'long waves' in the history of left-wing politics. The starting point of this concept is that political parties and movements are not disembodied programmes and organisational structures but consist of real people, with real aspirations and memories sustained under particular living conditions. Such aspirations and memories are passed on between generations, but they can also fade or be reinterpreted under changing conditions. When that happens, the original organisational structures of political parties and movements may change their relationship with the people who sustain them or gradually become empty shells.

The first of such long waves began in the late nineteenth century, on the back of industrialisation and the emergence of an independent working-class politics, reached its greatest strength immediately before and after the First World War, was broken on the rocks of Stalinism, fascism and World War between 1925 and 1945, and then slowly fizzled out in the calm waters of the unprecedented post-war economic boom. It was informed, explicitly or implicitly, by the Marxist theory of class struggle and rooted in the close-knit milieux of the working-class neighbourhoods, constituting a 'subculture' more or less consciously and proudly counterposed to bourgeois culture. Although it split, around the First World War and the Russian Revolution, into two distinct wings, a reformist (social democratic) and a revolutionary (communist) one, these two wings remained closely related to one another like estranged twins until the post-1945 Cold War placed them into direct world-political antagonism, above all in a divided Germany where the social-democratic and communist branches of the old labour movement became pillars of the two mutually antagonistic German states. The post-war social-democratic and communist parties were mere shadows of their former selves: their politics reflected their respective loyalties in the Cold War rather than their social-revolutionary origins, and their working-class supporters were increasingly reconciled to a capitalism that now seemed to offer sustained prosperity, full employment and steadily rising living standards.

The capitalist system which the 'first wave' labour movement set out to overcome had not fundamentally changed, however. The long post-war boom and the 'communism versus freedom' confrontation of the Cold War may have temporarily—for almost half a century!—masked the underlying class antagonism and blunted its political edge, but the end of the boom and the subsequent neo-liberal offensive have revealed the social-democratic assumption of a peaceful and prosperous coexistence between the classes as illusory. With mass unemployment almost back to the levels of the inter-war years and still rising, with falling living standards and growing insecurity even for those in work, and the gradual dismantling of the welfare state and public sector, the class struggle of old is reasserting itself with a vengeance. If this analysis is indeed correct, then there is every reason to assume that a 'second long wave' of social radicalisation is in the making. However, precisely because it is the second wave, it cannot be built on virgin political territory like the first wave but must develop out of, and in partial opposition to, what remains of the achievements and failures of the first wave.

This 'second long wave' differs from the first one in that, while the first one was built on the industrialisation of European society and hence the blue-collar proletariat, the second coincides with its accelerated de-industrialisation. The demise of the industries which underpinned the first wave of socialist radicalism — coalmining, shipbuilding, printing, engineering etc. — has been accompanied by the 'proletarianisation' of entire layers of society which used to consider themselves 'middle class' but have gradually, over the last two or three decades, joined trade unions and shifted their political allegiances to the left. A far larger percentage of the population are now wage earners, economically dependent on selling their labour to an employer, than in the immediate post-war period. It was this development that underpinned what was referred to in the 1960s as 'Comrade Trend', i.e. the seemingly inexorable growth in electoral support for the SPD and trade-union membership, and it is its continuation until the present day that explains the paradoxical phenomenon referred to earlier: that the decline of the Left's confidence in its traditional beliefs and strengths should coincide with an unprecedented expansion of its electoral support. The Left is no longer securely rooted in the traditional milieu of the declining 'blue-collar' working class, but on the other hand it is also no longer confined to what used to be its '30% ghetto'.

These layers of well-educated white-collar workers today dominate the parties of the Left and the trade unions. Their commitment to the programmatic traditions of the socialist labour movement has never been as deep as that of the 'traditionalists' rooted in the older blue-collar milieu, and their impact on the politics of the Left was initially to favour programmatic 'modernisation' and a shift to the right. Yet to the extent that they also tend to be employed in the public sector or in other ways dependent on it, they are particularly vulnerable to the neo-liberal attack on the state and public services, and have proved themselves capable of considerable militancy in defending their interests. It is important to remember that Germany is in many respects behind other European countries in these modern trends: traditional manufacturing industries are relatively stronger than in Britain or France, for example, and public expenditure cuts, deregulation and privatisation are only just beginning to bite. But the neo-liberal campaign to make Germany fit for 'globalisation' is gathering pace, and so will the resistance to it from the trade unions and the left.

The greatest weakness of the Left in the face of the neo-liberal onslaught, however, is the extent to which it has itself already absorbed the ideology of the market. The SPD, by far its largest component, is deeply divided over its response to the historic change in the macro-economic climate since the 1970s, as the current battle for the leadership between the 'traditionalist' Lafontaine and the 'moderniser' Schröder shows. Even the traditionalist social-democratic Left, however, has largely abandoned the principled anti-capitalist positions which would enable it to offer more than a reactive and pragmatically defensive response to the increasingly ruthless pursuit of the class struggle 'from above'. The Greens, as the (in electoral terms) second largest component of the Left, may trace their origins back to the anti-capitalist radicalism of the 1968 student revolt, but are now led by an eco-liberal 'Realo' group around Joschka Fischer.

It is against this background that the PDS could play a crucial role in the 'ideological rearmament' and regroupment of the German Left. For alone among the German Left, the PDS retains what both the SPD and the Greens have lost: an organic link with the tradition of Marxist anti-capitalism. To be sure, this link is mediated through the failed and discredited Stalinist regime of the GDR, as well as an ossified 'Marxism-Leninism' with its 'herrschaftswissenschaftliche' platitudes. But deformed as it may be, it is nevertheless real: the overwhelming majority of PDS members, and a large part of its voters, remain committed to the vision of a society beyond capitalism in a way which the members and voters of the SPD and Greens do not. From this point of view then, the 'GDR nostalgia' and 'ideological baggage of the past'—as its critics somewhat condescendingly call it—can therefore be seen not only as a liability but also as the unique asset which the PDS brings into the German Left. If the 'long waves' in the history of mass movements are about the aspirations and memories of real people passed down through the generations, the PDS may turn out to be the principal route by which what remains of the German Marxist tradition is reinserted into the new generation of the German Left.

The PDS and the problem of the past

The PDS's own relationship with its Marxist roots and traditions is not, of course, unproblematic. The party programme of 1993 speaks rather coyly of a democratic socialism which is 'an keine bestimmte Weltanschauung, Ideologie oder Religion gebunden'; its general tenor is clearly Marxist, though more reminiscent of the SPD programmes of the Wilhelmine and

Weimar periods than of the those of the SED. In practice, however, the programmatic orientation of the PDS has been hotly disputed territory between a colourful array of factions and currents—'Revolutionäre stehen gegen Reformer, Libertäre gegen Dogmatiker, Fundamentalisten gegen Pragmatiker, Progressiv-Selbstbewegte gegen Wertkonservative'[2]—so that a global characterisation of the PDS as Marxist would clearly be misleading. But while a certain divergence between programme and practice is nothing new for mass parties in the socialist tradition, the difficulties of programmatic clarification in the PDS have a very specific source in the common identification of Marxism with the SED/GDR. This works both ways, of course: for those who remain 'nostalgic' for the old regime as well as those who wish to distance themselves sharply, and the party, from the past. In addition, much of the outside pressure on the PDS is, of course, aimed precisely at making the party jettison not only the legacy of Stalinism but, along with it, all 'extremism' of the Left.

One of the key issues in this context is that of the existence and activities of the 'Communist Platform' (Kommunistische Plattform, usually referred to as the KPF) within the PDS. Founded in December 1989, the KPF sees itself in opposition to what it considers the 'rightist', 'social-democratic' direction taken by the party under the leadership of Gysi, Brie and Bisky. Among its leading supporters are clearly some unreconstructed Stalinists but its chief spokespeople like Sahra Wagenknecht, Ellen Brombacher and—in particular—Michael Benjamin have also, on occasion, stressed the need for a critical balance sheet of the past and distanced themselves from those who unconditionally defend the record of the SED regime. It is by no means the only Marxist voice in the party, but in the KPF Marxism and Stalinism are particularly difficult to disentangle.

There is enormous pressure on the PDS leadership to cleanse the party of the KPF, to which it responds by attempting to marginalise the KPF and render it as invisible as possible without actually expelling it. The liberal press and, in particular, the Social Democrats and Greens as potential allies and collaborators of the PDS have made the KPF the litmus test of the acceptability—'Politikfähigkeit'—of the PDS. There can be little doubt that some in the PDS leadership would like to give in to this pressure, among them André Brie who wants to 'make the PDS uninhabitable (unerträglich) for the post-Stalinists'. If other leaders such as Gysi and Bisky have resisted this pressure, it is because they are aware that the KPF expresses the sentiments of a large section of the party rank-and-file, 90% of whom joined the SED in the GDR, and that an administrative expulsion of the KPF would run the risk of driving out members and activists—even alienating voters—which the PDS can ill afford to lose.

The KPF may have dwindling support among the membership of the PDS—from 25,000 in 1990 to below 10,000 in 1991, less than 5,000 in 1993 and probably much less than that now[3]—but its refusal to condemn the GDR past globally undoubtedly reflects an attitude that is widespread among the party rank-and-file. Getting rid of the KPF would therefore be a mere cosmetic exercise that could not, in itself, answer the as yet unanswered questions about the past. The PDS has condemned Stalinism, it has made symbolic declarations and gestures, but it has not as yet produced a coherent and systematic balance sheet of its communist past. Such a balance sheet is not an academic exercise that can safely be left to an Historical Commission but must have a direct bearing on the ideological self-definition of the party:

> Die Zeit ist reif, für Deutschland Gesellschaftsmodelle zu entwickeln, welche das positive Erbe des frühen Sozialismus ebenso verarbeiten wie sein Scheitern und die Anforderungen des heutigen Tages. Man wird dabei unbefangen sowohl Fragen zu diskutieren haben, die heute in der PDS schon wieder Tabu geworden sind, wie etwa Arbeiterklasse, Macht, Staat, Verstaatlichung, Planung, als auch solche wie Demokratie, Parteienpluralismus, persönliche Freiheit, Rechtsstaat, die mancher orthodoxe Marxist nicht gern hört.[4]

The demand articulated here by a leading spokesman of the KPF, Michael Benjamin, for a clarification of what exactly was wrong with the GDR and what model of society the PDS advocates today is one that the party leadership will not be able to resist forever, with or without the KPF.

Two Options for the PDS: Regionalism or the politics of the Left

Since 1992, when the electoral decline of the PDS was reversed and the party began to increase its share of the vote in the five 'Neue Länder', and then re-entered the Bundestag in 1994, attitudes towards it have begun to change. Where Western social scientists, journalists and the leaderships of the other political parties (especially, of course, its main competitor the SPD) had initially hoped that the successor to the SED would quickly fade away, it now became evident that the PDS was not only capable of holding on to its support but actually to expand it to the point where its average vote in Eastern Germany has almost doubled in four years. This reality being so obviously inconsistent with a view of the PDS as a dwindling band of incorrigible Stalinists and their nostalgic hangers-on, its critics changed tack from the projection of its imminent demise to a new strategy of geographical containment. 'Regionalism' became the new formula, with the success of the PDS explained in terms of the continuing alienation of the Ossis from the Wessis. Some political scientists even began to see something positive in a party that could do what no other was capable of: to articulate the lingering dissatisfaction of the Ossis and, by channelling it into parliamentary politics, perform the crucial service to the political system as a whole of integrating those who saw themselves as losers of unification into the federal political culture.[5]

A similar line of argument has been put forward recently by SPD leaders such as Wolfgang Thierse who, while accepting that the PDS has become a major and stable force in the regional politics of the East German Länder, has suggested that, as a 'regional party', it should confine itself to Länder politics and cease to compete with the SPD and the Greens at the federal level:

Fangen wir also an, mit der PDS auch über den Anspruch zu streiten, sie sei die berufene Interessenvertreterin der Ostdeutschen und eine berechenbare linke Kraft. Wäre sie letzteres wirklich, dann würde sie 1998 Verantwortung zeigen, sich als Regionalpartei, die sie nun mal ist, auf die Landtagswahlkämpfe in Ostdeutschland konzentrieren und bei den Bundestagswahlen zur Wahl von SPD und Grünen aufrufen—als einzig realisierbare Chance zur überfälligen Ablösung der Regierung Kohl. Aber sie wird diese Verantwortung nicht aufbringen.[6]

Such a perspective clearly also appealed increasingly to layers of the PDS itself, in particular those most deeply immersed in town hall politics where the broader programmatic dimensions of burning local issues are not always immediately obvious and where pragmatic alliances and collaboration with social-democratic and even liberal and conservative activists are common. PDS councillors and mayors are finding themselves locked into bureaucratic-administrative and legal 'Sachzwänge' and, in their pragmatic desire to do their best for their constituents, often find the radical attitudes of the party's left and the programmatic debates of the intellectuals irritating and counter-productive. Seeing themselves as the voice of the East, these local and regional politicians have little interest in diverting party resources into, as they see it, futile attempts to build PDS branches in the old Länder, and are impatient to translate growing electoral strength in the East into political influence and office. Coalitions with the SPD are seen as the principal road forward, and dispensing with the KPF, Western leftists and radical socialist rhetoric as a small price to pay for the 'Politik- und Regierungsfähigkeit' of the PDS in the new Länder. Such currents found their most explicit and public articulation so far in the so-called 'Letter from Saxony' of 7 May 1996, in which local PDS leaders in Dresden, Christine Ostrowsky and Ronald Wessecker, called attempts to build the PDS in the old Länder 'a failure' and suggested that sympathisers in the West should join parties 'with which the (...) PDS can cooperate at federal level'.[7] They further demanded that the interests of small businesses should be placed at the centre of the party's economic policy and that outdated distinctions between 'left' and 'right' be abandoned along with notions of anti-capitalism and class struggle.

It cannot be denied that such an orientation towards the representation of regional interests would give the PDS considerable scope for consolidating its political position in the territory of the former GDR and therefore ensure its survival for many years to come. It is even conceivable that it might, if it follows this route, come to a stable working arrangement with the SPD that would eventually establish the PDS as the 'SPD's CSU' or even lead to an eventual fusion in which the former PDS cadres would dominate locally. But it would also be the end of the PDS as a distinctive force on the German left other than as regionally distinctive, and the necessary programmatic corollary of such a course would be the rapid adaptation to social democracy.

Conclusion
In this paper, I have tried to place the potential role of the PDS on the German left in a historical context and discussed two aspects of considerable controversy inside the PDS—the Communist Platform and the pressures to abandon nationwide left politics in favour of regionalism—which cast some doubt on the ability of the PDS to fulfil its potential as a catalyst of the consciously anti-capitalist, Marxist wing of the German Left. The case of the KPF illustrates the difficulties of extricating Marxism from its entanglement with the 'Marxism-Leninism' of the former SED regime: not only do supporters of the KPF find it difficult to distinguish between the two, but also its opponents. The case demonstrates the dangers of an administrative solution to the need for the PDS to distance itself from its past as wholesale expulsions of groups like the KPF would not only tilt the balance within the party towards its

social-democratisation but also militate against a proper critical engagement with the Stalinist past.

The 'regionalist' problem is a result of the history of the PDS and the resulting lop-sidedness of its electoral and membership strength. A politically distinctive contribution by the PDS to the development of the German Left, however, can only be that of a nationwide party to the left of the SPD and the Greens. It is inevitable, of course, that the membership and electoral support of the PDS will, in the foreseeable future, be heavily concentrated in the East. An overnight electoral breakthrough in the old Länder is unlikely, although it should be remembered that, in terms of achieving the 5% required for representation in the Bundestag, one percentage point in the West is the rough equivalent of 4% in the East. To maintain even a minimal independent presence in the West, however, the PDS cannot define itself as a representative of purely regional interests but must develop its ideological and programmatic critique of the SPD and the Greens. To simply plagiarise the more progressive demands and slogans of the SPD and the Greens, as the party has tended to do since 1990, will not suffice in the long term even if it offers the opportunity to denounce the compromises and betrayals of the rival parties and present the PDS as the only reliable advocate of such progressive policies. For no political party can exist as a separate entity in the long run and bind activists to its cause unless it also offers a distinctive and comprehensive philosophy of its own: and in the case of the PDS, given its historical roots and present programmatical orientation, it is hard to see how that philosophy could be any other than some form of Marxism.

This Marxism could not, of course, be the 'Marxism-Leninism' that served as the ideological legitimation of the regime of the historical predecessor of the PDS, the SED—even the Communist Platform (or at least parts of it) knows that. The fact that it was this kind of Marxism that the membership and activists of the SED were steeped in and have internalised represents a considerable obstacle to the development of the PDS into a modern, democratic-socialist party. But it also represents an asset, at least when compared to the uncritical acceptance of capitalism that characterises the overwhelming majority of the members and activists of the SPD and the Greens today.

Notes

1   Donald Sassoon, *One Hundred Years of Socialism. The West European Left in the Twentieth Century*, London 1997, p. 649.

2   Gero Neugebauer and Richard Stöss, *Die PDS. Geschichte. Organisation. Wähler. Konkurrenten*, Opladen 1996, p. 114.

3   Ibid., p. 134.

4   Michael Benjamin, 'DDR-Identität und PDS', in: Lothar Bisky, Jochen Czerny et al (eds), *Die PDS—Herkunft und Selbstverständnis*, Berlin 1996, p. 230.

5   For a critical overview of recent literature on the PDS from such a position see: Sigrid Koch-Baumgarten, 'Postkommunisten im Spagat. Zur Funktion der PDS im Parteiensystem', in: *Deutschland Archiv*, 6 (1997), 864-878.

6   Speech at the Regionalkonferenz Ost of the SPD in Berlin, 21 March 1997. Quoted from the SPD's World Wide Web site at: http://www.spd.de/archiv/Par19970321_83.html.

7   Quoted from: Martin Behrend, '"Partei des Demokratischen Sozialismus"— Traditionen, Organisation, Strömungen und Strategievorstellungen', published on the World Wide Web by the Glasnost Informations- und Dokumentationssystem Berlin, August 1996, http://www.glasnost.de/autoren/behrend/sedpds.html.

Notes on the Contributors

Peter Barker teaches German Studies at the University of Reading. His major research interests are the political history of the GDR and the Sorbian minority in Lusatia. He is currently working on a book on GDR policy towards the Sorbs.

Jens Bastian is a lecturer in the political economy of transition at the London School of Economics, European Institute. His main research fields are constitutional reform, administrative modernisation and banking sector restructuring in Central and Eastern Europe. He has published various articles about the development of the PDS in Germany.

Beatrice Harper is at present conducting research on Bündnis 90/Die Grünen in Brandenburg for a Ph.D at the University of the West of England.

Nicholas Hubble is completing a Ph.D. at the Institute for German Studies, University of Birmingham, on the transformation of political culture in eastern Germany from GDR times to the present day.

Dieter Klein was from 1965 Professor of Economics at the Humboldt University in Berlin and from 1978 Pro-Rector for Social Sciences. He was one of the main theoreticians of the reformist group, 'Dritter Weg', within the SED and was active as a reformer in the early stages of the PDS. In 1991 he was reappointed as a professor at the Humboldt and has published widely on economics and political theory. Since January 1997 he has been a member of the Bundesvorstand of the PDS.

Henry Krisch is Professor of Political Science at the University of Connecticut, Storrs. He is the author of *German Politics under Soviet Occupation* (1974) and *The German Democratic Republic* (1985). He is currently working on the relationship between political culture and political change, particularly within the SED.

Günter Minnerup teaches German politics and history in the Department of German Studies at the University of Birmingham and is the co-editor of the journal *Debatte*.

Patrick Moreau studied philosophy and history at the Sorbonne and completed doctoral and post-doctoral theses on extremist groups and parties in Germany. He has published widely on political extremism, including numerous publications on the PDS: for example, *Die PDS. Anatomie einer postkommunistischer Partei*, 1992; with Jürgen Lang, *Was will die PDS?* (1994), and *Linksextremismus. Eine unterschätzte Gefahr* (1996).

Oskar Niedermayer has been Professor of Political Science at the Freie Universität Berlin since 1993 . He has written extensively and edited a number of volumes on party systems in Germany and Europe.

Lothar Probst is currently Director of the 'Institut für kulturwissenschaftliche Deutschlandstudien' at the University of Bremen. He studied history and politics at the universities of Bielefeld and Bremen. His main areas of research are political culture in Germany and parties and social movements, on which he has published widely.

Klaus-Jürgen Scherer is currently Director of the 'Wissenschaftsforum der Sozialdemokratie' in Berlin. He studied Politics at the Freie Universität Berlin and has published on party democracy and new social movements.

Elisabeth Schroedter was originally a member of the 'Grüne Partei der DDR'. She now represents Brandenburg in the European Parliament for Bündnis 90/Die Grünen.

BERTOLT BRECHT
Centenary Essays

Ed. by Steve Giles and Rodney Livingstone

Amsterdam/Atlanta, GA 1998. IX,260 pp.
(German Monitor 41)
ISBN: 90-420-0319-7   Bound Hfl. 135,-/US-$ 70.50
ISBN: 90-420-0309-X   Paper Hfl. 40,-/US-$ 21.-

The publication of this volume of essays marks the centenary of the birth of Bertolt Brecht on 10 February 1898. The essays were commissioned from scholars and critics around the world, and cover six main areas: recent biographical controversies; neglected theoretical writings; the semiotics of Brechtian theatre; new readings of classic texts; Brecht's role and reception in the GDR; and contemporary appropriations of Brecht's work. This volume will be essential reading for all those interested in twentieth century theatre, modern German studies, and the contemporary reassessment of post-war culture in the wake of German unification and the collapse of Stalinist communism in Central and Eastern Europe.

The essays in this volume also address a variety of general questions, concerning - for example -   authorship and textuality; the nature of Brecht's Marxism in relation to his understanding of modernity, science and Enlightenment reason; Marxist aesthetics; radical cultural politics; and feminist performance theory.

Editions Rodopi B.V.

USA/Canada: 2015 South Park Place, Atlanta, GA 30339, Tel. (770) 933-0027, *Call toll-free* (U.S.only) 1-800-225-3998, Fax (770) 933-9644

All Other Countries: Keizersgracht 302-304, 1016 EX Amsterdam, The Netherlands. Tel. + + 31 (0)20 6227507, Fax + + 31 (0)20 6380948

E-mail: orders-queries@rodopi.nl —— http://www.rodopi.nl

MANIFESTE: INTENTIONALITÄT

Hrsg. von Hubert van den Berg und Ralf Grüttemeier

Amsterdam/Atlanta, GA 1998. 392 pp.
(Avant-Garde Critical Studies 11)
ISBN: 90-420-0328-6   Bound Hfl. 160.-/US-$ 84.-
ISBN: 90-420-0318-9   Paper Hfl. 55,-/US-$ 28.50

Dem hier präsentierten Band liegt die These zugrunde, daß die Anfänge der Praxis, kunstprogrammatische Texte als Manifest zu bezeichnen, und die anschließende Hochkonjunktur in der avantgardistischen Nomenklatur vor dem Hintergrund der problematisch gewordenen Intentionalität im Dreieck Künstler, Kunstwerk und Publikum gesehen werden muß. Den Beleg dafür tritt der vorliegende Band von drei Ansätzen aus an: Interpretation, Funktionalität und Strategie.

Dabei wird ein Korpus aus verschiedenen Kunstsparten behandelt, das von literarischen Deklarationen der russischen Moderne ab 1893 bis zu postmodernen Manifesten reicht, mit einem besonderen Schwerpunkt auf den Manifesten der historischen Avantgarde. Damit ist das vorliegende Buch auch als ein Beitrag zur Historiographie der Bezeichnung von Texten der Avantgarde als Manifeste, der Rolle von Manifesten in der Avantgarde und letztlich auch der Textproduktion der Avantgarde insgesamt zu verstehen.

Editions Rodopi B.V.

USA/Canada: 2015 South Park Place, Atlanta, GA 30339, Tel. (770) 933-0027, *Call toll-free* (U.S.only) 1-800-225-3998, Fax (770) 933-9644

All Other Countries: Keizersgracht 302-304, 1016 EX Amsterdam, The Netherlands. Tel. ++ 31 (0)20 6227507, Fax ++ 31 (0)20 6380948

E-mail: orders-queries@rodopi.nl —— http://www.rodopi.nl

CRITICISM AND DEFENSE OF RATIONALITY IN CONTEMPORARY PHILOSOPHY

Ed. by Dane R. Gordon and Józef Niznik

Amsterdam/Atlanta, GA 1998. VI,142 pp.
(Value Inquiry Book Series 65)
ISBN: 90-420-0368-5   Hfl. 50,-/US-$ 26.-

This book engages in critical discussion of the role of reason and rationality in philosophy, the human mind, ethics, science, and the social sciences. Philosophers from Poland, Germany, and the United States examine reason in the light of emotion, doubt, absolutes, implementation, and interpretation. They throw new light on old values.

Post-Communist European Thought (PCET) presents the range and strength of philosophy as practiced in the formerly communist countries of Europe.

Editions Rodopi B.V.

USA/Canada: 2015 South Park Place, Atlanta, GA 30339, Tel. (770) 933-0027, *Call toll-free* (U.S.only) 1-800-225-3998, Fax (770) 933-9644

All Other Countries: Keizersgracht 302-304, 1016 EX Amsterdam, The Netherlands. Tel. + + 31 (0)20 6227507, Fax + + 31 (0)20 6380948

E-mail: orders-queries@rodopi.nl —— http://www.rodopi.nl

PHILOSOPHY IN POST-COMMUNIST EUROPE

Ed. by Dane R. Gordon

Amsterdam/Atlanta, GA 1998. XI,153 pp.
(Value Inquiry Book Series 64)
ISBN: 90-420-0358-8   Hfl. 50,-/US-$ 26.-

This book explores the richness of contemporary philosophical reflection in Eastern and Central Europe. Philosophers from Poland, Russia, the Czech Republic, and the United States discuss the status of democracy, nationalism, language, economics, education, women, and philosophy itself in the aftermath of communism. Fresh ideas are combined with renewed traditions as poignant problems are confronted.

Post-Communist European Thought (PCET) presents the range and strength of philosophy as practiced in the formerly communist countries of Europe.

Editions Rodopi B.V.

USA/Canada: 2015 South Park Place, Atlanta, GA 30339, Tel. (770) 933-0027, *Call toll-free* (U.S.only) 1-800-225-3998, Fax (770) 933-9644

All Other Countries: Keizersgracht 302-304, 1016 EX Amsterdam, The Netherlands. Tel. ++ 31 (0)20 6227507, Fax ++ 31 (0)20 6380948

E-mail: orders-queries@rodopi.nl — http://www.rodopi.nl

FLIESSENDE ÜBERGÄNGE

Historische und theoretische Studien zu Musik und Literatur

Hrsg. von Hans Ester in Zusammenarbeit mit Etty Mulder

Amsterdam/Atlanta, GA 1997. 308 pp.
(Duitse Kroniek 47)
ISBN: 90-420-0308-1   Bound Hfl. 150,-/US-$ 78.50
ISBN: 90-420-0298-0   Paper Hfl. 45,-/US-$ 23.50

Während des zwanzigsten Jahrhunderts sucht die Musikwissenschaft das Gespräch mit anderen Kunstwissenschaften, etwa mit der Literaturwissenschaft. Das Herz dieser die Grenzen der Fachdisziplinen übersteigenden Verbindungen bilden umfassende Fragestellungen der Verhaltensforschung und der Philosophie. Solchen Fragestellungen liegt die Einsicht in den komplexen Zusammenhang kultureller Erscheinungen zugrunde. Infolgedessen wird die Atomisierung der Kunstwissenschaften heutzutage mehr und mehr von einer integrativen Betrachtungsweise abgelöst.

Die *fließenden Übergänge* meinen das fruchtbare Zusammenspiel der einzelnen Kunstdisziplinen und die intensive Zusammenarbeit der Musikwissenschaft mit der Philosophie und der Psychoanalyse. Einige psychoanalytisch orientierte Beiträge beschäftigen sich mit Franz Schubert, Robert Schumann, Clara Schumann und Johannes Brahms, während andere ihre Analysen der Werke von W.A. Mozart und Arnold Schönberg auf Theodor Adornos Kunstphilosophie gründen. In Richard Wagner, Arnold Schönberg und Paul Celan sind sowohl die Musik als auch die Literatur vertreten. Bei Paul Klee steht die Spannung zwischen Klang und Farbe im Mittelpunkt der Analyse. *Fließende Übergänge* möchten auch den Pionieren der Musikwissenschaft in den Niederlanden den Tribut zollen: Eduard Reeser, Hélène Nolthenius, Marius Flothuis.

Editions Rodopi B.V.

USA/Canada: 2015 South Park Place, Atlanta, GA 30339, Tel. (770) 933-0027, *Call toll-free* (U.S.only) 1-800-225-3998, Fax (770) 933-9644

All Other Countries: Keizersgracht 302-304, 1016 EX Amsterdam, The Netherlands. Tel. + + 31 (0)20 6227507, Fax + + 31 (0)20 6380948

E-mail: orders-queries@rodopi.nl —— http://www.rodopi.nl

CULTURAL POLITICS AND POLITICAL CULTURE IN POSTMODERN EUROPE

Ed. by J. Peter Burgess

Amsterdam/Atlanta, GA 1997. 451 pp.
(Postmodern Studies 24)
ISBN: 90-420-0327-8   Bound Hfl. 180,-/US-$ 94.50
ISBN: 90-420-0317-0   Paper Hfl. 60,-/US-$ 31.50

The present volume assembles essays from a broad cultural and professional spectrum around the question of European cultural identity. The heterogeneity of the contributors — their differing points of departure and methods — attests to a tension in intellectual communities which today is more intense than ever. Europe's identity crisis is not merely an empirical matter. It reflects a far deeper, and far older, *discursive* crisis. The mandate of Europe's traditional intellectual institutions to preserve and police their own cultural heritage has proved incapable of evolving in a manner sufficient to account for the mutation in its object: European culture. It is not merely that Europe's identity, like any identity in the flux of history, has changed. Rather, the notion of identity, the very basis of any questions of who we are, where we are going, and the appropriate political forms and social institutions for further existence, all rely on a logic of identity which has, at best, become extremely problematic. It is this problematization which provides the common thread unifying the following essays. Each contributor, in his/her own way and with respect to his/her own research object, confronts the adequacy of the concept of cultural identity. The hidden presuppositions of this concept are indeed remarkable, and the logic of cultural identity prescribes that they remain undisclosed.

STUDIEN ZUR LITERATUR DES 17. JAHRHUNDERTS
Gedenkschrift für Gerhard Spellerberg (1937-1996)

Hrsg. von Hans Feger

Amsterdam/Atlanta, GA 1997. 526 pp.
(Chloe 27)
ISBN: 90-420-0335-9   Bound Hfl. 210,-/US-$ 110.50

Editions Rodopi B.V.

USA/Canada: 2015 South Park Place, Atlanta, GA 30339, Tel. (770) 933-0027, *Call toll-free* (U.S.only) 1-800-225-3998, Fax (770) 933-9644
All Other Countries: Keizersgracht 302-304, 1016 EX Amsterdam, The Netherlands. Tel. + + 31 (0)20 6227507, Fax + + 31 (0)20 6380948

E-mail: orders-queries@rodopi.nl —— http://www.rodopi.nl

UNDARSTELLBARES IM DIALOG
Facetten einer deutsch-französischen Auseinandersetzung

Hrsg. von Thomas Bedorf, Georg W. Bertram, Nicolas Gaillard und Timo Skrandies

Amsterdam/Atlanta, GA 1997. 267 pp.
(Philosophie & Repräsentation 5)
ISBN: 90-420-0273-5   Hfl. 80,-/US-$ 42.-

Es mag seltsam anmuten, "Dialog" und "Undarstellbares" zusammenzubringen. Was haben Probleme der Darstellung, gängigerweise im Bereich der Erkenntnistheorie, der Semiologie oder der analytischen Sprachphilosophie angesiedelt, mit solchen des Dialogs, der ja genuin sozialphilosophisch lokalisiert wird, gemein? Man erkennt eine Gemeinsamkeit, wenn man betrachtet, wie das Undarstellbare selbst Theorien zum Dialog herausfordert. Wird der Dialogbegriff von Undarstellbarem her gedacht, so wird er nicht einfach aus der Sozialphilosophie in die theoretische Philosophie übertragen, sondern verweist auf einen eigenen Sinn von Dialogizität in der Theorie. Der Band schlägt also eine Reaktualisierung des Dialogbegriffs vor, die bspw. in den Bereichen Diskursanalyse, Sprachphilosophie und Ästhetik spielt.
Diese Reaktualisierung bezieht sich besonders auf die Auseinandersetzung zwischen 'deutscher' und 'französischer' Philosophie und wird in drei Schritten entfaltet. In einem ersten Teil wird beleuchtet, wie Dialoge jenseits einer sozialphilosophischen Explikation aussehen könnten. Dann werden Einbrüche des Undarstellbaren in Diskurse nachgezeichnet. Zuletzt wird die Verbindung beider Momente dadurch dargestellt, daß Theorien zu Wort kommen, die sich auf Undarstellbares hin dialogisch anlegen.

USA/Canada: Editions Rodopi B.V., 2015 South Park Place, Atlanta, GA 30339, Tel. (770) 933-0027, *Call toll-free* (U.S.only) 1-800-225-3998, Fax (770) 933-9644
All Other Countries: Editions Rodopi B.V., Keizersgracht 302-304, 1016 EX Amsterdam, The Netherlands. Tel. ++ 31 (0)20 622 75 07, Fax ++ 31 (0)20 638 09 48
E-mail: orders-queries@rodopi.nl —— http://www.rodopi.nl

HPP (HENNIE) LÖTTER

Injustice, Violence, and Peace
The Case of South Africa

Amsterdam/Atlanta, GA 1997. XV,223 pp.
(Value Inquiry Book Series 56)
ISBN: 90-420-0274-3   Bound Hfl. 120,-/US-$ 63.-
ISBN: 90-420-0264-6   Paper Hfl. 35,-/US-$ 18.-

South Africa's miraculous political transformation astounded the world. Few people thought peaceful elections for a modern democracy possible, given the violence, hatred, and racism generated by apartheid. Still fewer people thought the new democratic government would be established peacefully and effectively. What is the secret of the political miracle achieved in South Africa?

In my book I argue that the secret is a comprehensive change in the conception of justice guiding the political institutions of South Africa. Injustice in apartheid South Africa led to conflict and dehumanization, whereas the justice of the new South Africa restored humanity and established lasting peace. Pursuing justice is a moral imperative and has practical value as a cost-efficient way of dealing with conflict.

I present my ideas on peace to people everywhere who are interested in how South Africa has changed. The wide-ranging, lasting effects of this moral transformation might be instructive to people everywhere. Lessons from South Africa's recent past may motivate people striving for transition to democracy in their own countries. Even people in established democracies may learn from the solutions the new South African democrats are devising from problems all democracies share.

EDITIONS RODOPI B.V.

USA / Canada: **All Other Countries:**
2015 South Park Place   Keizersgracht 302-304
Atlanta, GA 30339   1016 EX Amsterdam, The Netherlands
Phone (770) 933-0027 / **Fax** 933-9644   **Tel.** ++ 31 (0)20 622 75 07
Call toll-free (U.S.only) 1-800-225-3998   **Fax** ++ 31 (0)20 638 09 48
e-mail: orders-queries@rodopi.nl — http://www.rodopi.nl

TRANSLATING SENSITIVE TEXTS: LINGUISTIC ASPECTS

Ed. by Karl Simms

Amsterdam/Atlanta, GA 1997. 342 pp.
(Approaches to Translation Studies 14)
ISBN: 90-420-0270-0   Bound Hfl. 175,-/US-$ ʹ92.-
ISBN: 90-420-0260-3   Paper Hfl. 50,-/US-$ 26.-

This volume brings together twenty-two of the world's leading translation and interpreting theorists, to address the issue of sensitivity in translation. Whether in novels or legal documents, the Bible or travel brochures, in translating ancient texts or providing simultaneous interpretation, sensitive subject-matter, contentious modes of expression and the sensibilities of the target audience are the biggest obstacles to acceptance of the translator's work. The contributors bring to bear a wide variety of approaches - generative, cognitive, lexical and functional - in confronting this problem, and in negotiating the competing claims of source cultures and target cultures in the areas of cultural, political, religious and sexual sensitivity. All of the articles are presented here for the first time, and in his Introduction Karl Simms gives an overview of the philosophical and linguistic questions which have motivated translators of sensitive texts through the ages. This book will be of interest to all working translators and interpreters, and to teachers of translation theory and practice.

EDITIONS RODOPI B.V.

USA / Canada: **All Other Countries:**
2015 South Park Place   Keizersgracht 302-304
Atlanta, GA 30339   1016 EX Amsterdam, The Netherlands
Phone (770) 933-0027 / **Fax** 933-9644   **Tel.** ++ 31 (0)20 622 75 07
Call toll-free (U.S.only) 1-800-225-3998   **Fax** ++ 31 (0)20 638 09 48
e-mail: orders-queries@rodopi.nl — http://www.rodopi.nl